KB261519

조용한 혁명

촛불에서 4대강까지, MB 정권 초기부터 지금까지
일관되게 던지는 올곧은 비판

조용한 혁명

이상돈 지음

보수적 자유주의자 이상돈 교수의
세상 바로 보기

뷰스
views

　이명박 정권이 들어선 지도 3년이 넘었다. 이명박 정권은 외교, 국방, 경제 등 모든 면에서 실패했다. 이명박 정권이 밀어붙인 4대강 사업으로 반만년 동안 유구하게 흘러 온 우리의 4대강은 회복할 수 없게 망가지고 말았다. 단군 이래 최대의 자연파괴를 저지르면서 이 정권은 무수한 거짓말을 동원했으니, '거짓말'은 정권의 '트레이드 마크'가 되고 말았다. 명색이 '보수정권'이라는데 대통령, 국무총리, 여당 대표, 국정원장이 한결같이 병역면제이고 그 사유마저 보통사람으론 쉽게 납득이 안 가는 점도 특기할 만하다. 주요 공직을 전과물戰果物처럼 자신들의 무리에게 나누어 주어 '거대한 엽관獵官 정부'를 만들어 버린 과단성에 대해선 혀를 내두르지 않을 수 없다.

　나는 2007년 한나라당 경선이 잘못된 것이며, 그 덕분에 태어난 이명박 정권은 실패할 것이라고 처음부터 확신했다. 아니나 다를까 정권 인수위원회 시절부터 어설픈 실수가 계속 터져 나왔다.

'베스트 오브 베스트'라고 어색한 영어까지 써가면서 소개한 청와대 보좌관 팀은 한마디로 가관이었다. 이명박 대통령은 미국 방문에 올랐는데, 그때 무심코 던진 말이 '32개월짜리 몬태나 쇠고기'였고, 그것이 단초가 되어 '촛불' 사태가 발생했다.

'촛불'과 〈PD 수첩〉에 대해 블로그에 올린 나의 글이 뜻밖에도 화제가 됐다. '보수'라는 사람들은 '촛불'은 '좌파의 음모와 준동'으로 보아야 하며, 〈PD 수첩〉은 그런 세력의 '앞잡이'로 몰아붙여야 하는 것이 당시의 분위기였다. 로널드 레이건을 좋아하고 김대중─노무현 정권의 대북정책과 사학법 개정에 반대했던 내가 결과적으로는 〈PD 수첩〉을 옹호했으니 그런 '진영 논리'에 금이 간 셈이다. 그러나 나는 '촛불'을 지지하지도 않았고, 〈PD 수첩〉에 동조하지도 않았다. 나는 '촛불'을 '색깔'로 다루는 데 반대했고, 〈PD 수첩〉에 대한 기소가 잘못되었다고 주장했을 뿐이다. 그 후에 일어난 많은 일도 비슷했다. 미디어법도 그랬고, 신영철 대법관 사건도 그러했다.

미디어법, 세종시, 검찰과 법원을 둘러싼 논쟁 등 많은 사안에 대해 그때그때 블로그에 글을 올렸고, 방송과 인터뷰도 자주 했다. 그러다 보니 나한테는 어느새 '합리적 보수'라는 명칭이 붙었다. 나는 합리적 보수라는 명칭을 좋아하지 않는다. 그것은 보수란 원래 '불합리한 집단'인데 '이 사람은 그나마 합리적이다'는 뉘앙스를 갖고 있기 때문이다.

미국에선 배리 골드워터, 로널드 레이건, 윌리엄 버클리 2세, 뉴트 킹리치 같은 사람들이 자신을 자랑스럽게 '보수주의자'라고 말했다. 반면 미국에선 자신을 '진보주의자'라고 자신있게 지칭하는 정치인을 보기 어렵다. 《진보주의자의 신념》이란 작은 책을 펴낸 크루거만 교수가 오히려 예외적인 존재다. 반면 우리나라에선 이명박 정부 들어서 자신을 '진보'라고 강조하는 사람들이 부쩍 늘었다. "정치와 담론은 상대방의 실패를 먹고 자란다"는 이야기가 실감이 난다.

어떤 이는 내가 생각이 바뀌었다고 말하기도 하지만 나는 생각을 바꾼 적이 없다. 노무현 정권 시절에 시사성 있는 글을 여기저기 많이 발표했는데, 그 중 절반은 노무현 정권의 대북정책, 사학법 개정, 집단소송 등 각종 사회정책을 비판한 것이고, 절반은 뉴라이트와 이명박 후보의 이념과 대운하 공약 같은 황당한 정책구상을 비판한 것이다. 나는 2007년에 노무현 정권이 〈조선〉〈동아〉 등 보수신문에 대해 명예훼손 소송을 남발한 것이 잘못이라고 썼고, 2008년에는 이명박 정권이 MBC 〈PD 수첩〉을 기소한 것이 더 큰 잘못이라고 썼다.

변한 것은 내가 아니라 그들인 것이다. 중요한 것은 '사안'이지 '진영'이 아니라는 것이 나의 생각이다. 어설픈 '진영' 논리 덕분에 '보수'가 동반몰락하는 현상이 일어나고 있으니 단견이 빚어낸 자충수이다.

이 책은 지난 3년간 블로그에 올린 글 중 61편, 〈시사저널〉 등에 기고한 글 3편, 그리고 방송대담 3편을 모은 것이다. 제1장 '촛불 · 미디어법 · 세종시'는 이명박 정부가 추진한 미디어법 개정과 세종시 수정, 〈PD 수첩〉 기소에 관한 글을 담고 있고, 제2장 '흔들리는 법치주의'는 이명박 정권에 의한 법치주의 파괴와 이를 개선하기 위한 검찰개혁 방안을 제시하고 있다. 제3장 '4대강의 불편한 진실'은 관전자나 논평가가 아닌 반대자의 입장에서 "왜 4대강 사업을 해서는 안 되는 것인가"를 역설한 글을 담고 있다. 제4장 '지금 한국정치는…'은 지난 3년간 일어난 집권세력의 우스꽝스런 난센스 행진과 이를 옹호하는 친親정부 언론의 궤변을 비판한 글이다.

여기에 실린 글은 지난날에 대한 것이다. 다음에는 앞으로의 방향에 대한 글을 모아서 펴내고 싶은 소망도 있지만, 우선은 과거를 정리하고 규명하는 것이 보다 급한 것 같아서 이렇게 상재上梓하고자 한다. 그간 나의 글을 읽고 성원해 준 많은 분들에 깊은 감사를 드린다. 블로그에 올린 글을 널리 알려 준 〈뷰스앤뉴스〉의 박태견 대표에 대한 감사는 무엇으로 표현할 방법이 없다. 이 책이 읽는 사람으로 하여금 2012년에 바른 선택을 하는 데 조금이나마 도움이 되었으면 한다.

2011년 6월 9일

이상돈

목차

제 1 장

촛불, 미디어법, 세종시

32개월짜리 몬태나 쇠고기

미국산 쇠고기에 일가견(一家見)이 있다는 식으로
"32개월짜리 몬태나 산으로 하자"고 한 발언이 계산된 것인지는 알 수 없다.
하지만 그런 소식을 들은 미국 측이 공식 만찬장에 몬태나 산 스테이크를 올린 것이 분명하다.
미국 측은 이 대통령이 자기들 편을 들어주려고 찾아왔다는 기분이었을 것이다.

〈첨단 환경〉 2008년 6월호

2008년 4월 중순, 이명박 대통령의 미국 방문을 앞두고 미국 측에서 청와대에 "이 대통령 부부가 좋아하는 음식이 무엇이냐"고 물어왔다. 청와대는 "이 대통령 부부가 양고기를 좋아한다"고 알려 주었더니, 미국 측은 "고기를 좋아하면 쇠고기 스테이크는 어떠냐. 30개월 미만 쇠고기로 하겠다"고 수정 제의를 해왔다. 미국 측은 광우병 논란을 의식해서 '30개월 미만 쇠고기'로 하겠다고 제의했을 것이다.

이 이야기를 들은 이명박 대통령은 "32개월 된 쇠고기, 그것도 몬태나산産으로 하자고 해 보라"고 지시했다동아일보 2008년 4월 20일자 기사. 4월 18일 저녁 캠프 데이비드 만찬 시 로라 부시 여사가 준비해서 내놓은 스테이크가 '32개월짜리 몬태나 산'인지는 확인되지 않았다.

캠프 데이비드 회동이 있기 하루 전인 17일, 이명박 대통령 일행은 워싱턴에서 열린 미국 상공회의소 주최 만찬에 참석했다. 주최 측은 메뉴에 '몬태나 비프'를 특별히 명기해서 스테이크를 제공했다. 4월 19일자 〈월스트리트 저널〉은 "미국 상공회의소에서 이명박 대통령 일행이 몬태나산産 쇠고기로 만찬을 한 것은 한미간 쇠고기 협상이 사실상 타결된 것을 의미한다"고 논평했다. 이날 만찬에 쓰인 몬태나산 쇠고기는 몬태나 출신 맥스 보커스 상원의원이 공수해 온 것이었다 중앙일보 5월 12일자 기사.

미국산 쇠고기에 일가견—家見이 있다는 식으로 "32개월짜리 몬태나산으로 하자"고 한 발언이 계산된 것인지는 알 수 없다. 하지만 그런 소식을 들은 미국 측이 공식 만찬장에 몬태나산 스테이크를 올린 것이 분명하다. 미국 측은 이 대통령이 자기들 편을 들어주려고 찾아왔다는 기분이었을 것이다.

내가 갖고 있는 궁금증은 왜 하필 '32개월짜리 몬태나산 쇠고기'인가 하는 점이다. '32개월짜리' 발언은 광우병 논란에 대해 브리핑을 받았을 이 대통령이 미국산 쇠고기가 위험하지 않음을 보여주기 위한 제스처였을 것이다. 그렇다면 왜 하필 '몬태나산'이었을까?

미국의 중서부는 축산업이 성행하고 있지만 '몬태나 쇠고기'가 특별하게 좋은 것은 아니다. 대규모 축산은 텍사스와 오클라호마에 더 많다. 그렇다면 이 대통령은 혹시 몬태나 출신 맥스 보커스 상원의원을 의식하고 '몬태나산'을 주문한 것은 아닐까?

캐나다에 인접한 미국 중서부에 위치한 몬태나는 면적이 381㎢이고 인구는 99만 7000명이다. 면적으로 보면 알래스카, 텍사스, 캘리포니아에 이어 4위이고, 인구 밀도는 1㎢당 2.4인으로 알래스카, 와이오밍에 이어 세 번째로 낮다. 인구가 적어서 상원의원은 2명, 하원의원은 1명을 뽑는 7개 주 중 하나이다. 몬태나의 주된 산업은 농업과 축산업이고, 금은 등을 채굴하는 광업이 있다. 한때 미국 최대의 구리 광산이 몬태나에 있었으나 폐쇄됐고, 지금은 북쪽의 빙하국립공원, 연중 6개월 동안 스키를 탈 수 있는 빅 스카이 등 관광이 주된 수입원이다.

몬태나 출신의 맥스 보커스 상원의원은 1978년에 당선된 후 5선을 기록해서 상원 재정위원장을 맡고 있다. 몬태나 빅 스카이에선 한미 FTA 협상이 열린 적이 있다.

2006년 12월 4일부터 8일까지 5일간 스키 리조트로 유명한 빅 스카이에서 열린 한미 FTA 5차 협상에서 미국 측 수석대표였던 웬디 커틀러는 "협상의 마지막 단계에서 쌀과 쇠고기 같은 민감한 사안을 다루는 것은 이례적인 일이 아니며, ……엄격한 의미에서 쇠고기 시장 개방은 FTA 협상에서 논의할 사항은 아니지만 이 사안은 우리가 몬태나에서 갖은 모든 회의의 배경이며, ……한국의 쇠고기 시장이 완전하게 개방되지 않으면 아무리 좋은 결과가 있어도 미국의 이해관계자와 의회의 지지를 얻을 수 없다"
고 밝혔다.

회의 기간 중 열린 만찬에서 보커스 의원은 몬태나산 티본스테이크를 직접 먹어 보이면서 한국말로 "맛있습니다"를 연발해서 우리 대표단을 곤란하게 만들었다. 우리 정부는 회담 직전인 11월 24일과 12월 1일에 오랜만에 수입이 재개된 미국산 쇠고기 1차분과 2차분에서 작은 뼛조각이 발견됐다는 이유로 전량을 미국으로 반송했고, 회의 진행 중인 12월 6일에도 3차 수입분을 같은 이유로 전량 반송했다.

이듬해 4월, 보커스 의원은 "국제수역사무국OIE이 미국을 광우병 위험통제국가로 분류하면 뼈있는 쇠고기를 포함한 모든 미국산 쇠고기가 육우의 연령과 상관없이 한국에 수입되어야 하며, 그렇지 않을 경우 자신은 한미 FTA에 동의하지 않겠다"고 밝혔다.

몬태나는 미국에서 광우병 위험을 처음 대중에게 제기한 하워드 리먼Howard F. Lyman의 고향이기도 하다. 1938년에 몬태나의 농촌에서 태어난 리먼은 몬태나 주립대학에서 농업을 공부하고, 군 복무를 마친 후 고향으로 돌아와서 4대째 가업인 축산을 했다. 1979년 그는 척추암에 걸려서 수술을 하고 기적적으로 살아났다. 암과 싸우면서 자기가 살아나면 농약과 화학물질을 안 쓰는 농업을 하겠다고 맹세했다.

암 수술이 성공한 후 리먼은 자기 농장을 유기농장으로 탈바꿈시켰다. 1989년 그는 영국에서 물의를 빚기 시작한 광우병에 관심을 갖게 됐고, 얼마 후에는 채식주의자로 변신했다. 1996년에 〈오프라 윈프리 쇼〉에 출연해서 미국의 소 사육이 비위생적이고 비윤리적이라고 목축업자들을 비난했다. 그러자 오프라 윈프리는 방송 중 "나는 더 이상 햄버거를 먹지 않겠다"고 발언해서 큰 파문을 일으켰다. 미국 축산협회는 리먼과 윈프리를 축산업 명예훼손죄로 고소했다. 1998년 연방법원은 이들에게 무죄판결을 내렸다.

1998년에 리먼은 《미친 카우보이 Mad Cowboy》라는 책을 펴내서 큰 반향을 일으켰다. '고기를 먹지 않는 축산업자가 전하는 평범한 진실'이란 부제목이 붙은 이 책에서 리먼은 고기를 먹지 않아야 할 이유를 상세하게 들고, "미국 축산농장에서의 관행에 비추어 볼 때 가까운 미래에 광우병이 미국에서 발생할 가능성이 크다"고 주장했다. 리먼은 2005년에는 두 번째 책 《더 이상 소를 먹지 말자 No More Bull》를 펴냈는데, 이 책에서 그는 "광우병이 '동물의 복수'이고, 광우병은 미국에서 발생하고 있으며, 폭발적으로 증가하는 알츠하이머병 환자의 상당수가 광우병 환자일 것"이라고 경고했다.

리먼은 피츠버그 수의과 병원과 예일대학의 연구를 인용해서, "치매로 사망한 사람의 뇌를 해부한 결과 그 가운데 5.5~13%가 크로이츠펠트 야콥병 Creutzfeldt-Jakob disease을 앓았음을 보여주며, 그렇다면 알츠하이머병 환자 450만 명 가운데 10%에 달하는 45

만 명이 광우병과 관련되어 있을 수 있다"고 주장했다. 그는 "언젠가는 고기가 담배처럼 건강 유해물질로 분류될 것이며, 축산업은 철도가 부설된 후 운하가 쇠퇴한 것처럼 쇠망할 산업"이라고 지적했다. 리먼은 또한 "축산농장이 도로에서 차에 치어 죽은 사슴 같은 야생 동물의 사체를 갈아서 사료로 사용해 왔다"고 폭로했다.

2006년 3월 식량농업기구FAO는 광우병으로 죽은 소가 1992년에 수만 두頭를 기록한 후 해마다 줄어들어 2003년에는 1646두, 2004년에는 878두, 그리고 2005년에는 474두가 이로 인해 죽었다고 발표했다. 세계농업기구는 광우병으로 죽은 사람은 2003년에 18명, 2004년에 9명, 2005년에 5명으로, 이들이 모두 영국인이라고 밝혔다. FAO는 광우병이 최악의 상황을 지났다고 평가했다. 이런 통계 발표를 근거로 우리나라의 한 교수는 "광우병이 소멸단계에 들어갔다"고 주장했다.

광우병은 영국에서 죽은 양의 사체를 갈아서 소와 양에 먹여서 발생했다. 식물성 단백질 사료인 콩이 영국과 유럽대륙에선 잘 자라지 않기 때문에 처치 곤란한 죽은 양을 동물성 단백질 사료로 만들어 소에게 먹였던 것이다. 미국에는 콩이 풍부하고 값싸기 때문에 동물성 사료를 소에게 먹이는 관행은 존재하지 않았다. 그러나 미국에서도 2003년, 2004년, 그리고 2005년에 광우병 소가 각각 1두씩 발견됐다. 2003년에 발견된 소는 캐나다에서 수입된 것으로 밝혀졌다. 따라서 2004년에 텍사스에서, 그리고 2006년에 앨라배마에서 발견된 광우병 소만 순수한 미국의 광우병 소인 셈이다.

2006년까지 12두의 광우병 소가 발견된 캐나다는 1997년에 동물성 사료를 금지시켰고, 2007년 초에는 이를 강화한 규칙을 발효시켰다. 반면 미국은 동물성 사료를 소나 양에 주는 것을 금지하는 규칙의 발효가 지연되고 있어 의구심을 자아내고 있다.

일본은 미국이 모든 소에 대해 광우병 검사를 하지 않는다는 이유로 미국산 쇠고기의 수입을 금지하고 있다. 2003년에 미국은 광우병에 걸린 사슴 수백 마리를 살殺처분했다. 따라서 사슴에게는 동물성 사료를 주었지만 소에게는 그런 사료를 주지 않았다는 미국 농업계의 설명은 궁색해 보인다.

'인간 광우병'이라 불리는 변종 크로이츠펠트 야콥병vCJD으로 인해 사망한 사람은 2008년 4월까지 영국에서 163명, 그리고 영국 외의 나라에서 37명으로 집계되고 있다. 영국 정부가 자국에서 기르던 소와 양을 전면 살처분한 후에 광우병 환자의 발생은 줄고 있지만, 이에 대해서도 의문을 제기하는 학자도 있다. 원인을 모르는 산발성散發性 크로이츠펠트 야콥병sCJD 환자가 늘고 있다는 점, 산발성 크로이츠펠트 야콥병과 알츠하이머병病의 증상이 유사하다는 점, 알츠하이머병 환자가 폭발적으로 증가하고 있다는 점, 산발성 크로이츠펠트 야콥병 환자와 알츠하이머병 환자가 사망한 후 뇌를 부검하는 경우는 드물어서 진상을 알 수 없다는 점을 들어 광우병이 사라져가고 있다는 결론에 이의를 제기하는 것이다.

적잖은 과학자들도 산발성 크로이츠펠트 야콥병이 광우병 원인 물질인 프리온prion 섭취와 관련이 있다고 보고 있다. 하지만 '인간 광우병'이 20~30세의 젊은이들 사이에서 발생했는데 비해 산발성 크로이츠펠트 야콥병은 60세 이후의 노인들에게 주로 발생하기 때문에 각국 정부와 국제기구는 두 질병의 근원이 다르다고 보고 있다.

미국산 쇠고기를 수입금지한다고 해서 과연 우리나라가 광우병에서 안전할 수 있나 하는 점도 생각해 보아야 한다. 사람이건 동물이건 죽은 후에 부검을 기피하는 풍조, 관련 연구시설과 연구자가 태부족한 현실, 국가정책으로 음식물 쓰레기를 사료로 만들어 보급하고 있는 점, 내장탕 등 독특한 쇠고기 음식이 많은 점 등을 고려하면 그러하다. 많은 불명확성이 있기 때문에 광우병 논란은 쉽게 수그러들지 않을 것 같다.

광우병에 관한 책을 읽고

우리나라는 소와 돼지를 알뜰하게 먹고 또 야생동물 사체가 없어서
국산 동물성 사료가 없었던 것이고, 그래서 광우병을 걱정하지 않을 수 있었다.
반면 그렇기 때문에 광우병을 일으키는 프리온이 우리나라에 들어오면,
소와 돼지의 모든 부분을 먹는 우리 국민은 더 위험할 수도 있지 않은가 한다.

2008년 6월 6일

미국에선 광우병 소가 몇 마리 발견됐지만, 사람이 광우병으로 사망한 것으로 밝혀지지는 않았다. 미국에서 '인간 광우병'이라 부르는 변종 크로이츠펠트 야콥병으로 사망한 사람은 3명인데, 모두 영국에서 장기간 체류한 적이 있는 사람들이다. 금년2008년 봄, 버지니아에서 광우병 비슷한 증세로 사망한 젊은 여인은 사인이 확실히 규명되지 않고 있다. 미국에서 쇠고기를 먹고 광우병에 걸린 사람은 아직까지 없다는 것이 미국 정부의 입장이고, 우리 정부도 이 같은 미국 정부의 공식 입장에 기초해서 쇠고기 수입 재개를 결정했다.

나는 '촛불 시위'의 도화선이 된 광우병을 이해하기 위해 다음

과 같은 책을 구해서 읽었다.

《얼굴 없는 공포, 광우병》

콤 켈러허 지음, 김상윤 안성수 옮김, 고려원북스 발행2006,

원제목《Brain Trust》2004

《Mad Cow U.S.A.》

Sheldon Rampton and John Stauber 지음, Common Courage

Press 발행2004

《Deadly Feast》

Richard Rhodes 지음, Simon and Schuster 발행1997년

세 권의 책의 저자는 각기 배경이 다르다. 콤 켈러허 Colm Kelleher 는 생화학을 전공한 과학자이고, 셸던 램턴과 존 스토버는 진보적 성향이 강한 저술가이다. 리차드 로즈는 퓰리처상을 탄 역사학자로 객관적 사실을 그대로 전한 책을 많이 펴냈다. 과학자, 진보성향 저술가, 그리고 역사학자가 펴낸 이들 책이 전하는 메시지는 공통점을 갖고 있다. 광우병은 생각보다 훨씬 위험할 수 있고, 우리는 아직도 그것에 대해 잘 모른다는 것이다.

주목할 만한 부분은 인구 100만 명 가운데 한 명꼴로 발생하는 크로이츠펠트 야콥병이 광우병과 관련이 있을 수 있다는 주장이다. 아이다호 주의 한 지역에서는 크로이츠펠트 야콥병 환자가 동시다발적으로 발생했고, 켄터키 주에선 전통적인 다람쥐 음식을 먹은 주민 몇 사람이 함께 이 병에 걸려 죽었다. 자기가 잡은 야생

사슴을 즐겨 먹은 사냥꾼이 이 병에 걸려 죽기도 했다. 먹이사슬을 통해 크로이츠펠트 야콥병이 전염됨을 보여준다고 저자들은 지적한다.

그렇다면 변종 크로이츠펠트 야콥병만 미친 소를 먹어서 걸리는 '인간 광우병'이라는 주장이 허물어지게 된다. 나이든 사람에 주로 생기는 크로이츠펠트 야콥병은 알츠하이머병과 증상이 같아서 혼동되는 경우가 많다고 한다.

미국에서 광우병의 원인이 되는 육골분肉骨粉 사료를 소에게 먹이게 된 경위는 단순하다. 소가 빨리 성장하고, 젖소가 우유를 많이 생산해 내기 위해서는 콩 같은 단백질 사료를 먹여야 한다. 미국에선 소와 돼지의 부위 중 먹지 않는 부분이 많다. 머리, 내장, 피 등 부속은 수요가 없기 때문에 폐기물로 처분해야 하는데, 그 비용이 만만치 않다. 미국엔 또한 야생동물이 많다. 자동차에 치어 죽은 사슴 등 야생동물 사체를 처리하는 데도 만만치 않은 비용이 든다. 그러자 도축장에서 나온 소 돼지의 부산물과 야생동물의 사체를 통째로 갈아서 육골분肉骨粉 사료를 만들었다.

육골분 사료를 사슴, 밍크, 소, 돼지, 닭 등에 먹였는데, 여러 면에서 좋은 점이 많았다. 콩보다 훨씬 싸서 축산농장에 좋았고, 쓰레기 처리비용을 줄일 수 있어 도축장에게 좋았다. 야생동물 사체를 치워야 하는 주 정부도 비용을 절감할 수 있었다. 그런데 문제가 발생했다. 처음에는 사육하던 밍크가 죽는 일이 많이 발생했다. 다음에는 사슴 농장에서 미친 사슴이 발견됐다. 사람 사체를 먹은 뉴기니 부족에서 미친 증상이 발생했듯이, 자기 동족을 먹은 동물들이 미치기 시작한 것이다. 영국에서 광우병 사태가 발생하자 미국 정부는 비로소 육골분 사료를 금지시켰다.

많은 연구에도 불구하고 광우병과 크로이츠펠트 야콥병에 대해서는 아직 모르는 것이 많다. 1980년대에 미친 소에 대해 미온적으로 대처하다가 1990년대에 사람들이 많이 죽은 영국의 경우는 큰 교훈을 준다. 하지만 영국에서 광우병으로 죽은 사람이 왜 140여 명에 불과한지는 풀리지 않는 의문이다.

저자들은 광우병이 소멸단계에 들어갔다고 보지 않는다. 저자들은 프리온 질병의 잠복기는 10년 정도로 보아서, 2010년을 전후해서 미국에서 광우병이 발생할 것으로 예측했다. 하지만 금년이 벌써 2008년이기 때문에 이 예측은 일단 어긋났다.

다니엘 가이두섹Gajdusek, Daniel Carleton 박사가 뉴기니 식인부족의 쿠루병이 식인습관과 관련이 있음을 밝혀내서 오늘날 광우병의 원인을 알게 됐다. 이 부족의 식인습관은 50년 이상이나 지속되었던 것인데, 쿠루병이 뒤늦게 어린 아이들 사이에 많이 발생했다. 이 50년이란 간격이 오늘날 상황에 시사점을 준다는 지적도 있으니, 상상하기도 끔찍한 가설이다.

이 세 권의 책을 읽으면 문제가 결코 미국 쇠고기에 국한된 것이 아님을 알게 된다. 프리온은 초식동물인 소와 사슴에만 축적되는 것이 아니라 밍크, 돼지, 원숭이 등 모든 동물에 축적된다. 돼

지는 제대로 성장하기 전에 도축해서 사람이 먹기 때문에 미친 돼
지가 나오지 않을 뿐이다.

　우리나라는 소와 돼지를 알뜰하게 먹고 또 야생동물 사체가 없
어서 국산 동물성 사료가 없었던 것이고, 그래서 광우병을 걱정하
지 않을 수 있었다. 반면 그렇기 때문에 광우병을 일으키는 프리
온이 우리나라에 들어오면, 소와 돼지의 모든 부분을 먹는 우리
국민은 더 위험할 수도 있지 않은가 한다. 광우병을 둘러싼 논란
은 '육식 문명'을 반성하는 계기가 되어야 할 것이다.

MBC
〈PD 수첩〉 사태

〈PD 수첩〉을 기소할 수 있는 근거란 내란선동 혐의뿐인데, 그것이 가능하다고 보는 법률가는 없을 것이다. 결국 〈PD 수첩〉에 대한 검찰 수사는 '법적 불가능성에 도전하는 격(格)'이다. 이런 사건에서 방송국에 대해 물을 수 있는 책임은 인사 조치와 시청자에 대한 사과 정도다.

2008년 6월 30일

광우병을 다룬 MBC 〈PD 수첩〉이 이번 촛불 시위를 촉발시킨 '원흉'으로 몰매를 맞고 있다. 나는 이 프로를 나중에 인터넷으로 보았는데, 감정에 호소하는 과장된 측면이 있었을 것이란 내 짐작에서 크게 벗어나지 않았다.

원래 보건·환경 문제를 다룬 보도는 과장이 많다. 노태우 정권 때 영광 원자력 발전소 부근 지역에서 태어난 무뇌아 사건, 쓰레기 소각장에서 배출되는 다이옥신에 관한 보도도 그랬다.

보건·환경 문제에 대한 경각심을 일깨우기 위해 어느 정도 과장된 보도가 필요하다고 주장할 수도 있다. 하지만 위험을 과장한 보도는 과도한 사회적 비용을 초래한다. 쓰레기 소각장 건설이 지연되었고, 완공된 소각장도 가동이 어려웠다. 영광 무뇌아 사건은 원자력 정책에 타격을 주었다. 노태우 정권 때 발생한 농약 알라 사건한 시민단체가 미국산 자몽이 맹독성 농약 알라에 오염되었다고 주장한 사건으로 인해 자몽을 수입했던 업체와 판매상이 큰 피해를 입었고, 미국은 우리나라가 수출하던 배에 무역보복을 가해서 배 농장이 피해를 입었다.

그렇다고 해서 이런 보도를 한 신문과 방송에 법적 책임을 묻기도 어렵다. 보건·환경 문제는 수학공식처럼 O, X가 분명하지 않기 때문에 웬만큼 과장해서 내보내도 틀린 보도라는 말은 듣지 않는다. 이런 보도가 경각심을 일으키는 효과가 있기 때문에 무조건 나쁘다고 할 수만도 없다. 전문적 지식이 있는 사람들은 이런 보도를 그대로 믿지 않는다. 하지만 보통사람에게 보도, 특히 방송 보도는 큰 영향을 미친다. 신문과 달리 방송은 인간의 시청각에 직접 호소하기 때문이다.

그래서 미국의 방송사는 건강과 환경에 대한 위해성을 보도할 때에는 그 보도가 미치는 영향을 사전에 검토해야 한다는, '위해성 보도 준칙Risk Communication Guideline'을 두고 있다.

미국에서도 과장된 보도로 인한 난리가 여러 차례 있었다. 오래 전에 어느 학자가 크랜베리 주스가 암을 일으킨다는 사실을 밝혀 냈다고 보도하자 난리가 일어났는데, 나중에 그것은 위험이라고 할 수도 없는 낮은 수치임이 밝혀졌다. 1989년 2월, CBS 방송이 사과에서 알라 농약 성분이 검출되었다고 보도하자 미국 전역에서 또다시 큰 소동이 벌어졌다. 사과주스를 내다버리고, 학교 급식에서 사과를 빼는 등 난리가 났다. 결국 정부 기관과 책임 있는 학자들이 나서서 그 위험은 너무 사소해서 위험이라고 할 수 없다고 해서 진정됐다. 하지만 그로 인해 사과농장과 주스 등 사과 관련 제품을 만드는 회사는 4억 달러에 달하는 피해를 입었다. 피해를 본 사과 농장주들이 CBS 방송을 상대로 소송을 제기했지만 패소하고 말았다. 인과관계 입증이 어려웠기 때문이다.

알라 사과 사건을 계기로 농장주들은 식품을 확실한 근거 없이 비난하는 행위를 처벌하는 입법을 추진했다. 그래서 현재 미국의 13개 주에 '식품 비방 금지법Food Disparagement Law'이 있다. 식품을 비방한 경우에는 피해자가 입증해야 하는 부담을 경감시켜서 알라 사과 사건 같은 재발을 억제하고자 했다.

'식품 비방 금지법'이 발동된 가장 유명한 사건이 광우병과 관련이 있다. 1996년에 오프라 윈프리는 자기 쇼에 농장을 하다가 채식주의자로 전환한 하워드 리먼과 축산업계 대표를 초청했다. 그때 리먼은 미국에서도 소에게 육골분 사료를 먹이고 있기 때문에 광우병이 발생할 것이라고 주장했다. 그러자 윈프리는 "앞으로 햄버거를 먹지 않겠다"고 선언했다. 이것은 보통 사건이 아니었다. 미국에서 가장 영향력 있는 방송인인 오프라 윈프리가 방송 중에 광우병을 걱정해서 햄버거를 먹지 않겠다고 선언했으니 말이다.

소를 사육하는 텍사스 농장주들이 윈프리와 리먼을 텍사스의 식품 비방 금지법에 근거해서 제소했다. 이 소송은 1998년에 기

각되었지만 윈프리는 이 소송 때문에 많은 고초를 겪었고, 그 후
로는 식품 문제를 다루지 않았다. 한편 이 사건을 계기로 미국 햄
버거 업계는 고기 원료를 고급화하는 노력을 기울였다. 광우병이
발생할 것이라는 리먼의 예측은 영국과 캐나다에선 들어맞았으나
미국에선 적중하지 않았다.

여러 가지 정황을 보건대 문제의 〈PD 수첩〉은 성급하게 제작
되지 않았나 한다. 광우병 문제의 유래인 쿠루병도 다루어야 했
고, 광우병 위험은 상당 부분 과장된 측면이 있다고 생각된다. 그
러나 〈PD 수첩〉이 '완전한 날조'라고는 할 수 없다. 2008년 4월에
사망한 버지니아의 젊은 여인의 경우는 지방신문이 그녀의 사인
이 인간 광우병일 수도 있다고 보도했고, 나중에 연방정부 기관인
질병통제센터CDC가 부검을 거쳐 인간 광우병이 아닌 크로이체펠
트 야콥병CJD으로 판정한 것이다. 인간 광우병, 즉 변종 크로이체
펠트 야콥병vCJD은 주로 젊은 층에서 발병하고, 산발성 크로이체
펠트 야콥병은 주로 50세 이후에서 발병하기 때문에 버지니아의
병원은 인간 광우병으로 일단 진단했던 것으로 보인다.

여하튼 이 버지니아 여인은 인간 광우병으로 사망한 것으로 추
정되어 정부기관의 부검을 기다리고 있었는데도 이를 확정적으로
광우병으로 보도한 점, 그리고 앉은뱅이 소다우너에는 여러 가지 원
인이 있는데도 이를 광우병 소로 단정적으로 보도한 점은 분명히
잘못이다.

하지만 중요한 쟁점은 이것이 촛불 시위를 확산시켰고, 프로 제작 자체가 그런 의도를 갖고 있었나 하는 점이다. 〈PD 수첩〉이 촛불 시위를 촉발시켰다고 보는 입장에선 그 같은 보도는 "만원滿員 영화관에서 거짓말로 불이 났다고 외치는 것과 같다"고 주장할 것이다.

현재 검찰은 〈PD 수첩〉의 광우병 보도와 관련해 수사하고 있다고 하는데, 그 수사에 대해서 나는 갸우뚱할 뿐이다. 도무지 그런 보도가 무슨 범죄를 구성하는지가 아리송하기 때문이다. 〈PD 수첩〉에 소송을 제기할 수 있는 사람은 〈PD 수첩〉 때문에 부당하게 직접 피해를 입은 당사자뿐이다. 그렇다면 미국의 축산업자만 소송을 제기할 수 있는 것이다. 국내에는 보도로 인해 피해를 입은 집단을 상정하기가 어렵다.

〈PD 수첩〉이 시위를 격화시켰다고 하지만, 그 점도 법적 인과관계를 입증하기가 어렵다. 시위에 참가한 사람들의 동기가 다양하고, 보도에 대해 느끼는 정도가 다르기 때문이다. 그렇다면 〈PD 수첩〉을 기소할 수 있는 근거란 내란선동 혐의뿐인데, 그것이 가능하다고 보는 법률가는 없을 것이다. 결국 〈PD 수첩〉에 대한 검찰 수사는 '법적 불가능성에 도전하는 격格'이다. 이런 사건에서 방송국에 대해 물을 수 있는 책임은 인사 조치와 시청자에 대한 사과 정도다. 언론의 정확성과 공정성을 법적으로 담보하는 데는 한계가 있다.

명예훼손죄와 명예훼손 소송

언론에 대한 명예훼손죄 수사는 원래는 해서는 안 되는 것이다.
현행법상 당사자가 고소를 해서 수사가 부득이 하다고 해도
수사는 어디까지나 명예훼손 여부에 국한되어야 한다.

2009년 3월 30일

10여 년 전부터 법학계는 형법에 규정된 몇몇 범죄 조항은 삭제해서 비범죄화非犯罪化하는 논의를 해오고 있는데, 간통죄와 명예훼손죄가 그 대상이다. 간통과 명예훼손은 개인과 개인 간의 사법私法상의 문제이지, 국가가 형벌로써 다룰 사안은 아니라는 주장이다.

간통죄 폐지에 대해선 과거에는 여성단체가 반대했는데, 지금은 간통죄가 오히려 여성을 차별하는 제도라는 주장이 나오고 있으니 금석지감今昔之感이 있다. 명예훼손죄를 존치해야 한다고 주장하는 사람들은 만일에 명예훼손죄를 폐지하면 민사소송을 제기하기 어려운 사회적 약자의 명예가 취약해진다고 본다.

유럽의 많은 국가에선 매춘賣春이 더 이상 범죄가 아님을 들어

매춘죄도 없애야 한다고 주장하는 학자도 있다. 매춘이 범죄가 아닌 서유럽보다 매춘을 범죄로 규정한 우리나라, 대만, 태국 등에 매춘이 훨씬 많은 것을 보면 법이 만사형통萬事亨通이 아님을 알 수 있다.

기본적으로 사인私人간의 문제인 간통과 명예훼손을 검찰이 수사하는 것도 문제이지만, 검찰의 수사를 근거로 해서 당사자가 다시 민사소송을 제기하는 관행이 더 큰 문제다. 사인私人이 자신의 사법적私法的 권리를 확보하는 수단으로 국가권력을 이용하는 것이기 때문이다.

한때 명예훼손은 중대한 범죄였는데, 그것은 주로 국왕 같은 권력자에 대한 비판을 형사적 명예훼손으로 보아 극형에 처했기 때문이다. 그러나 기본권과 시민적 자유의 중요성이 인식되고, 언론자유가 보장되어 감에 따라 명예훼손을 범죄로 처벌하는 경우는 적어도 선진국에서는 사라졌다. 특히 기자를 명예훼손죄로 기소하는 나라는 유럽에선 러시아가 있을 뿐이다. 러시아에선 기자들이 살해당하는 경우도 있으니 기자를 명예훼손죄로 처벌하는 것이 차라리 정상이다.

물론 명예훼손죄가 없어졌다고 해서 언론이 마음 놓고 오보誤報를 해서 타인의 명예를 훼손할 수 있는 것은 아니다. 명예훼손을 이유로 한 민사소송은 가능하고, 그런 소송은 기자들에게 악몽과 다름이 없다. 거액의 소송을 우려한 기자들은 탐사취재나 기획취재를 주저하게 된다. 그러면 결국에는 국민의 알 권리가 침해되고 공공사안에 대한 토론이 일어나지 않게 되어 그 사회가 더 불행해진다.

그런 점에서 1964년에 미국 대법원이 'NYT v. Sullivan 사건'에서 정치인, 공무원, 그리고 공적 인물은 자신에 대한 보도가 '실질적 악의actual malice'에 의한 것임을 입증하지 못하면 언론을 상대로 명예훼손 민사소송을 제기할 수 없다고 한 판결은 정말 중요한 의미가 있다. 미국 언론에 최대의 선물을 안겨준 이 판결에서 대법원은 기자가 '실질적 악의'가 아닌 단순한 잘못에 기인한 기사에 대해 손해배상을 해야 한다면 언론자유에는 '위협적 효과chilling effect'가 생길 것이며, 그로 인해 국민의 알 권리가 침해된다고 했다.

1982년 이스라엘 군이 남부 레바논을 침공해서 점령했을 때 아랍 난민촌에서 학살사건이 발생했다. 이에 대해 〈타임〉지가 당시 이스라엘 국방장관이던 아리엘 샤론이 관련되었다고 보도했다. 장관에서 물러난 샤론은 〈타임〉을 상대로 미국 법원에 거액의 명예훼손 소송을 제기했다. 미국 법원은 〈타임〉 기사에 오류가 있었지만 〈타임〉이 '실질적 악의'를 갖고 보도했다고 볼 수는 없다는 이유로 손해배상은 인정하지 않았다. 미국 언론이 탐사취재와 특종에 강한 것은 이 같은 사법적司法的 보호가 있기 때문이다.

사정이 이러하니 정치인이나 공직자가 신문 방송을 상대로 명예훼손 소송을 제기하는 일은 최소한 미국에선 발생하지 않는다.

사실 정치인이나 공직자들은 어떠한 보도가 잘못된 것임을 효과적으로 논박할 수단을 갖고 있다. 9·11 테러가 일어나자 그것이 부시 백악관의 음모인 것으로 각색한 '화씨 911'이란 논픽션 스타일의 영화가 상영됐지만, 백악관은 아예 논평도 내지 않았다. 2004년 선거를 앞두고 CBS 방송이 부시 대통령의 병역기피 의혹을 제기하는 뉴스를 내보내도 백악관은 부인하는 성명만 내보냈다. 나중에 그 뉴스가 가짜 문서에 의한 것임이 드러나서 CBS의 간판 앵커 댄 래더가 은퇴했고, CBS는 사과방송을 했다.

우리나라에서도 김대중 정부까지만 해도 정부 당국자들이 언론을 상대로 명예훼손 소송을 제기하는 경우는 많지 않았다. 그런데 노무현 정부의 집권 후반기에 들어서 정부기관이 조선, 동아, 문화, 월간조선 등 당시의 '비판 언론'에 대해 명예훼손 소송을 제기하는 경우가 부쩍 증가했다. 나는 그것을 노 정권의 '말기 현상'으로 생각했다.

또한 당시 여당이던 열린우리당의 몇몇 의원은 한나라당 의원들을 상대로 명예훼손 소송을 제기했다. 나는 이런 현상이 잘못된 것이라는 시론을 동아일보에 쓰기도 했다.

검찰은 〈PD 수첩〉 관계자에 대한 수사가 정운천 전 장관 등 피해자가 명예훼손 혐의로 고소한 데 따른 것이라 주장한다. 그러나 그런 주장이 그다지 설득력 있게 들리지는 않는다. 정운천 전 장관 등은 민사소송을 제기할 능력이 없는 이른바 '사회적 약자'가 아니다. 또한 사건이 있은 후 반년이 지나서, 그리고 그것도 "무슨 근거로 언론을 수사하느냐"는 비난이 일자 고소를 했으니 의구심을 갖게 된다.

이와 관련해서 한승수 총리는 제주에서 열린 외신 세미나에서 "〈PD 수첩〉이 광우병에 대해 완전히 조작된 거짓말을 해 국민을 혼란시키고 사회를 어지럽게 한 만큼 법의 심판을 받는 것이 당연하다"고 말했다 프레시안 3월 29일자 기사.

검찰은 현재 〈PD 수첩〉이 허위사실을 유포해서 정운천 전 장관 등의 명예를 훼손했나를 수사하고 있다. 언론에 대한 명예훼손죄 수사는 원래는 해서는 안 되는 것이다. 현행법상 당사자가 고소를 해서 수사가 부득이 하다고 해도 수사는 어디까지나 명예훼손 여부에 국한되어야 한다. 그런 만큼, "국민을 혼란시키고 사회를 어지럽게 한 만큼 법의 심판을 받는 것"이라는 대목이 나오는 이유는 이해하기 어렵다.

<PD 수첩> 기소 자체가 무리였다

특정인의 명예를 훼손하는 보도가 아니었고, 기본적으로 정부 정책에 대해서
문제점을 제기한 것이죠. 이런 신문방송의 보도에 대해서 명예훼손을 이유로 형사소추를 하는 일은
이미 민주국가에서는 없습니다. 그래서 선진국에서는 명예훼손이라는 범죄 자체가
대개 폐지가 돼 버리고 또 사문화돼 버렸습니다.

CBS 〈김현정의 뉴스쇼〉 2010년 1월 22일 대담

보수단체 회원들이 판사의 집 앞에서 팻말시위를 하고 대법원장 차량에 계란을 던집니다. 과거 어느 때도 일어난 적 없던 일이 요사이 우리 사회에서 버젓이 벌어지고 있습니다. 이른바 '법검法檢 갈등'이라고 하죠. 이념 갈등 양상으로 번지면서 무조건 찬성, 아니면 무조건 반대, 이런 극단적인 대립이 펼쳐지고 있습니다. 이 상황을 어떻게 바라봐야 될까요? 대표적인 보수학자시죠, 중앙대학교 법학과 이상돈 교수 연결해 보죠.

김현정 앵커   우선 지금 나타나고 있는 우리 사회 일련의 모습들, 판사 집 앞에서 시위를 한다든지 사진을 불태운다든지 대

법원장 차량에 계란을 투척한다든지…… 이런 상황들 어떻게 보십니까?

이상돈　사실 보수니 진보니 이런 이념 문제로 볼 것은 아니지 않습니까? 지각 있는 사람 같으면 그런 행동이 정상이라고 보진 않을 것입니다. 거의 인격적인 테러를 하는 수준이 아닌가 말이죠. 과거에도 법원 앞에서 판결에 대한 불신을 표시하거나 또는 의사 표시를 하는 경우는 왕왕 있었지만 그것도 어느 정도가 있어야 하는 것이죠. 그런 것은 좀 지나친 것 같습니다.

김현정　사실은 불만 있을 경우에는 법적 절차로 해소하라고 1, 2, 3심제가 있고 대법원 갈 수도 있는 것이고, 이런 문제인데 말이죠?

이상돈　그렇습니다.

김현정　〈PD 수첩〉 제작진의 무죄판결은 어떻게 생각하십니까?

이상돈　저는 처음부터, 2008년 6월에 그런 말이 나올 때부터 그것은 범죄가 안 되는 것이다, 무리한 기소다, 그렇게 생각했고, 그런 글도 썼습니다.

김현정　기소가 성립되지 않는 문제다, 그런 말씀인가요?

이상돈　범죄로 구성이 안 될 것이다, 그런 거지요.

김현정　왜 그렇게 보실까요?

이상돈　왜냐하면, 일단 그 사건이 특정인의 명예를 훼손하는 보도가 아니었고, 기본적으로 정부 정책에 대해서 문제점을 제기한 것이죠. 이런 신문방송의 보도에 대해서 명예훼손을 이유로 형사소추를 하는 일은 이미 민주국가에서는 없습니다. 선진국에서는 명예훼손이라는 범죄 자체가 대개 폐지가 돼 버리고 또 사문화돼 버렸습니다.

김현정 선진국에서는 사소한 허위사실을 적더라도 다 정정보도하고 이런 제도가 잘 돼 있다, 저는 이렇게 들은 것 같은데….

이상돈 그것은 정정보도와 손해배상, 즉 민사문제죠. 형사문제로 가는 경우는 거의 없습니다.

김현정 명예훼손 형사소송, 언론보도가 이렇게까지 가는 경우는 없다는 말씀이시군요?

이상돈 네, 그렇습니다. OECD 회원국 중에서는 우리 빼고선 사실상 없다고 봐야 됩니다.

김현정 그렇군요. 그런데 우리 검찰은 어쨌든 기소를 했고 법원의 재판이 있었습니다. 그 사이 검찰 담당자가 "나는 이 사건 못 맡겠다"고 그만 두는, 그런 과정도 있었고요. 그런데 "검찰 기소가 문제가 아니라 법원 판결에 문제가 있다"고 보는 쪽에서 핵심적인 문제라고 파고드는 게 뭔가 하면, "민사소송과 정정보도 소송에서는 〈PD 수첩〉이 허위보도를 했다고 판결을 하지 않았느냐", 그런데 "형사소송에는 허위로 볼 수 없다고 판단을 하다니 어떻게 같은 재판인데 이렇게 달라질 수 있느냐"고 지적을 합니다. 어떻게 되는 건가요?

이상돈　두 개의 소송은 그 성격과 목적이 다릅니다. 고등법원 판결은 〈PD 수첩〉 보도가 부분적으로 사실이 아닌 부분이 있다고 해서 정정보도를 하라고 했고, 거기에 대해서 MBC측은 대법원에 상고를 제기했기 때문에 현재 그 사건은 끝난 것이 아니고 대법원에 계류 중입니다. 따라서 이론적으로 고등법원 판결이 대법원에서 번복이 될 수 있는 것입니다. 그리고 정정보도를 요구하는 민사소송과 언론인을 형사처벌하려고 하는 형사재판은 그 성격이 다르죠. 후자, 즉 형사재판이 보도의 자유에 대한 침해 가능성이 훨씬 큽니다. 재판부가 그런 점도 고려했을 것이라고 생각하고 있습니다. 또한 형사재판에서 검찰은 그야말로 '의심의 여지가 없는 유죄입증'을 해야만 됩니다. 그래서 의심스러울 때는, 즉 유죄 확신을 못할 때에는 법관은 피고인한테 유리하게 재판하는 것입니다.

김현정　원래 원칙이 그런 건가요?

이상돈　그렇습니다. 형사소송에서는 확신이 안 서면 재판부는 무죄판결을 해야만 되는 거죠.

김현정　이쪽도 가능하고, 저쪽도 가능하고 그럴 때는 유죄를 줄 수 없다는 말씀이시군요?

이상돈　네, 유죄라고 확신이 돼야만 되는 것이죠. 그야말로 의심할 여지가 없이 이 사람은 유죄다, 이렇게 심증이 있어야만 유죄판결하는 것이 형사재판이죠.

김현정　정정보도 민사소송과 처벌을 해달라는 형사소송 명예훼손 소송은 엄연히 다르다는 말씀이세요?

이상돈　네, 다릅니다. 우리나라 경우는 아니고, 지난 1995년에 세계를 떠들썩하게 했던 미식 축구선수 출신의 영화배우 O. J. 심슨의 살인재판 있죠?

김현정　미국 축구선수지요.

이상돈　네. 그 형사재판에서는 무죄판결이 나왔지만, 이듬해 민사재판에서는 유가족이 승소했습니다. 민사재판에서는 O. J. 심슨이 패소했습니다. 그 이유가 뭐냐 하면, 당시 로스앤젤레스 검찰이 O. J. 심슨의 살인혐의에 대해서 '의심의 여지가 없는 유죄' 입증을 하지 못한 것입니다. 그러나 민사재판에서는 의심의 여지가 있는 판단을 하는 것이 아니라 증거를 비교하는 것이기 때문에 증거의 비교에서 O. J. 심슨이 패소한 것이죠.

김현정　쉽게 말하면 이런 걸까요? 인터뷰한 사람이 '저, 암에 걸렸습니다' 이렇게 말한 것을 제작진이 구체적으로 '폐암이다'라고 자막을 내보냈어요. 인터뷰 대상이 '나는 싫다'면서 '바꿔 달라'라고 하면, 정정보도 민사소송을 하면 이것은 어쨌든 자막하고 다르니까 바꿔줘야 되지만, 그렇다고 고의로 명예훼손을 했느냐를 따지자면 그것은 맥락상 없는, 명예훼손은 아니다, 이렇게 판결이 날 수 있다는 거군요?

이상돈　그렇죠. 부분적으로 사실이 아닌 보도가 있었느냐 하는 것이 작년에 고등법원까지 가서 다룬 그 부분이죠. 거기에 대해서도 MBC가 대법원에 상고를 했기 때문에 법원의 판단은 아직 남아있는 것이지요. 보도로 인해서 그야말로 두 사람의 명예가 훼손됐고 그럴 의도가 있었고 인과관계가 있느냐는 별개의 문제죠.

김현정　알겠습니다. 그런데 검찰이 사실 그런 것을 모를 리가 없었을 텐데요?

이상돈　과거 노무현 정권 때에도 고위공직자들이 언론을 상대로 명예훼손 문제를 제기한 적이 있었습니다. 그러나 그것은 전부 민사소송이었습니다. 그런데 이번 사건은 이례적으로 고위공직자를 지낸 사람들이 방송보도를 처벌해 달라고 공권력에 호소한 것 아닙니까? 허위보도로 인한 명예훼손이 있다고 하더라도 그 문제는 기본적으로 개인 간의 민사관계입니다. 특히 고위공직자가 고소를 하게 되면 아무래도 공권력은 거기에 우호적으로 대응하지 않겠습니까? 그래서 그것은 형평의 원칙에 대단히 어긋나는 것이고, 또한 개인의 명예훼손 주장을 입증하고, 또 그것을 회복하기 위해서 국가공권력을 동원한다는 것 자체가 정의 관념에 맞지가 않습니다.

김현정　여기에서 국가공권력이라고 하면 검찰을 말씀하시는 거죠?

이상돈　검찰이 어마어마한 권력을 통해서 본질적으로 민사관계인 것을 수사하고 기소한다는 것은 형평과 정의 관념에 맞지가 않습니다.

김현정 변호사 대 변호사 민사로 소송하는 것과 검찰을 동원한 형사와는 상황이 전혀 다르다는 말씀이시군요?

이상돈 전혀 다른 것이죠.

김현정 검찰의 기소 자체가 무리했다, 이런 경우가 종종 있습니까?

이상돈 근래에 볼 것 같으면 몇 번 연거푸 있었지 않습니까? 강기갑 의원의 경우도, 그런 것은 참 보기도 안 좋고 그렇습니다만 그러나 과연 그런 경우를 국회 자체의 견책이나 이런 것을 떠나서 기소를 해야만 될 것인가 하는 문제가 있습니다. 또 정연주 KBS 전 사장에 관한 기소도 결국 대법원까지 가서 무죄판결이 나왔어요. 무죄가 세 번 나왔습니다. 이런 것을 볼 때는 기소가 무리했다, 그렇게 볼 수 있겠죠.

김현정 강기갑 의원도 그런가요?

이상돈 강기갑 의원도 그 행위 자체는 누가 봐도 아름다운 행동이 아닙니다. 그러나 과연 그런 것을 국회 내부에서 어떤 중대한 견책이랄까, 징계 같은 것을 하면 충분한 게 아닌가, 이렇게 볼 수 있지 않을까요? 그런 것에까지도 일일이 기소를 하는 것이 과연 합당한가, 이런 이의를 제기할 수도 있겠죠.

김현정 지금 시스템에서 기소를 할 수 있는 곳은 검찰뿐입니다. 기소독점주의라고 하죠. 혹시 기소독점주의에 대해서 견제를 해야 된다고 생각하십니까?

이상돈　우리나라 사람들은 기소는 검찰이 하는 것으로 알고 있습니다. 맞습니다. 그러나 과연 선진국에서 기소를 검찰의 단독적인 판단에 100% 맡기고 있는가 하면, 그것은 아니라고 봅니다.

김현정　누가 기소를 할 수 있나요, 선진국은?

이상돈　미국에서는 기소여부를 결정하는 것은 대배심입니다. 24명의 배심원이 결정을 하는 것이고, 검사는 대배심을 설득해서 기소 결정을 얻어내는 데 불과합니다. 프랑스, 이탈리아 같은 유럽 국가에서는 판사의 예심절차를 거치도록 하죠. 그래서 법의 남용을 억제하고 있습니다.

김현정　그 경우에도 검찰이 기소를 하긴 하는데 걸러지는 견제장치가 있다는 말씀이시죠?

이상돈　네, 견제장치가 있지요.

김현정　알겠습니다. 말씀 고맙습니다.

셰퍼드 사건과 〈PD 수첩〉

이론적으로 법률전문가인 법관은 신문 방송이 유죄를 예단하는 보도를 해도 영향을 받지 않고 재판할 수 있다. 그러나 계류 중인 형사재판에 있어 다툼이 있는 사실관계에 대한 보도는 신중해야 하며, 특히 유죄를 예단(豫斷)하는 보도는 삼가야 한다. 〈PD 수첩〉 재판 과정에서 보여준 몇몇 신문의 보도는 그 점에서 많은 것을 생각하게 한다.

2010년 1월 27일

1960년대에 우리나라 TV에 방영된 외화 연속극 '도망자The Fugitive'는 대단한 인기를 누렸다. 미국에서도 마찬가지였다. '도망자'가 수립한 시청률 기록은 1970년대 말에서 1980년대 초에 방영된 '댈러스'에 의해 비로소 깨졌다.

'도망자'는 1993년에 해리슨 포드와 토미 리 존스가 주연한 영화로 다시 선보였다. '도망자'는 아내를 죽인 혐의로 사형선고를 받고 형장으로 가던 중 교통사고가 나서 탈출한 킴블이란 의사가 자기 아내를 죽인 외팔이 사나이를 쫓는 내용이다. '도망자'는 1954년에 오하이오 주에서 일어난 살인사건을 소재로 만든 픽션이다.

1954년 가을, 오하이오 주 클리블랜드 근교에 살던 의사 샘 셰퍼드는 한밤중에 아내를 죽인 혐의로 체포되어 재판을 받았다. 셰퍼드는 범행을 부인하고 오히려 자기도 괴한한테 폭행을 당했다고 주장했다. 하지만 언론은 이 살인 사건을 연일 상세하게 다루면서 셰퍼드가 간호사와 내연관계여서 임신한 부인을 죽였다고 몰아붙였다. 그해 연말 배심은 셰퍼드를 유죄로 평결하고 종신징역을 선고했다.

1961년, 이 사건을 맡게 된 F. 리 베일리 변호사는 셰퍼드가 공정한 재판을 받을 기회를 박탈당했다면서 연방법원에 인신보호영장을 청구했다. 연방법원은 베일리 변호사의 청원을 받아들였다.

1966년 연방대법원은 셰퍼드가 공정한 재판을 받을 기회를 박탈당했다고 판단해서 주 법원이 다시 재판하라고 명령했고, 셰퍼드는 결국 석방되었다. 연방대법원은 셰퍼드가 적대적 환경에서 재판을 받았고, 특히 그가 유죄라고 단정하는 보도를 판사가 배심으로부터 차단하지 않았다고 지적했다 Sheppard v. Maxwell, 384 U.S. 333.

셰퍼드는 자기가 무고하다고 주장하다가 1970년에 사망했다. 그 후 셰퍼드의 아내의 시신을 발굴해서 다시 부검한 결과, 원래의 부검에서 의문점이 발견되어 범인이 다른 사람일 것으로 추정되는 등 아직도 진실은 베일에 가려 있다.

셰퍼드 사건은 아무리 보도의 자유가 중요하다고 해도 계류 중인 형사사건에 대한 보도는 신중해야 함을 깨닫게 해주었다. 당시

지역 방송과 신문은 셰퍼드가 진범이라는 식으로 연일 선정적인 보도를 했다. 신문과 방송은 검찰이 넘겨주는 정보를 여과 없이 사실인 양 그대로 보도했다. 이 사건을 계기로 미국 언론은 보도의 자유가 중요하더라고 공정한 재판을 받을 피고인의 권리를 침해해서는 안 된다는 사실을 인식하게 되었다.

미국의 재판은 배심재판이기 때문에 재판하는 곳의 분위기가 재판에 영향을 줄 수 있다. 그래서 부득이 재판지venue를 다른 곳으로 옮기기도 한다. 1979년 12월, 마이애미에서 모터사이클을 과속으로 몰던 흑인이 백인 경찰관들에게 폭행당해 사망한 사건이 발생했다. 경찰관들이 마이애미에서 공정한 재판을 받을 수 없다고 생각되어 이들에 대한 재판은 탬파에서 열렸다. 다음해 5월에 배심은 증거가 불충분하다는 이유로 무죄를 선고했고, 그러자 마이애미에서 폭동이 일어났다.

1992년에 일어난 로스앤젤레스 폭동도 현대차를 과속으로 몰던 흑인 운전자를 백인 경찰관들이 폭행해서 비롯되었는데, 흑인들이 많이 사는 LA 카운티에선 경찰관들이 공정한 재판을 받을 수 없다고 생각해서 LA 서북쪽 벤추라 카운티에서 재판을 했다. 주로 백인으로 구성된 배심이 경찰관들에게 무죄 평결을 내리자 LA의 코리아타운 남쪽에서 폭동이 일어나서 우리 교민들이 큰 피해를 입었다.

재판지를 옮긴 것은 적대적 여론으로부터 자유로운 재판을 하기 위함이었으나, 결과적으로 폭동을 초래하고 말았다. 하지만 이는 공정한 재판을 받을 권리가 얼마나 중요한가를 잘 보여준다.

억만장자 유산 상속인 아내를 살해했다는 혐의를 받은 클라우스 반뷸로우Claus von Bulow에 대한 재판1984~85년: 제러미 아이런스가 주연한 '행운의 번복'이 이 사건을 그린 영화다, 그리고 이혼한 아내와 그의 남자 친구를 살해한 혐의를 받은 O. J. 심슨에 대한 재판1995년은 언론의 비상한 관심을 모으면서 진행됐다. 그러나 어떠한 신문 방송도 반뷸로우와 심슨이 유죄라는 예단을 갖고 보도하지는 않았다. 또 어떠한 신문 방송도 검찰로부터 얻은 정보를 진실인 양 전파하지 않았다. 두 사건에서 검찰은 '의심의 여지가 없는beyond reasonable doubt' 증거를 제시하지 못해서 배심은 무죄를 선고했다.

나는 미국산 쇠고기 문제를 다룬 〈PD 수첩〉은 전반적으로 볼 때 성급하게 제작됐고, 또 과장한 측면이 있다고 생각한다. 하지만 당시 새로 들어선 이명박 정부가 미국산 쇠고기 수입 재개를 서둘렀기 때문에 그것을 비판하기 위해 프로를 만들었다는 주장 역시 도외시할 수 없다.

2008년 여름, 검찰이 〈PD 수첩〉을 수사한다는 소식을 듣고 나는 그것이 '법적 불가능성에 대한 도전'이라고 썼다. "언론은 악의나 중대한 과실로 허위사실을 보도하지 않는 한 명예훼손 책임을 지지 않는다"는 1964년 미국 대법원 판결New York Times v. Sullivan, 376 U.S. 254이 언론의 자유와 국민의 알 권리를 보장하는 근간이라고 생각하기 때문이다. 나는 그 판결이 있었기에 1971년에 〈뉴욕타임스〉가 국방부 비밀문서를 보도할 수 있었고, 1973년에 〈워싱턴포스트〉가 워터게이트를 파헤칠 수 있었다고 생각한다.

우리나라는 미국과는 달리 법관이 사실 판단을 한다. 이론적으로 법률전문가인 법관은 신문 방송이 유죄를 예단하는 보도를 해도 영향을 받지 않고 재판할 수 있다. 그러나 계류 중인 형사재판에 있어 다툼이 있는 사실관계에 대한 보도는 신중해야 하며, 특히 유죄를 예단豫斷하는 보도는 삼가야 한다. 〈PD 수첩〉 재판 과정에서 보여준 몇몇 신문의 보도는 그 점에서 많은 것을 생각하게 한다.

신문에 미래가 있나?

종이신문의 종말은 생각보다 빨리 오지 않을까 한다.
그렇게 되면 종이신문과 종이신문의 '권위'를 이용했던 필자들의 프리미엄이 사라지고,
뉴스와 오피니언의 생산에 공정한 게임의 원칙이 적용될 것이다.
정확한 뉴스가 사라질 것이라는 우려는 기우(杞憂)에 불과하다.

2009년 7월 13일

지난 1996년 초여름에 경기도 고양에서 중앙일보와 조선일보 지국원 사이에 싸움이 벌어져서 조선일보 지국원이 칼에 찔려 죽은 일이 있었다. 그때 조선일보는 '삼성, 신문에서 손 떼야'라는 제목의 통사설 보통 사설을 2~3개 내보내지만, 사안의 중요성 때문에 어떤 날에는 긴 사설 하나만 내보내는 것을 의미 을 내보냈다. 대기업이 언론을 하면 어떤 폐단이 있는가를 잘 지적한 사설이었다.

조선일보에는 '삼성에 불리한 기사는 한 줄을 못 쓰는 신문'이라고 비아냥거리는 칼럼도 실렸다. 당시는 동아일보와 조선일보가 5·18 특별법 등 여러 사안을 두고 '사설 전쟁'을 벌일 정도로 사이가 좋지 않았지만, 중앙일보에 대해선 동아일보가 조선일보

편을 들어서 재벌신문의 폐단을 비난하는 사설을 내보냈다. 당시 조선일보와 동아일보의 사설은 대기업의 언론 참여에 반대하는 논리로서 아직도 유효하다고 생각된다.

그리고 10여 년이 흘렀다. 이명박 정권은 '미디어 산업 선진화'를 내걸고 대기업과 신문사의 방송겸업을 허용하고 대기업의 방송참여를 허용하는 미디어 관련법 개정을 추진하고 있고, 민주당은 이에 반대하고 있다. 재벌의 신문 경영을 비난했던 조선과 동아가 이번에는 재벌의 방송진출을 허용하는 미디어법에 적극 찬성하고 나섰다. 10대 재벌의 매출과 영향력은 10여 년 전에 비해 엄청나게 커졌고, 이런 재벌들이 경영하는 보도 방송이 어떤 것이 될지는 쉽게 짐작할 수 있을 것이다.

만일에 대기업 7∼8개가 지분을 갖고 참여하는 방송이 생긴다면 그 방송은 '전경련 방송'이 되고 말 것이다. 따라서 어느 대기업이 진정으로 미디어를 하고 싶다면 기존 사업을 정리하고 미디어로 업종을 바꾸어서 진출해야 할 것이다.

그러나 메이저 신문의 방송진출은 별개 문제라고 하겠다. 민주당과 진보매체가 신문의 방송진출에 반대하는 이유는 그러면 '보수방송'이 생긴다고 보기 때문이다. "진보방송은 괜찮고 보수방송은 안 된다"는 주장은 논리적으로 말이 안 된다.

신문의 방송진출에 반대하는 주장에는 "신문이 방송을 하는 경우는 드물다"거나, "신문이 방송에 진출해서 성공한 사례가 없는데 왜 하려 하느냐" 하는 것들이다. 신문이 방송을 해서 성공한 예가 없다면서 반대하는 것도 말이 안 된다. 무모하게 방송을 하다가 망한다면, 그것은 그들의 팔자일 뿐이다. "신문과 방송이 겸업을 하게 되면 여론 형성력이 지나치게 강해진다"는 우려가 있기는 하다. 하지만 그런 우려는 방송이 신문을 겸업하려는 경우에 해당하는 말이다.

문제는 신문 자체가 존망의 위기에 처해 있다는 사실이다. 우리나라 메이저 신문이 방송에 진출하고 싶어 하는 이유는 신문으로 돈을 많이 벌어서 새로운 투자를 하기 위함이 아니다. 반대로 신문이 사업성을 잃어가기 때문에 돌파구로 그나마 비슷한 업종인 방송을 하고자 하는 것이다.

신문의 쇠퇴는 세계적 추세이고, 이제는 막을 수 없는 것으로 보인다. 국민들이 원래 신문을 잘 읽지 않는 프랑스에선 우파 정부라는 사르코지 정부도 신문사에 대한 보조금을 늘려주었다. 정부 보조금에 의존하고 있는 프랑스 신문에서 정부에 대한 비판이 사라져 버린 지는 이미 오래다. 크고 작은 도시마다 한두 개씩 신문이 있었던 미국의 사정은 더욱 착잡하다. 인터넷에 의해 직격탄을 맞으면서 간신히 10여 년을 버티어 오던 신문들이 백기白旗를 들 상황에 처했다. 중소도시의 신문들이 속속 폐간하더니 이제는 〈로스앤젤레스 타임스〉, 〈보스턴 글로브〉, 〈마이애미 헤럴드〉 등 대도시 신문도 존폐위기에 처해 있다.

〈뉴욕타임스〉는 외부에서 자금을 수혈받아 버티고 있고, 카플란 서비스라는 돈 되는 부대사업으로 버티는 〈워싱턴포스트〉와 경제전문지인 〈월스트리트 저널〉만 근근이 버티고 있다. 인터넷 덕분에 사람들은 돈을 지불하고 신문이나 잡지를 사서 뉴스를 읽으려 하지 않는다. 네트워크 TV의 저녁 뉴스와 마찬가지로 종이 신문도 이제는 노년층의 전유물이 되어 가고 있다. 언제 어느 때나 컴퓨터와 아이패드를 통해 뉴스를 접할 수 있는 세대는 종합뉴스나 조간신문을 볼 필요를 느끼지 않는다.

2008년 가을에 닥친 경제위기는 미국 신문에 치명상을 입혔다. 신문광고의 효용성이 갈수록 떨어지고 있음을 느끼고 있던 기업들은 경제위기가 닥쳐오자 광고를 줄였고, 신문은 직격탄을 맞았다. 신문사들은 해외특파원과 워싱턴 주재원을 줄이고 편집국을 축소했다. 2008년 하반기 후에 2000명 이상의 기자가 직장을 잃었고, 기자 해고는 지금 이 순간에도 계속되고 있다.

이제 일반인들마저 신문이 자신들의 생활과 미국 사회에 절실한 존재가 아니라고 생각하고 있다. 최근에 퓨 리서치가 행한 조사는 미국인의 대다수가 신문이 미국의 민주주의와 공공 생활에 필수적인 존재가 아니라고 생각하고 있음을 보여 주었다.

생존해 있는 가장 탁월한 법률가 중 한 명으로 평가받는 리차드 포스너 연방항소법원 판사는 2009년 6월 23일자 칼럼 '신문의 미래The Future of Newspaper'에서 "신문 사업이 회복할 것으로 생각하지 않는다"고 했다. 신문이 기자를 해고함에 따라 볼만한 기사의 질과 양이 떨어지고, 그러면 구태여 돈을 주고 신문을 사야할 동기는 더욱 없어지는 악순환이 계속되다가 결국은 문 닫을 것이라는 관측이다. 포스너 판사는 "종국에는 〈로이터〉나 〈AP〉 같은 통신사만 뉴스 생산 기능을 지속하게 될 것이며, 종이신문이 사라지면 온라인 뉴스 공급자들의 광고수입이 늘게 될 것"이라고 내다보았다.

노벨경제학상 수상자인 시카고 대학의 게리 베커 교수도 같은 날자 칼럼 '신문 쇠락의 사회적 비용?The Social Cost of the Decline of Newspapers?'에서 "이제 40세 이하의 미국인은 종이신문을 거의 읽지 않는다"면서, 그것은 "개인에게는 라이프스타일의 변화이지만 신문 산업을 죽이기에 충분하다"고 평가했다. 〈뉴욕타임스〉와 〈워싱턴포스트〉 같은 권위지가 사라지면 '정확한 보도'가 사라질 것이라는 우려에 대해, 베커 교수는 "그것은 기우杞憂"라고 지적했다. 베커 교수는 "온라인에서의 견해와 뉴스는 그 수준과 정확도 면에서 많은 차이가 있지만, 정확하고 신뢰성 있는 명성을 얻은 사이트가 이미 많이 생겼다"고 지적한다.

베커 교수는 "종이신문이 사라진 공백을 온라인 뉴스미디어, 각종 단체의 사이트, 개인의 블로그가 메울 것이며, 민주체제의 사람들은 자기 나라와 다른 나라에서 일어나는 일에 대해 신속하고 정확한 정보를 얻는 데에 어려움이 없을 것"이라고 지적했다. 포스너 판사와 베커 교수는 보수 성향의 법률가와 경제학자라는 점에서 이들의 평가는 시사하는 바가 크다.

반면 종이신문이 사라지면 민주주의가 위협받기 때문에 정부가 보조금을 주어서라도 신문을 살려야 한다는 주장도 있다. 이런 입장은 주로 대학에서 신문방송학을 가르치는 교수들이 제기하고 있다. 이들은 "인터넷 신문이나 블로그에서 얻는 뉴스의 대다수가 종이신문이 생산한 뉴스"라면서, "종이신문이 사라지면 온라인에서도 뉴스가 사라지고, 그러면 중세의 암흑시대가 다시 오는 것과 같다"고 주장한다. 그러면서 이들은 "정부가 신문과 방송에 보조금을 주고, 보조금을 받은 신문과 방송은 정치적 견해를 표명하지 못하도록 하자"고 제안한다.

하지만 "종이신문의 소멸을 아쉬워하는 사람은 그런 신문을 만드는 사람들뿐"이라면서, 종이신문의 종말을 기정사실로 받아들이는 분위기가 지배적이라고 할 수 있다. 〈워싱턴포스트〉의 칼럼니스트 마이클 킨슬리도 2009년 4월 16일자 칼럼 '신문이 없어진 세상Life After Newspaper'에서, "신문이 미래를 보지 못해서 이런 상황에 이르렀다"면서 "GM이 사라져도 자동차는 있듯이, 〈뉴욕타임스〉가 사라져도 뉴스는 있을 것"이라고 주장했다.

"보조금을 주어서라도 신문을 살려야 한다"고 주장하는 사람들은 "종이신문이 없어지면 민주주의가 위협받는다"고 주장한다. 2009년 3월 27일자 〈슬레이트닷컴〉에서 잭 세이퍼는 그런 주장을 반박했다. 세이퍼는 "미국에서 오늘날 같은 신문이 사실보도를 하기 시작한 것은 19세기 말"이라고 지적한다. "토머스 제퍼슨이 '정부는 없어도 신문은 있어야 한다'고 말했던 신문은 정치적 의견을 표명하는 포럼이었지, 지금처럼 취재해서 사실을 보도

하는 신문이 아니었다”는 것이다. 19세기 말까지 있었던 신문은 정파적 의견을 전달하는 매체였고, 제퍼슨은 그런 신문이 공공토론을 위해 중요하다고 했던 것이다. 그러면서 세이퍼는 “미국의 신문들이 자신들이 해온 일이 중요하며, 자신들이 시민들로 하여금 건전한 정치적 판단을 하도록 선도했다”고 주장하는 것은 역겹다고 했다.

그렇다면 미래의 신문은 어떠할 것인가? 마이클 킨슬리는 “보다 캐주얼하고 오피니언의 비중이 크고, 독자의 참여가 높은 온라인 신문이 될 것”이라고 내다본다. 킨슬리는 “미래에 대비하는 신문만이 살아남을 것”이라고 했다. 실제로 〈크리스천 사이언스 모니터〉는 2008년에 온라인 신문으로의 전환을 결정한 바 있다. 최근에 성공을 거둔 진보 성향의 〈허핑턴 포스트The Huffington Post〉는 미래의 신문의 모습을 보여준다. 〈허핑턴 포스트〉는 전임기자 숫자를 최소화하고 외부 기고가들의 수준 높은 칼럼의 비중을 높여서 성공을 거두었다. 보수 성향으로는 〈타운홀닷컴Townhall.com〉이 그런 방식으로 성공을 거두었다.

종이신문의 종말은 생각보다 빨리 오지 않을까 한다. 그렇게 되면 종이신문과 종이신문의 ‘권위’를 이용했던 필자들의 프리미엄이 사라지고, 뉴스와 오피니언의 생산에 공정한 게임의 원칙이 적용될 것이다. 정확한 뉴스가 사라질 것이라는 우려는 기우杞憂에 불과하다.

사실 요즘 우리나라 신문은 보도를 하기보다는 의견을 써서 여론을 조성하는 것이 주업主業이라고 할 정도다. 미국에선 종이신문이 인터넷 신문으로 전환을 한다고 하는데, 어떻게 해서 우리나라에선 신문사가 방송을 하겠다고 난리를 하는지, 이해가 되지 않는다.

미디어 법안 변칙 통과

돌이켜보면 민주주의는 '절차적 정의(procedural justice)'를 달성하기 위한
투쟁의 역사였다. 검찰이나 경찰이 인신보호에 관한 절차를 위반하고서
인신구속을 할 수 없는 것과 마찬가지로 국회가 의사규칙을
위반하고 의결을 할 수는 없다.
2009년 7월 27일

지난주에 있었던 미디어법 변칙 통과를 본 나는 40년 전의 3선 개헌을 되돌아보게 됐다. 1967년 총선에서 압도적 다수의석을 차지한 공화당 정부는 대통령 3선을 가능하게 하는 개헌안을 1969년 가을 국회에서 통과시키려고 했다. 서울대, 고려대 등 주요 대학에선 3선 개헌에 반대하는 집회와 시위가 발생했고, 야당인 신민당은 국회 본회의장을 점거하는 농성에 돌입했다. 9월 14일 밤, 국회 건물 건너편 별관에서 여당의원들 122명이 참석한 가운데 개헌안이 변칙적으로 통과됐다. 한 달 후 국민투표를 통해 3선 개헌안은 확정되었다.

당시에는 정부에 비판적이던 동아일보의 사진기자가 개헌안을

변칙으로 처리하고 나오는 공화당 의원들을 향해 플래시를 터트리자 몇몇 의원들은 당황하면서 손으로 얼굴을 가렸는데, '부끄러운 줄은 안다'는 설명을 붙인 그 사진은 특종이었다. 당시 야당은 국회의장이 국회법을 위반해서 개헌안을 처리했다는 이유로 서울고등법원에 행정소송을 제기하였으나, 법원은 "국회 내부의 사안에 대해 법원이 심리를 할 수 없다"는 논리를 내세워 심리를 거부했다. '통치행위Regierungsakt' 또는 '정치적 행위political action'임을 들어 의회 내부의 절차에 대한 심리를 거부한 것이다. "의회의 의사절차, 대통령의 대외정책 같은 사안은 사법부가 적법여부를 판단하기에 부적절하며, 이러한 정치적 사안에서 사법부는 권력분립의 취지를 살려서 심리를 자제self-restraint해야 한다"는 논리를 따른 것이다.

같은 해 미국 대법원은 우리 법원과는 정반대의 판결을 내렸다. Powell v. McCormack 사건에서 미국 대법원은 "의회의 절차가 정당했는가 그러하지 아니한가는 사법부가 정당하게 심리할 수 있는 사안"이라고 판결했다. 대법원을 대표한 얼 워렌 대법원장은 그런 사건이 "사법적으로 판단될 수 있는 것justiciable"이며, "사법부가 판단을 회피해야 하는 '정치적 문제'가 아니고, 단지 헌법을 해석하면 되는 사안"이라고 판시했다. 이 판결은 7대 1이란 압도적 다수로 이루어졌다.

그 사건은 미국 하원이 징계절차에 의하지 않고 비리 스캔들이 있던 아담 파월 하원의원을 직위에서 배제한 데서 비롯됐다. 파월

의원은 자신에 대한 하원의 조치가 부당하다고 주장하면서 소송을 제기한 것인데, 미국 대법원은 의회의 의사議事 결정을 사법부가 심리하는 것은 부적절하다고 해왔던 종래 입장을 번복하고 헌법을 위반한 하원의 결정을 무효로 판결했다.

파월 판결은 논란이 되고 있는 미디어법의 효력을 다투게 될 헌법재판소에게 좋은 선례가 될 것으로 생각된다. 3선 개헌안 통과에 대해 사법적 판단을 거부했던 1969년과 지금이 입헌주의와 민주주의의 수준에서 같을 수는 없다. 40년이란 세월이 지났으니, 우리의 사법부도 국회의 의사절차에 대해서도 심사를 할 수 있다고 판결한 파월 사건을 참조해야 할 것이다.

돌이켜보면 민주주의는 '절차적 정의procedural justice'를 달성하기 위한 투쟁의 역사였다. 우리가 당연하게 생각하는 형사소송과 행정소송에서의 기본권도 절차적 정의에 관한 것이다. 절차적 정의가 보장되지 않은 사회는 민주적 사회라고 할 수 없다. 검찰이나 경찰이 인신보호에 관한 절차를 위반하고서 인신구속을 할 수 없는 것과 마찬가지로 국회가 의사규칙을 위반하고 의결을 할 수는 없다. 미디어 법안의 효력 여부를 다룰 헌법재판소가 '상식'을 존중해 줄 것으로 기대한다.

헌재의 미디어법 판결

중대한 위법이 발견되어서 위법으로 판단했음에도
아직은 무효로 처리할 만한 중대한 헌법 침해가 없어서
무효로 판단할 수는 없다고 판결한 것이다. 그렇다면 도무지
어느 정도 중대한 침해가 있어야만 무효가 되는지 알 수가 없다.

2009년 10월 30일

헌법재판소는 국회의 미디어 법안 처리가 위법하다고 판정하면서도, 그것을 무효화하기를 거부했다. 이에 따라 신문법 등 미디어 관련법은 '위법하지만 유효한', 이상한 상태에 머물게 됐다. 신문법과 방송법 외에도 다른 법안도 관련되어 있고, 9명의 헌재 재판관의 의견이 각 법안마다, 그리고 쟁점마다 갈려서 제대로 파악하기도 쉽지 않다. 신문법을 중심으로 각 재판관의 입장을 정리하면 이번 판결은 '2대 4대 3'의 판결이라고 할 수 있다.

민형기·목영준 재판관은 "국회의장의 자율권이 존중되어야 한다면서 청구인들 야당 의원의 권리가 침해된 바가 없다"고 했다. "국회의장의 의사 진행에 관한 판단이 명백히 잘못되어 청구인들

의 심의 · 표결 권한을 침해하지 않은 이상 국회의장의 자율적 판단은 존중되어야 한다"는 것이다. 반면 7명의 재판관이강국 소장, 이공현 · 김종대 · 이동흡 · 김희옥 · 조대현 · 송두환 재판관은 "청구인들의 권한이 침해되었다"고 판단했다. 국회법상 심의와 토론하는 기회의 상실, 일사부재의—事不再議 원칙 위반, 대리투표로 인한 청구인들의 투표 가치 훼손이 있다는 것이다. 국가기관으로서의 국회의원의 권한이 국회의장에 의해 침해되었다는 것인데, 여기까지 읽으면 헌재는 미디어법을 위법으로 판단한 것으로 보인다.

청구인들은 자신들의 심의 · 표결 권한이 국회의장에 의해 침해당했기 때문에 국회의장의 법안 가결 선포 행위를 무효로 판단해 달라고 청구했다. 이에 대해 "청구인들의 권한 자체가 침해된 바가 없다"고 보는 2명의 재판관 외에 이강국 소장, 이공현 재판관, 김종대 재판관, 이동흡 재판관이 청구인들의 무효 확인 청구를 기각했다. 따라서 4명의 재판관은 "위법하되 무효는 아니다"고 판결한 것이고, 결국 6명의 재판관이 무효로 판결하기를 거부한 셈이다.

판결을 결정지은 4명의 재판관의 논리는 아래와 같다.

"권한쟁의심판에서는 국회의 자율권을 존중하는 의미에서 헌재는 권한 침해만 확인하고 그러한 위법 상태의 시정은 국회에 맡겨두는 것이 바람직"하며이강국 소장, 이공현 재판관, "헌재가 가결 선포 행위를 무효로 판시하면 해당 법률을 무효로 판결하는 것과 같아서 위헌심판의 정족수를 6명으로 한 헌법 조항과 배치"되며김종대 재판관, "무효 여부는 입법절차에 관한 헌법 규정을 명백하게 위반한 흠이 있느냐 여부로 판단해야 하는데, 이번 사건에서 피청구인의 의사진행이 표결 결과에 영향을 미쳤다고 볼 수는 없다"는 것 이동흡 재판관이다.

반면 조대현 재판관과 송두환 재판관은 이번의 국회의결은 "국민의 의사로 간주하는 대의절차 효과를 부여하기 위한 요건을 갖추지 못했다"는 이유로 무효라고 판단했다. 이들은 "청구인들이 법안을 심의하고 토론할 기회를 박탈당한 것은 국회의원으로서의 본질적 부분을 침해당한 것"으로 보았다. 김희옥 재판관은 "권한쟁의심판의 취지는 국가권력의 통제를 통한 권력분립 수립과 민주주의 실질화에 있다"면서, "헌재법 제66조는 위법 사항에 대한 객관적 판단뿐 아니라 침해된 청구인의 권한도 구제할 수 있도록 한 것으로 보아야 하기 때문에 무효로 판단해야 한다"고 주장했다. 이들이 소수의견이다. "위법이지만 무효는 아니라"는 재판관 6인의 논거를 요약하면, "입법절차로 인해서 국회의원의 권한이 침해되었다고 하더라도 입법절차에 관한 헌법 규정을 명백히 위반한 흠에 해당하지 않으면 해당 법률안 선포를 무효로 볼 수 없다"는 것이다.

일사부재의 원칙 위반 여부에 대해선 5명의 재판관 민형기 · 목영준 · 김종대 · 조대현 · 송두환 재판관이 "위반이 있다"고 판단했다. 흥미로운 것은 "심의 · 표결권이 침해당한 바 없다"고 했던 민형기, 목영준 두 재판관이 여기에 동의한 것이다. 반면 4명의 재판관 이강국 소장, 이공현·김희옥·이동흡 재판관은 "일사부재의는 일단 의결이 이루어진 후에 다시 하는 것을 금지하는 것인데, 이번 사건은 의결정족수 미달이기 때문에 일사부재의 원칙이 적용되지 않는다"고 했다.

많은 판결이 그러하듯이 이번 판결도 '중간에 있는 재판관swinger'에 의해 결정되었는데, 이번에는 그런 재판관이 4명이나 되어 블록별로 보면 가장 많았다. 그만큼 이번 사안이 단순치 않음을 잘 보여준 것인데, 문제는 중간지대에 있는 재판관들의 이론이 가장 취약할 수밖에 없다는 데 있다. 이번의 '2대 4대 3'의 판결에서 중간에 위치한 4명의 재판관들은 "미디어법 입법과정은 위법"이라고 해 놓고, "헌법에 대한 중대한 침해가 아닌 한 무효화 할 수는 없다"고 한 셈이다.

지금까지 유사한 사건을 보면 헌재는 중대한 위법이 없기 때문에 날치기 통과에 대한 위법 판단을 거부했는데, 이번에는 중대한 위법이 발견되어서 위법으로 판단했음에도 불구하고 아직은 무효로 처리할 만한 중대한 헌법 침해가 없어서 무효로 판단할 수는 없다고 판결한 것이다. 그렇다면 도무지 어느 정도 중대한 침해가 있어야만 무효가 되는지 알 수가 없다. 혹시 부산 정치파동같이 군인들이 국회를 포위하고 의원들을 억지로 회의장으로 끌고 들어가서 의결하도록 할 정도는 되어야 무효라는 말인가?

헌재의 '폭탄 자랑'?

국가기관 간의 권한쟁의심판에서의 헌재의 역할은 위헌법률심사에서 보다 제한적이어야 한다는 주장에도 일리는 있다. 하지만 헌재는 지금까지 국회에서의 날치기 같은 파행적 의사진행에 대해 권한쟁의심판을 제기할 수 있다고 판단해 왔다.

얼핏 보기에는 국회의장과 국회의원 간의 관계는 국가기관 간의 분쟁이 아닌 것으로 보인다. 하지만 우리 헌재는 국회의원 자체를 국가기관으로 보아서 이를 기관분쟁의 한 형태로 다루어 왔다. 헌재가 국회의장과 국회의원 간의 관계를 기관분쟁으로 보아 왔다는 점은 헌재가 국회내부 절차를 정당하게 심사할 수 있음을 인정한 것이다. 헌재가 이런 막강한 권력을 정작 필요할 때 적절하게 쓰지 못한다면 헌재의 위상을 떨어뜨리게 된다는 데 문제가 있다. 이것을 다음과 같이 비유할 수 있지 않을까 한다.

헌재는 자기가 국회내부 절차를 심사할 수 있는 '폭탄'이 있다고 자랑해 왔지만 그 '폭탄'을 사용하지는 않았다. 그런데 이번에는 여러 가지 정황상 '폭탄'을 쓰지 않을 수 없게 됐는데, 막상 '폭탄'을 던지려 하니 '폭탄'의 위력이 너무 클 것 같아서 겁이 왈칵 난 것이다. 그래서 폭탄 심지에 불을 붙여놓고 던질 것 같은 포즈를 취하면서 "이번도 참을 테니 너희들이 알아서 잘 해라"고 외친 것이다.

문제는 심지에 불이 붙은 폭탄이다. 다행히 심지를 잘 껐다면 그 폭탄은 다음에 쓸 수 있겠지만, 심지가 마구 타 들어가면 자폭을 하기 마련이다. 헌재의 권위가 온전한지, 아니면 남을 구하려다 오히려 헌재가 자폭을 한 것인지, 그것이 문제다.

이강국 소장 등이 헌재법 제66조 규정을 들어서 무효를 거부한 것도 이해하기 어렵다. 헌재법 제66조 1항은 헌재가 국가기관의 권한의 존부 또는 범위에 대해 판단하고, 2항은 권한침해의 원인이 된 처분을 취소하거나 무효를 확인할 수 있다고 규정한다. 권한쟁의심판은 기관 간의 권한쟁의가 있고, 그로 인해 권한침해가 있거나 침해의 위험이 있는 경우에 헌재가 유권적으로 판단을 하는 것이다. 헌재법 제66조는 이 경우 권한의 존부와 범위에 대해 판단하고, 권한침해의 원인인 처분을 취소하거나 무효를 확인할 수 있다고 분명하게 규정한다.

이강국 소장 등 다수 재판관들은 권한쟁의심판의 본질은 권한의 존부를 판단하는 것으로 보는데, 그것도 일리는 있다. 권한쟁의심판의 원래 취지는 그러할 수도 있다. 하지만 이는 침해구제를 명한 제66조 2항을 간과하는 해석이다. 다수 재판관들은 제66조 2항이 '취소하거나 무효를 확인할 수 있다'고 규정하니까 위법으로 판단해도 취소나 무효 확인을 하지 않을 수 있다고 해석한 것으로 보인다. 그러나 과연 이 조항이 그런 결과를 의도한 것인지는 의문이다. 다수 재판관들은 "위법의 정도가 중대해야만 무효로 처리할 수 있다"고 했는데, 이것은 법조문에 없는 매우 창의적인 해석이다.

헌재법 제66조를 순리대로 해석한다면, 헌재는 권한의 존부만 판단하면 되는 경우도 있겠지만 권한침해가 발생하였다고 판단되면 헌법을 수호해야 할 기관으로서 구제조치, 즉 무효처리를 하는 것이 원칙이라고 보아야 한다. 그런 점에서 다수 재판관들은 헌재법 제66조의 '할 수 있다'라는 구절을 자의적으로 해석했다.

행정소송법 제27조는 행정청의 재량처분의 취소에 관한 것인데, "행정청의 재량에 속하는 처분이라도 재량권의 한계를 넘거나 그 남용이 있는 때에는 법원은 이를 취소할 수 있다"고 규정한다. 행정소송법은 "취소하여야 한다"고 규정하지는 않지만 행정소송을 심리하는 법원은 재량남용이란 위법이 있으면 당연히 처분을 취소하고 있다. 따라서 법문이 "할 수 있다"고 규정한 것은 법원에 그런 권능이 있다고 말한 것이지, 취소해도 되고 안 해도 되는 식의 재량이 있다고 말하는 것은 아니다.

행정소송을 담당하는 법원은 어떤 행정처분이 위법하지만 그것을 취소하면 공익에 큰 문제가 있다고 생각하는 경우에는 처분을 취소하지 않을 수도 있는데, 그것을 '사정판결'이라고 부른다. 행정소송법 제28조 1항은 '사정판결'에 대해 특별한 규정을 두고 있다. 헌재가 이번처럼 위법하다고 판단하면서도 무효로 처리하지 않으려면 헌재법에 '사정판결'에 관한 특별한 조항이 있어야 한다.

헌재법 제66조 1항은 권한쟁의 사건에 관한 일반 원칙이고, 2항은 취소나 무효 확인이 필요한 경우에 헌재가 취할 수 있는 조치, 즉 헌재의 권능을 지적한 것이라고 보아야 한다. 따라서 1항과 2항을 순리적으로 해석한다면 다음과 같은 것이 될 것이다.

헌재는 구체적 상황으로 보아서 문제의 기관이 스스로 알아서 위법을 시정할 수 있다고 생각하면 1항에 의한 판단을 하는 데 그치고, 헌재가 개입하지 않으면 시정이 불가능하거나 어렵다고 생각되는 경우에는 취소나 무효 판결을 하여야 하는 것이다. 이번 사건에서 아무리 헌재가 목소리를 높여도 국회가 미디어법을 스스로 시정할 가능성이 없음은 열 살 먹은 아이 눈에도 분명할 것이다. 그렇다면 '살아서 걸어 다니는 미라' 같은, '위법하되 유효한 법률'이란 괴물을 남기기보다는 명쾌하게 무효로 처리하는 것이 훨씬 현명하지 않았나 한다.

'종편' 전성시대?

미국도 방송 뉴스는 3개 네트워크와 CNN, 〈폭스 뉴스〉, MSNBC 정도인데, 우리나라 사정에 10개 뉴스는 그야말로 코미디다. 더구나 정권에 불리한 사실은 보지도 듣지도 말하지도 않고, '땡x 뉴스'를 되풀이하고 있는 우리 방송이 무슨 재주로 시청률을 높인다는 것인지, 도무지 이해가 안 된다.

2011년 1월 3일

예상했던 대로 4개 신문사가 종합편성 방송사업자_{종편 사업자}로 선정되어서 내년 말부터는 방송을 할 것이라고 한다. 이를 두고 '보수 일색'이니 하는 등 말이 많고, 또 과잉경쟁으로 대부분 망할 것이라고도 한다. 나는 종편 사업자가 '보수 일색'이라고 비난하는 부분에 대해선 동의하기 어렵다. 도무지 '보수'가 뭐 길래 그런 사업자를 '보수'라고 하는지부터 이해가 안 되기 때문이다. '보수'는 언론사가 갖고 있는 일종의 성향이지, 중요한 사실을 아예 보도하지 않거나 왜곡하는 언론이 '보수'일 수는 없다.

원론적으로 말한다면, "보수방송은 안 된다"는 법은 어디에도 없다. '언론의 공정성'이란 것은 사실보도에 관한 것이지 오피니언을 두고 말하는 것은 아니다. 미디어의 오피니언은 보수일 수도 있고 진보일 수도 있다. 문제는 사실 보도를 제대로 하느냐, 바로 그것이다. 사실 제대로 된 '보수 성향'의 종편 방송이라면 나부터 그것을 보고 싶다. 미국의 〈히스토리 채널〉, 〈디스커버리 채널〉 같은 정통 교양 프로에다 정치적으로 왜곡되지 않은 뉴스와 토론 프로를 가미한 채널이라면 말이다.

상식적으로 생각해도 KBS, MBC, SBS 기존 3사가 있는데 종편 사업자가 4개 더 생기는 것은 너무 많다. 새 종편 사업자로 인해 기존 방송사가 영향을 받을지, 또는 신규 사업자가 자멸할지, 또는 아예 공멸할지는 알 수 없다. 그런 과정을 통해 공영방송이 보다 슬림해지고 공정해진다면 다행이겠지만 그런 조짐은 전혀 보이지 않는다. 공영방송은 공영방송대로 정권이 장악하고 나머지는 알아서 경쟁해서 살아남으라는 정부도 정부이지만, 그런 상황을 감수하고 불나방처럼 뛰어든 신문사들의 용기 또한 가상하다.

미국에도 대부분 도시와 지방에는 CBS, NBC, ABC, Fox TV 등 4개 네트워크와 제휴한 TV 방송이 있고, 그 외에 케이블 채널인 CNN 등 많은 전문 채널이 있다. 내가 미국에서 유학하던 30년 전에는 3개 네트워크 '빅 스리' : CBS, NBC, ABC만 있었다. 유학 중에는 공부에 바빠서 TV는 뉴스나 보는 정도였는데, 주로 존 챈슬러와 제시카 새비치가 앵커를 했던 〈NBC 나이틀리 뉴스〉를 보았다. 당시에는 '댈러스'가 최고의 인기 프로였지만 그런 연속극을 볼 정도로 유학생활이 한가하지는 않았다.

그러다 1980년대 말부터 미국에 여행을 하거나 잠시 체류를 할 때 TV를 켜면 〈폭스 채널〉이란 것이 있었다. '빅 스리'에 비견할 정도는 아니었지만 제4의 네트워크가 생긴 것이다. 사실 〈폭스 채널〉이 루퍼트 머독이 세웠다는 것은 나중에 알았다.

그간 제4 네트워크의 필요성은 경제계에서 꾸준히 제기되어 왔었지만, 좀처럼 현실화되지 못했다. 3개 네트워크만 있으니까 광고료가 너무 비싸서 네트워크가 한 개쯤은 더 있어야 한다고 요구해 왔지만, 번번이 실패하자 "제4 네트워크는 불가능하다"는 통념이 자리 잡고 있었다. 그런데 머독이 그 통념을 깨고 〈폭스 채널〉을 만든 것이다.

머독이 운영한 〈폭스 채널〉이 쉽게 성공한 것은 결코 아니다. 초기에는 시청률이 저조했으나 '심슨 가족'이란 만화 시리즈로 성공했고, 1990년대 들어서 '베벌리 힐스 90210' '멜로즈 플레이스', 그리고 우리에게도 알려진 'X 파일' 같은 프로가 젊은이들 사이에서 히트를 쳐서 〈폭스 채널〉이 비로소 '제4 네트워크'로 자리 잡았다.

〈폭스 채널〉에는 '빅 스리' 같은 이브닝 뉴스는 없었으니, 머독은 철저하게 상업적인 프로그램으로 승부를 낸 셈이다. 로스앤젤레스를 무대로 한 시시콜콜한 연속극인 '베벌리 힐스 90210'이나 '멜로즈 플레이스'는 제작비도 얼마 들지 않았을 것이다. 2000년대 들어서 〈폭스 채널〉의 시청률이 계속 올라가서 최근에는 CBS를 젖히고 1위가 됐다고 하니 사업이란 불가능하게 보이는 것을 가능케 하는 예술임을 실감하게 해 준다.

1996년에 케이블 뉴스인 〈폭스 뉴스〉가 방송을 시작했다. 〈폭스 뉴스〉는 처음부터 보수 색깔을 내놓고 시작해서 대단한 성공을 거두었다. 빌 오라일리가 진행하는 〈오라일리 팩터〉는 지금까지 인기 프로가 되어 롱런하고 있다. 〈오라일리 팩터〉는 CNN의 〈래리 킹 라이브〉를 누르고 시사대담 프로에선 부동의 1위를 차지하고 있다. 〈폭스 뉴스〉의 메인 뉴스 시청률은 CBS, NBC, ABC의 메인 뉴스의 어느 것보다도 높다.

노년층이 과거의 습성대로 CBS 등 네트워크 뉴스를 보는 데 비해 장년층은 〈폭스 뉴스〉를 많이 본다. 기존의 네트워크 뉴스와는 달리 공화당 정치인과 보수 논객들을 자주 등장시키고 있어, 진보 성향의 CBS 등에서 소외당했다고 생각하는 시청자들이 〈폭스 뉴스〉를 많이 본다. 미국 내의 케이블 뉴스 시청률에서 〈폭스 뉴스〉는 2000년대 초에 CNN을 눌렀다. 최근에는 진보 성향의 토크 쇼를 등장시킨 MSNBC가 CNN을 누르고 2위에 올랐다.

1980년대 레이건–부시 행정부 이후 공화당 지지자가 많이 늘었는데, 이들은 공화당 행정부를 헐뜯는 CBS 등 기존 네트워크 뉴스에 불만을 갖고 있었다. 〈폭스 뉴스〉는 그런 공백을 파고든 것인데, 다시 말해서 진보 성향의 신문과 방송은 넘쳐나지만 보수 성향의 미디어가 없다시피 한 '틈새시장'을 파고든 것이다. 말하자면 '보수방송'은 일종의 '블루 오션'이었던 셈이다. CNN과 달리 제작비가 적게 드는 대담과 토론 프로를 주력으로 배치한 것도 쉽게 성공한 요인이었다.

〈폭스 뉴스〉와 러시 림보Rush Limbaugh, 방송인로 대표되는 라디오 토크 쇼는 네트워크 뉴스와 〈뉴욕타임스〉로 대표되는 진보 언론에 대해 대칭점에 있다. 〈뉴욕타임스〉 등 종이신문은 재정상태가 날로 나빠지고 있어 종이신문이 10년 내에 문을 닫을 것이라는 관측이 있지만, 〈폭스 뉴스〉와 라디오 토크 쇼는 오바마 정권 때문에 인기가 더 높아가고 있다. 언론은 정권과 대립각을 세워야 위상도 높아지고 장사도 되는 것이니, 머독은 탁월한 사업가임이 분명하다.

미국에서 〈폭스 채널〉의 성공 경험에 비추어본다면 우리나라에서의 새로운 종편 채널의 성패는 돈을 적게 들이고 시청률이 높은 시리즈를 내놓느냐 하는 데 있지 않나 한다. 새 종편의 뉴스가 어떤 모습이 될지도 알 수 없다. 하지만 이런 예측도 새 종편이 하나인 경우에 하는 말이지, 네 개가 한꺼번에 물 폭탄처럼 쏟아져 나오는 경우는 전례가 없어서 예측을 무색하게 한다. 저녁 뉴스를 보는 계층은 주로 집에 머무는 시간이 많은 연령층인데, 이들을 상대로 기존 공중파 4개 채널, 신규 종편 4개 채널, 보도 전문 2개 채널이 저녁 뉴스를 내보내 봤자 어떻게 될지는 뻔한 일이다.

나라가 넓어서 뉴스거리도 많고, 또 세계의 뉴스를 함께 만들어 보내는 미국도 방송 뉴스는 3개 네트워크와 CNN, 〈폭스 뉴스〉, MSNBC 정도인데, 우리나라 사정에 10개 뉴스는 그야말로 코미디다. 더구나 정권에 불리한 사실은 보지도 듣지도 말하지도 않고, '땡X 뉴스'를 되풀이하고 있는 우리 방송이 무슨 재주로 시청률을 높인다는 것인지, 도무지 이해가 안 된다.

장기적으로 밤 9시 뉴스는 은퇴자와 연금 생활자들이 주로 보는 뉴스가 될 것이라서 이제는 광고 효과도 의문이다. 광고 규제를 풀면 미국처럼 비아그라와 관절염 약 광고가 저녁 뉴스에 많이 나오게 되어 그나마 조금 도움이 될 수도 있을 것이다.

기업규모로 보면 매출이라고 해 보아야 중소기업 수준밖에 안 되는 신문사들이 너나없이 방송에 뛰어드는 것도 전에 없던 일이다. 특히 태생부터 '정권과의 유착'이란 주홍글씨를 찍고 나온 종편은 다음 정권 때 역풍을 맞을 수 있지 않은가 한다.

'2002년 대선'에서 '세종시 논란'까지

현 정권은 세종시로 행정부처를 이전할 생각이 당초부터 없었던 것으로 보인다.
더구나 4대강 사업 등으로 수세에 몰린 정권으로선 세종시 문제를 제기해서
여론의 반전(反轉)을 제기할 수 있다고 생각했을 수도 있다.
그러나 여론은 집권세력의 희망과는 반대로 움직이는 것으로 보인다.

2009년 11월 9일

2002년 대통령 선거 막바지에 당시 노무현 후보가 내건 '수도 이전' 공약은 파격적이었다. 대통령이 되겠다는 사람이 수도를 이전하겠다는 공약을 불쑥 내놓았으니 말이다. 그러나 이런 공약을 내놓았음에도 크게 비판적인 여론은 읽지 못했다. 당사자인 수도권 사람들도 별다른 반응을 보이지 않았다. 그래 봤자 정말 이전할 것인지는 알 수도 없고, 혹시 수도를 이전한다고 해도 손해 볼 것이 없다고 생각했기 때문인 듯하다.

우리나라에서 '국토균형발전'이란 테마처럼 오래된 것도 별로 없다. 그럼에도 수도권 집중은 갈수록 심해져서 백약(百藥)이 무효인 것이 현실이다. 대통령 선거 때마다 국토균형발전 공약이 단골로

등장했지만 그 내용은 별다른 것이 없었다. 그래서 노무현 후보는 아예 수도를 이전해서 이를 해결하겠다고 나선 것이다. 그러니 수도 이전이 황당무계한 주장이라고 백안시할 수도 없는 것이다. 수도를 이전하겠다는 대선 공약이 나올 수 있는 '토양'이 조성되어 있었던 것이다.

이에 대한 한나라당 이회창 후보 측의 대응이 기가 찰 정도였다. 수도 이전 공약이 '무책임한 포퓰리즘'이라고 공격한 데까지는 좋았는데, 그러면서 수도 이전을 하면 "서울 집값이 폭락할 것"이라고 했다. 그 순간 나는 이미 노무현 후보가 당선됐다고 생각했다. 한나라당은 '서울 아파트값이나 지키는 정당임'을 선포한 셈이니, 그러고서 어떻게 당선을 바란다는 말인가. 수도권에서 전세 사는 유권자들과 충남-대전권 유권자들이 누구를 찍었을지는 뻔하다.

충청도를 무시해서 1997년 대선에서 패배한 이회창 후보와 한나라당은 그 패배에서 아무것도 배우지 못한 것이다. 당시 이회창 후보가 수도 이전은 안 되지만 대신에 행정부의 대부분을 이전하는 행정 신도시를 충남-대전 지역에 건설하겠다고 맞불을 놓았더라면 대선 결과가 달리 나올 수도 있지 않았나 생각한다. 대전으로 행정기관을 한둘씩 이전하는 일은 이미 박정희 대통령 시절부터 해온 것이니, 그 정도의 '허풍'은 급한 대로 선거에서 할 수 있는 것이다.

나는 노무현 후보가 대통령이 되더라도 수도 이전을 밀어붙이지는 못할 것으로 생각했다. 1997년 대선 때 그린벨트 해제를 공약으로 내세웠던 김대중 대통령이 당선 후에는 2년 넘게 여론수렴을 거쳐 '부분 해제, 부분 완화, 대부분 유지'라는 틀을 유지한 것과 비슷한 길을 가지 않을까 했다. 그러나 노 정권은 정말로 수도를 이전하려고 했다.

그 후 수도 이전 문제는 반전反轉에 반전을 거듭했다. 2003년 말, 충청-대전 민심에 혼이 난 한나라당은 청와대도 옮기는 '신행정수도법' 제정에 대부분 찬성했다. 행정기관 이전으로 가장 피해가 큰 과천이 지역구인 안상수 의원 등 몇몇 의원만 반대하였다. 그리고 조순형 민주당 의원이 주도한 탄핵안이 국회를 통과했고, 2004년 봄 총선에서 탄핵 역풍으로 한나라당은 파멸 위기에 몰렸다.

한나라당이 동의해 준 '신행정수도법'은 2004년 10월에 헌법재판소에 의해 위헌판결을 받았고, 노무현 정권은 2005년 3월에 '행정도시 건설특별법'을 만들어서 국회를 통과시켰다. 한나라당은 당론으로는 이에 찬성하기로 했지만 대부분의 한나라당 의원들은 국회에 참석하지 않았다. 당시 한나라당 대표이던 박근혜 의원은 찬성표를 던졌으나 늦게 표결에 참여해서 무효로 처리됐다.

2007년 대선을 앞선 시점에서 본다면, 당시 한나라당의 경선 주자였던 박근혜 대표는 행정수도 건설에 찬성한 편이지만, 서울 시장 임기를 마친 이명박 씨의 경우는 그렇지 않았다. 이명박 씨를 미는 이재오·나경원·정두언 의원들은 박근혜 대표의 신행정

수도법 동의에 비판적이었다. 그런 것을 의식했는지, 대통령 후보가 된 이명박 씨는 세종시를 계획대로 건설하겠다고 기회만 있으면 강조했다.

그리고 이제 이명박 대통령은 행정부처를 옮기는 세종시 구상을 백지화하고 기업과 대학을 옮겨서 다른 형태의 자족적 도시를 건설하겠다고 한다. 돌이켜보면 현 정권은 세종시로 행정부처를 이전할 생각이 당초부터 없었던 것으로 보인다. 더구나 4대강 사업 등으로 수세에 몰린 정권으로선 세종시 문제를 제기해서 여론의 반전反轉을 제기할 수 있다고 생각했을 수도 있다. 여론이 '세종시 원안 폐기' 쪽으로 흐르면 박근혜 전 대표를 매장시킬 수 있다고 생각했을 수도 있다. 그러나 여론은 집권세력의 희망과는 반대로 움직이는 것으로 보인다.

세종시 문제야말로 현 정권이 좋아하는 '실용주의'로 접근할 사항이다.
그런데 현 정권은 그것을 '정치 문제'로 만들어 버렸다.
'정치를 모르는 정권'이 공연히 정치 안건을
더 만들어서 나라를 뒤집어놓은 형상이다.

2009년 11월 9일

세종시 문제에 대한 의견을 묻는 경우가 많아서 이에 대한 생각을 정리해 보고자 한다. 나는 지금은 세종시 원안을 고수하고 있는 이회창 총재가 2002년 대선 때 '행정 신도시 건설'을 들고 나왔으면 대통령에 당선될 수도 있지 않았나 하고 생각하는 편이다. 노무현 후보의 수도 이전 공약에 대해 이회창 후보가 "수도 이전하면 서울 집값이 폭락한다"고 망언妄言하지 않고 오히려 행정수도를 건설하겠다고 했더라면 승리할 수도 있었다는 말이다.

세종시 문제를 논의하려면, 우선 몇 년 전에 여야 합의라는 정치적 의사결정을 통해서 결정되었고, 또한 공사가 많이 진행됐다는 사실을 인정하고 시작해야 할 것이다. 세종시는 복잡한 과정을 거쳐서 결정된 것으로, 정치권의 어느 누구도 그로부터 자유롭지 못하다. 그런 사정을 무시하고 마치 원점에 서 있는 것처럼 논의한다면 무책임한 일이다.

청와대 의중을 대변하는 정운찬 총리는 "행정부처 이전을 백지화하고 다른 것을 보낸다"고 하는데, 정부가 자기 의지대로 보낼 수 있는 것이 정부 부처 외에 다른 무엇이 있는지 이해가 안 된다. 대학총장을 지낸 사람이 건물이나 짓고 돈을 부으면 대학이 생겨나는 것으로 말하는 것부터가 한심하다. 제조업 자체가 줄어들고 있는 판에 공단을 세운다는 것도 이해가 안 된다. 서울대학교가 제2 공대를 따로 세운다는 이야기도 그렇다. 포스텍포항공대도 대학원생이 부족해서 고민인데, 국민세금으로 중국 유학생들을 받아서 가르치겠다는 것인지 도무지 알 수가 없다.

기업을 내려보낸다는 것도 마찬가지다. 세종시로 내려가는 기업에게는 세금을 우대하는 등 인센티브를 준다고 하는데, 이런 특혜는 보조금을 금지하는 세계무역기구WTO 협정에 위반되는 면이 있다. 특정기업에 세금을 면제하면 그것은 결국 일반 국민들이 세금을 더 내서 메우는 것임을 알아야 한다.

현 정권의 기본 철학은 수도권이라고 해서 역차별을 받아서는 안 된다는 것인데, 그렇다면 기업에게 세종시로 내려가라고 강요하는 것은 어떻게 설명할 것인가? 혁신 도시로 공기업을 내려보내는 것은 주저하면서 세금을 축내면서 민간 기업을 세종시로 내려보내는 것은 또 어떻게 설명할 수 있을까?

문제는 행정부처가 서울과 과천, 그리고 세종시로 분리되면 불편하다는 것이다. 물론 불편한 점도 적지 않겠지만, 이만큼 진행된 것을 다시 논의해서 정치적 쟁점으로 만들기보다는 그러한 불편을 최소화하는 방향으로 문제를 해결하는 것이 더 효율적이다. 예를 들면, 국무총리가 관장하는 데 무리가 없는 사회부처_{과학기술, 국토, 환경 등}와 정치권력과 분리되어야 할 청廳 단위 부처를 세종시로 보내는 식으로 접근할 수도 있을 것이다.

그렇게 되면, 청와대가 매사에 일일이 간여하는 이른바 '제왕적 대통령'의 문제를 해소하는 데도 기여할 수 있을 것이다. 세종시 문제야말로 현 정권이 좋아하는 '실용주의'로 접근할 사항이다. 그런데 현 정권은 그것을 '정치 문제'로 만들어 버렸다. '정치를 모르는 정권'이 공연히 정치 안건을 더 만들어서 나라를 뒤집어놓은 형상이다.

제2장

흔들리는 법치주의

'다수결'과 법치주의

우리나라의 헌정사는 다수결이 남용되고
형식적 법치가 성행할 때에는 심각한 부작용이 있었음을 잘 보여준다.
숱하게 많았던 헌법 개정이 대부분 우리 헌법사에 수치스런 오점(汚點)으로 평가되는 것도
다수결이 만능이 아님을 잘 보여 준다.

2009년 1월 5일

정기국회에서의 쟁점법안 처리를 둘러싸고 민주당이 본회의장을 점거농성하자 야당의 그런 행태가 '다수결多數決 원칙'과 '법치주의'를 저해한다는 비난이 일었다. 국회는 궁극적으로 '다수결'에 의해 움직이는 조직이고, 법률은 국회의 다수결로 제정된다. 따라서 '다수결'은 민주주의의 기초이다. 국회의 다수결로 채택된 법률이 사회를 지배하는 현상을 흔히 '법치주의'라고 부른다.

그러나 이런 해석은 반半 정도만 맞는 말이다. 우리의 민주주의는 헌법에 기초하고 있는데, 만일 다수결이 그렇게 만능이라면 성문成文 헌법은 존재할 필요가 없다. 실제로 우리 헌법은 다수결을 견제하는 장치를 많이 심어 놓았다. 대통령은 국회가 다수결로 통

과시킨 법안을 거부할 수 있으며, 대통령이 서명한 법률은 헌법재판소에 의해 무효로 판결될 수 있다. 헌법재판소가 법률을 위헌違憲으로 판결하는 경우에는 전체 재판관의 2/3가 찬성하도록 해서 소수 재판관이 위헌판결을 막을 수 있게 했으니, 이 또한 단순 다수결에 대한 불신不信이 표현된 것이다. 국회가 대통령을 탄핵하기 위해선 2/3의 찬성이 필요하도록 한 것 역시 단순 다수결이 위험할 수 있음을 인정한 것이다.

미국에선 인구와 관계없이 모든 주州가 상원의원을 각 2명씩 선출하기 때문에 미국 상원은 본질적으로 대의제代議制에 어긋나는 기구이다. 제임스 매디슨 등 미국 헌법의 아버지들이 단순 다수결이 위험할 수 있다고 보아 상원을 그렇게 비非민주적으로 조직해 놓았다. 미국 상원은 '필리버스터filibuster'라고 부르는 의사議事 방해 행위를 허용하는데, 필리버스터를 종식하고 표결하기 위해선 상원의원 100명 중 60명이 찬성해야 한다. 한 정당이 상원에서 60석을 차지하는 경우는 거의 없기 때문에 무슨 안건이든 다수당은 소수당과 협의를 하고 절충을 하기 마련이다.

이 같은 절차가 끝나도 정당 간에, 또 의원 간에 의견차가 있기 때문에 표결은 불가피하다. 하지만 이러한 일련의 과정에서 의회의 상임위원회는 청문회를 열어 여론을 청취하고 전문가의 견해를 듣는다. 별다른 토론도 없이, 여론 청취도 없이 법률안을 무더기로 통과시키려는 시도는 그 자체가 민의民意를 수렴하라고 만들어 놓은 대의민주주의 원칙을 저버리는 것이다.

집권자들이 걸핏하면 내세우는 '법치주의'도 마찬가지다. 만일에 모든 법이 정당하다면 '악법惡法'이란 단어는 존재하지도 않을 것이다. 국회가 통과시킨 법률에도 '악법'은 있고, 그런 '악법'으로부터 시민적 자유를 보호하기 위해 헌법재판소가 있고 법원이 존재한다. 헌법재판소와 대법원의 판결도 구성 재판관의 다수결로 이루어지지만, 이들이 내린 판결은 종국적으로는 역사의 심판을 받게 된다. 비록 소수 재판관의 의견이라서 판결이 되지 못했다고 하더라도, 논리와 철학이 훌륭한 판결이 좋은 판결로 존중되고 또 나중에 다수의견으로 채택되는 것도 다수결이 만능이 아님을 잘 보여준다.

법률을 집행하면 '합법'이요, 법률을 위반하면 '불법'이라는 논리는 허울 좋은 '형식적 법치주의'에 불과하다. 법과 정의正義는 동전의 두 면과 같아서 정의에 부합하지 않는 '법치'는 저항을 초래하고 마는 것은 역사가 웅변으로 증명하고도 남는다.

우리의 길지 않은 헌정사憲政史는 이런 경험을 많이 했는데, 그럼에도 또다시 허울 좋은 형식적 법치 논리가 성행하고 있으니 한심한 일이다. 법치法治는 또한 절차적 정의를 중요시한다. 원칙과 절차는 안중眼中에도 없었던 정치인이 별안간 '법치'를 강조할 경우 설득력이 없는 것도 바로 이 때문이다.

우리나라의 헌정사는 다수결이 남용되고 형식적 법치가 성행할 때에는 심각한 부작용이 있었음을 잘 보여준다. 자유당 시절에 있었던 '보안법 파동'에서 노무현 정부 시절의 '사학법 개정'에 이르기까지 항상 다수결을 내세운 여당의 단독처리가 문제였다. 숱하게 많았던 헌법 개정이 대부분 우리 헌법사에 수치스런 오점汚點으로 평가되는 것도 다수결이 만능이 아님을 잘 보여 준다.

노무현 정부 시절의 사학법 개정은 바로 얼마 전의 일이라서 우리에게 많은 것을 일깨워준다. 당시 여당이던 열린우리당은 다수결로서 사학법 개정을 밀어붙여서 통과시키는 데 성공했다. 한나라당은 이 법안의 상정을 실력으로 저지하려 했으나 '전투력'이 부족해서 실패했고, 그 덕분에 '웰빙 야당'이니 '초식 공룡'이니 하는 말을 들었다.

사학법 개정은 노무현 정부의 '이념'이 반영된 중요한 입법 정책이었다. 사학법 개정안이 통과되던 날 청와대는 감격의 축배를 들었을 것이나 사학법 개정은 엄청난 역풍逆風을 초래했다. 박근혜 대표 등 한나라당 의원들은 추운 겨울에 사학법 무효화를 주장하는 장외場外투쟁에 나섰고, 시민들은 그들을 따뜻하게 응원했다. 보수단체들은 사학법 개정을 규탄하는 집회를 한 달이 멀다고 자주 열었다. 나도 개정된 사학법이 부당하다는 글을 여기저기에 많이 발표했다. 사학법 개정은 보수 세력을 응집시켜서 노무현 정권의 쇠락衰落을 가져오는 계기를 조성했다. '다수결의 힘'에 취한 열린우리당이 하수下手를 둔 것이다.

그런 사학법 파동이 불과 얼마 전의 일인데 한나라당은 그 교훈을 완전히 잊은 것 같다. 사학법 개정에는 '친노親盧 직계'라고 불리던 의원들이 앞장섰는데, 이번에 사이버 모욕법, 불법시위 집단 소송법, 방송겸업법 등 쟁점법안 통과에는 'MB 직계'라고 불리는 의원들이 앞장섰다. 닮은꼴도 이런 닮은꼴이 없다. 법률가 출신이 라는 의원들이 "국회는 다수결로 움직여야 한다"는 초등학교 수 준의 발언을 하고 있는 것이 오늘날 한나라당의 형편이다. 다수결 이 그렇게 중요한 원칙이라면 사학법 개정에 반대하는 장외場外투 쟁은 왜 했는가?

불신의 늪에 빠진 사법부

대법원장이 연루된 사건을 대법원이 자체적으로 조사해서 내놓은 결과는 나라도 믿지 않겠다.
그렇다고 다른 기관이나 시민단체가 대법원을 조사할 수도 없는 일이다.
그것 자체가 사법부의 독립을 저해하기 때문이다. 국회가 탄핵 대상인지 아닌지를 다루는
특위를 만들어 조사하는 것이야 가능하겠지만, 이 역시 현실적으로는 불가능하다.

2009년 3월 9일

신영철 대법관의 이메일 사건의 파장이 갈수록 커지고 있다. 신 대법관은 문제의 이메일에서 이용훈 대법원장의 뜻이 담겨 있는 것처럼 전했고, 이용훈 대법원장도 사실 자체는 부인하지 않고 있어 문제가 간단치 않다. 이용훈 대법원장은 신영철 당시 서울중앙법원장의 이메일이 "판사는 자기 소신에 따라 판결하고 다른 영향을 받지 말라는 원칙론을 말한 것뿐"이라고 하나, 그것을 곧이들을 사람이 얼마나 있을지 모르겠다.

촛불 시위 때 검찰에 구속 기소되었던 몇몇 사람들을 대리한 변호사들이 야간집회 금지가 위헌이라고 주장하고, 담당 재판부가

이를 받아드렸다는 뉴스를 읽고 헌법재판소가 어떤 판결을 할 것인가 생각해 보았다. 우리 언론에는 별로 보도가 되지 않았지만, 당시 홍콩에서도 매일 4~5만 명이 야간에 도심광장에서 촛불집회를 열고 있었다. 천안문 사건 19주기를 맞아 희생자를 추모하고, 중국 본토의 인권회복을 위한 촛불집회였다. 홍콩 당국이 허용한 그 집회에는 할아버지에서 어린아이들까지 온 가족이 참가한 경우가 많았다. 정부가 인정한 집회라서 그런지 우리나라와는 달리 차분하고 엄숙한 분위기였다. 우리나라에선 법으로 금지되는 야간집회가 중국이 통치하는 홍콩에선 허용되고 있다는 사실에서 묘한 패러독스를 느꼈다.

법원이 사건을 심리하던 중에 동일한 쟁점이 다른 재판부에 의해 헌법재판소에 회부되었다면 헌재의 판결이 나오기 전까지 재판을 연기하는 것이 지금까지의 관례였다. 헌재 판결이 어떻게 나올지 모르는 상황에서 공연히 재판을 해보았자 헛수고가 되고, 당사자에게 부당한 부담을 줄 수 있기 때문이다.

그런데, 촛불사건에서는 재판부에 따라 독자적으로 유죄를 인정하는 판결이 나왔다. 교수들 사이에서도 "이해하기 어렵다"는 말이 오고 갔는데, 그 맥락을 알 수 있게 하는 '단서'가 실체를 드러낸 것이다.

대법원은 자체적으로 조사를 해서 결론을 내리겠다고 하나, 그 결과를 누가 곧이 믿을 것인가. 대법원장이 연루된 사건을 대법원이 자체적으로 조사해서 내놓은 결과는 나라도 믿지 않겠다. 그렇다고 다른 기관이나 시민단체가 대법원을 조사할 수도 없는 일이다. 그것 자체가 사법부의 독립을 저해하기 때문이다. 국회가 탄핵 대상인지 아닌지를 다루는 특위를 만들어 조사하는 것이야 가능하겠지만, 이 역시 현실적으로는 불가능하다.

이번 사태를 보수와 진보, 우파와 좌파로 나누어보는 시각도 있는 모양이다. 그러나 과연 그런 도식圖式이 얼마나 설득력이 있는지는 알 수 없다. 이른바 보수진영에서는 이용훈 대법원장을 노무현 대통령의 '대못' 정도로 이해하고 있다. 그런 이용훈 대법원장에 대해 '좌파 판사'들이 이념적으로 반기叛旗를 들었다는 해석은 설득력이 약하다.

노무현 대통령은 전에 없이 많은 대법관과 헌재 재판관을 임명했다. 노 대통령은 진보 법관 일색으로 대법원과 헌재의 색깔을 바꾸지는 않았지만, 전체적으로 보아서 대법원과 헌법재판소가 전보다 왼쪽으로 기울어진 것은 엄연한 사실이다. 판사에게도 '성향'이 있지만, 판사의 성향이 문제가 되는 것은 대법원과 헌법재판소이다. 하급심에서도 판사 개개인의 성향에 따라 비슷한 사건이라도 판결과 양형이 달리 나오기도 하지만, 하급심은 기본적으로 사실관계를 확인하고 판례를 존중해서 판결을 하는 것이 보통이다.

야간집회를 금지한 집시법이 헌법에 합치하느냐 하는 문제가 제기되자 담당 판사가 이를 헌재의 심판에 회부할 필요가 있다고 생각한 것은 정상이다. 물론 그 판사가 재판 중에 피고인에 동조하는 듯한 발언을 한 것은 잘못이지만 말이다.

대법원과 헌법재판소는 구성원의 가치판단에 따라 판결이 좌우될 여지가 많다. 그렇다고 해서 대법원이나 헌법재판소가 취향에 따라 판결을 하는 것은 아니다. 두 기관 모두가 '법원court of law'이기 때문에 중요한 것은 역시 '논리legal reasoning'이다. 바로 그렇기 때문에 외부에서 볼 때에 두 기관이 '보수적 조직'으로 보이는 것이다. 예를 들어 논란이 많았던 상지대학교 정이사 선임을 무효로 판시한 대법원 판결과 종부세 부부합산을 위헌으로 판시한 헌법재판소 판결은 실정법 해석과 기존 판례에 비추어볼 때 예견되었던 것이다. 진보 매체는 이 판결들을 '보수 판결'이니 '기득권 수호 판결'이니 하는 식으로 비난했는데, 그것은 올바른 보도 자세가 아니라고 나는 생각한다.

우스운 말이지만 요즘 우리나라 법관들은 '현관예우現官禮遇'에 빠져 있다고 한다. 무슨 말인가 하면, 요즘은 변호사가 많아서 법복을 벗고 나가 봤자 사정이 안 좋아서 별로 비전이 없고, 안에 있는 것이 대우받는 것이라는 말이다. 실제로 이제는 부장판사 정도 지내다가 나가서 변호사 개업을 해보아야 큰 비전이 없다고 한다. 이런 현상이 법관의 자부심을 높여준다면 다행일 것이나, 그렇지 않은 것 같다. 예전에는 상부에서 부당한 지시를 하거나 외부 압력이 있으면 소신껏 재판하고 법복을 벗고 나가기도 했다. 그러나 변호사 숫자가 늘어나서 변호사 실직이 사회문제가 되어 버린 오늘날에 그것은 옛날이야기가 되고 말았다.

이런 사정으로 인해 하급심 법관들이 위축되어 있지 않은가 한다. 영미권의 판사와 달리 보직과 승진에 신경을 써가면서 재판을 해야 하는 '고달픈 법관들'에게 '대법원장의 뜻'은 하늘의 계시啓示와 같을 것이다.

우리는 건국 초기의 하늘과 같았던 법률가 김병로의 생애를 되돌아볼 필요가 있다. 초대 대법원장을 지낸 가인街人 김병로1887년~1964년는 일제시대에 일본의 메이지 대학과 주오 대학에서 법학을 수학했으며, 변호사 시험에 합격한 후 주로 독립투사들을 변론하였다.

김병로는 기개와 지조와 강단强斷이 있었던 법률가이었다. 건국 후 초대 대법원장에 오른 후에도 사법부에 압력을 가하는 이승만 대통령에 굴하지 않았다. 6·25 한국전쟁 후 부산으로 피난을 가서도 한쪽다리를 절단한 불편한 몸을 이끌고 이승만의 독재에 맞서 싸웠다. 1952년 부산 정치파동을 보고 "폭군과 같은 독재자에 맞설 수 있는 길은 사법부 독립뿐"이라는 명구名句를 남기기도 했다.

김병로는 한국전쟁 중 북한군에 의해 많은 법관들이 납치되고 살해된 것을 가슴 아프게 생각했으며, 하급심 법관들이 쓴 판결을 꼼꼼하게 읽고 그것을 인사에 반영했다는 유명한 일화가 있다.

김병로는 초대에 이어 2대 대법원장까지 도합 10년간 사법부를 이끌었는데, 그 10년이 우리 사법부가 가장 확실하게 독립을 유지했던 기간이었다고 평가된다. 김병로가 대법원장으로 있었더라면 조봉암이 사형을 당하지 않았을 것이라는 추측도 있다. 한국 법조인의 영원한 귀감龜鑑인 김병로를 생각하면 요즘 우리나라 법원이 사법부라고 할 수 있을지 깊은 회의가 든다.

에이브 포타스를 아십니까?

최고법원의 법관에 적용되는 원칙은 '유죄로 확정될 때까지 무죄'가 아니라
한 치의 허물도 허용되지 않는 '제로 톨러런스'이다.
한 명의 대법관이 신뢰를 잃어버리면 대법원 전체가 신뢰를 잃어버릴 것이며,
그것은 곧 사법부 전체의 신뢰 추락으로 이어지기 때문이다.

2009년 4월 26일

신영철 대법관의 거취 문제와 관련해서 한 번쯤 되돌아볼 인물이 있으니, 1965년에서 1969년까지 미국 연방대법관을 지낸 에이브 포타스Abe Fortas:1910~1982이다.

테네시 주州의 유태인 가정에서 태어난 에이브 포타스는 예일 로스쿨을 탁월한 성적으로 졸업하고 곧장 예일 로스쿨에 조교수로 임용됐다. 당시 예일 로스쿨의 교수였던 윌리엄 더글러스가 그의 능력을 인정했기 때문이다.

더글러스가 루스벨트 행정부에 참여하자 포타스도 내무부 등에서 일했다. 2차 대전 후에는 '아널드 앤드 포터'라는 큰 로펌의 파트너가 되어 변호사로 명성을 날렸다.

포타스가 유명해진 계기는 Gideon v. Wainwright 사건_{1962년, 미} _{대법원 판결}이다. 절도 누범인 클라랜스 기드온의 대리인으로 대법원에서 변론을 한 포타스는 "경죄輕罪를 저지른 혐의를 받고 있는 피고인도 국선변호인의 도움을 받을 권리가 있다"는 획기적인 판결을 받아냈다.

플로리다의 감옥에 갇혀 있던 기드온은 "자신은 억울하게 유죄판결을 받았으며, 자신에게 변호사가 있었으면 무죄가 되었을 것"이라는 편지를 맞춤법도 되지 않은 영어로 써서 얼 워렌 대법원장에게 보냈다. 절절한 편지를 손수 읽은 얼 워렌_{Earl Warren} 대법원장은 이 사건을 다루어 보자면서 에이브 포타스에게 "기드온을 대리해서 대법원에서 무료변론을 할 수 있겠냐"고 문의했다. 포타스는 흔쾌히 응했고, 그 결과 대법원은 "사소한 범죄를 저지른 혐의를 받는 피고인도 국선변호사의 도움을 받을 수 있는 헌법적 권리가 있다"고 판결했다.

〈뉴욕타임스〉의 앤소니 루이스 기자가 이 사건을 《기드온의 트럼펫_{Gideon's Trumpet}》이란 책으로 펴내서 베스트셀러가 됐고, 같은 이름의 영화로도 만들어졌는데 헨리 폰다가 기드온의 역할을 맡았다.

에이브 포타스는 린든 존슨 대통령과는 하원의원 시절일 때부터 친분을 맺어왔다. 1965년 존슨은 유엔 대사가 되기 위해 사임한 아서 골드버그 대법관의 후임으로 에이브 포타스를 임명했다.

대법관으로서 포타스는 확실하게 진보적 성향을 유지했다. Tinker v. Des Moines School District 사건1969년에서 포타스는 중고등학생도 정치적 표현을 할 수 있는 권리가 있다고 판시해서 논란을 일으키기도 했다.

얼 워렌 대법원장은 자신이 이루어 온 대법원의 진보적 성향을 포타스가 계승해 주기를 원했다. 1968년 여름, 워렌은 은퇴할 예정임을 밝혔고, 존슨 대통령은 포타스를 후임 대법원장으로 지명했다. 그러나 이 조치는 공화당의 반발에 부딪쳤다. 워렌이 아직 사임하지 않았기 때문에 존슨 대통령이 후임 대법원장을 지명할 수 있나 하는 문제가 있었다. 더구나 존슨 대통령은 재선을 포기한 레임덕이었다. 공화당 의원들과 민주당의 보수파 의원들은 대법원의 진보적 판결에 강력하게 반발했다. 이들은 얼 워렌이 이끈 대법원이 '초超입법부super-legislature'로 행세한다고 비난했다. 비난의 초점은 워렌 대법원장, 더글러스 대법관, 그리고 포타스 대법관을 향하고 있었다.

상원에서 포타스의 인준을 다루고 있을 때 한 언론은 포타스가 아메리칸 대학으로부터 수차례에 걸친 강연의 대가로 1만 5000달러를 받았으며, 그 돈은 기업들이 갹출한 것이라고 폭로했다. 상원의 보수파 의원들은 이 문제를 거론하면 포타스 지명을 반대하는 필리버스터filibuster, 의사방해를 계속했다. 결국 존슨 대통령은 지명을 철회했고, 차기 대법원장은 다음 대통령이 지명하게 되었다.

포타스는 대법관으로서 계속 대법원에 머물렀는데, 1969년에 다른 사건이 폭로됐다. 포타스가 한 기업인이 운영하는 재단으로부터 자문을 해 주고 기부금을 받기로 약정했다는 사실이 드러난 것이다. 그 기업인이 기소되자 포타스는 이미 받은 2만 달러를 반납했지만 사건은 확대된 후였다. 1969년에 취임한 닉슨 대통령은 이 기회에 대법원의 구성을 보수 성향으로 바꾸어놓을 수 있다고 생각했고, 의회의 보수파 의원들은 포타스가 사임하지 않으면 탄핵을 발의하겠다고 으름장을 놓았다.

워렌 대법원장은 대법원 전체의 위상을 보호하기 위해선 포타스가 사임하는 수밖에 없다고 판단하고, 그가 그토록 아낀 후배 대법관 포타스에게 사임하도록 권했다. 대법원의 권위를 보전하기 위해선 자신이 사임하는 수밖에 없다고 느낀 포타스는 1969년 5월에 사임하고 변호사 업무로 조용히 복귀했다. 얼마 후 얼 워렌도 은퇴했고, 이로서 미국민의 기본권을 획기적으로 보장한 '워렌 대법원The Warren Court 시대'가 끝나고, 닉슨 대통령이 임명한 대법관들이 주도한 보수 대법원 시대가 열리게 됐다. 포타스는 자서전을 써보라는 주변의 권유에도 불구하고 아무런 기록을 남기지 않은 채 1982년에 사망했다.

포타스가 받았던 강의료와 자문비는 당시로서는 합법이었다. 이 사건을 계기로 미국 변호사협회는 법관이 외부로부터 받을 수 있는 강연료 등에 관해 엄격한 기준을 정하였다. 포타스 사건은 '진보 법관에 대한 보수파의 반격'인 것이 분명하지만 고위 법관일

수록 엄격한 윤리기준을 지켜야 하며, 최고 법원의 권위는 스스로 지켜야 하는 것임을 잘 보여 주었다. 최고법원의 법관에 적용되는 원칙은 '유죄로 확정될 때까지 무죄Not Guilty Until Proven Guilty'가 아니라 한 치의 허물도 허용되지 않는 '제로 톨러런스Zero Tolerance, 무관용 원칙'이다. 한 명의 대법관이 신뢰를 잃어버리면 대법원 전체가 신뢰를 잃어버릴 것이며, 그것은 곧 사법부 전체의 신뢰 추락으로 이어지기 때문이다.

신영철 대법관을 두고 법관윤리위원회니 법관징계위원회니 하는 장치를 거론하고 있는 것은 우스운 일이다. 대법원의 권위 추락을 막기 위해 스스로 결단을 한 탁월한 법률가 에이브 포타스를 다시 생각하게 된다.

내부 고발자가
문제인가?

모든 문제를 '좌파와 우파의 대립'이요 '음모와 역(逆)음모'로 보는 요즘 세상의 잣대로 보면,
검찰 고위관계자의 '제보'가 '좌파의 음모'인지 '우파의 음모'인지 도무지 알 수가 없다.
'이메일 유출'을 비난하는 사람들은 검찰 고위 관계자의 '제보'도
비난해야 하는데, 그들은 조용하기만 하다.

2009년 5월 11일

신영철 대법관의 부당하고 불법적인 재판간여에 대해서 신 씨를 옹호하는 사람들은 일부 판사들이 신 씨가 보낸 이메일을 유출한 것이 불순하다고 주장한다. 아무리 부당한 지시라고 하더라도 법원장이 보낸 '대외비 이메일'을 언론에 흘리는 것은 잘못일뿐더러 '음모의 냄새'를 풍긴다는 주장이다. 이런 주장은 대응할 가치도 없는 궤변이다. 불법적인 내용을 담은 이메일이나 문서를 제멋대로 '대외비'라고 분류해서 자신의 '지휘 라인'에 하달할 수 있다면 한국은 민주국가도 아니고 법치국가도 아니다.

원세훈 국정원장이 노무현-박연차 사건을 수사하는 검찰 고위 관계자에게 직원을 보내 노 전 대통령에 대한 불구속 수사를 종용

했다는 사실이 조선일보 특종으로 밝혀졌다. 법원장이던 신영철 씨와는 달리 원세훈 국정원장은 그런 부탁은 직접 대면으로 해야 한다는 정도는 알고 있었을 텐데, 검찰 관계자가 그것을 조선일보 에 제보해서 낭패를 당한 것이다.

모든 문제를 '좌파와 우파의 대립'이요 '음모와 역逆음모'로 보 는 요즘 세상의 잣대로 보면, 검찰 고위관계자의 '제보'가 '좌파의 음모'인지 '우파의 음모'인지 도무지 알 수가 없다. '이메일 유출' 을 비난하는 사람들은 검찰 고위 관계자의 '제보'도 비난해야 하 는데, 그들은 조용하기만 하다. 정상적인 상황이라면 야당이 국정 원장의 해임을 요구하고 나서야 하는데, 민주당 역시 조용하다. 민주당 자체가 노 전 대통령에 대한 불구속 수사를 주장하고 나섰 으니 할 말이 없는 것이다.

역사를 바꾼 제보자

'숨겨진 진실'을 알려서 역사의 흐름을 바꾼 제보자를 들자면 1971년에 미국 국방부의 '베트남 전쟁 문서The Pentagon Papers'를 폭로한 다니엘 엘즈버그Daniel Ellsberg 박사와 1972년에 발생한 워 터게이트 사건을 취재하던 〈워싱턴포스트〉의 밥 우드워드와 칼 번스타인 기자에게 제보했던 마크 펠트를 들 수 있다.

1971년 6월 〈뉴욕타임스〉는 미국 정부가 국민 여론을 오도誤導 해서 베트남 전쟁을 확대시켰음을 보여준 국방부의 일급 비밀문 서를 시리즈로 보도했다. 닉슨 행정부는 이 보도가 국가안보를 위협한다면서 게재 중단을 요구하는 소송을 제기했으나, 미국 대법원은 언론자유와 국민의 알 권리가 중요하다는 근거로 정부의 소송을 기각했다. 〈뉴욕타임스〉의 이 보도로 미국의 베트남 전쟁은 정당성을 상실하고 말았다.

〈뉴욕타임스〉에 이 엄청난 문서를 제공한 사람은 국방부의 일급비밀에 접근할 수 있었던 랜드 연구소의 다니엘 엘즈버그 박사였다. 원래는 국방부의 매파派였던 엘즈버그는 베트남 전쟁에서 미국이 승리할 수 없음을 정책 결정자들이 잘 알고 있었음에도 정치적 이유로 국민에게 거짓말하는 것을 보고 "전쟁을 끝내기 위해선 진실을 폭로해야 한다"고 생각하게 됐다.

엘즈버그 덕분에 미국민들은 숨겨졌던 전쟁의 진실을 알게 됐지만, 그는 방첩법 The Espionage Act 위반으로 기소됐다. 그러나 재판 과정에서 백악관의 지시로 엘즈버그의 정신과 진료기록을 불법으로 열람하고, 엘즈버그의 전화를 도청했음이 드러나자 사건을 담당한 제임스 번 판사는 피고인의 권리가 침해되었다는 이유로 엘즈버그에 대한 기소를 기각했다.

닉슨 대통령을 사임으로 몰고 간 워터게이트 사건도 언론에 비밀을 흘려준 익명의 제보자의 역할이 컸다. 워터게이트를 특종보도한 밥 우드워드와 칼 번스타인은 자신들에게 워터게이트의 진실을 흘려준 익명의 제보자를 '깊은 목구멍 Deep Throat'이라고 불렀다. '깊은 목구멍'은 '워싱턴에서 가장 잘 지켜진 비밀'이라고 불렀다.

바로 그 비밀이 2005년 5월에 풀렸다. 워터게이트 사건 당시에 연방수사국FBI의 부국장이던 마크 펠트가 자신이 '깊은 목구멍'임을 밝혔고, 우드워드와 번스타인이 이를 확인했다. 그때 92세이던 펠트는 3년이 지난 2008년 12월에 사망했다.

FBI의 부국장으로서 그런 일을 한 데 대해서는 곱지 않게 보는 시각도 있다. FBI 국장이던 에드가 후버가 사망하고 부국장이 사임하자 FBI 내의 최고 서열이었던 펠트는 자신이 국장이 될 것으로 기대했는데, 닉슨이 외부인사인 패트릭 그레이를 국장으로 임명하자 환멸과 복수심에서 워터게이트를 두고 벌어지는 백악관과 법무부의 동향을 제보했다는 비판이다. FBI를 떠난 펠트는 세상에서 망각되고 있었는데, 생生의 마감을 앞두고 커밍아웃을 한 것이다.

다니엘 엘즈버그와 마크 펠트 같은 제보자에게는 그럴 행동을 할 만한 '개인적 이유'가 있었다. 그러나 이들이 갖고 있었던 '사적私的 동기'는 이들이 가져온 '진실과 정의'에 비한다면 사소한 것이다. 신영철 씨의 이메일을 유출한 법관을 헐뜯는 사람들이 교훈으로 받아드려야 할 대목이다.

법무장관의 수사지휘권

당시 천정배 장관을 혹독하게 비판하는 칼럼을 쓴 강훈 변호사는 지금 청와대 법무비서관을 지내고 있다.
검찰권을 침해한 천정배 장관의 퇴진을 요구했던 '시민과 함께하는 변호사들'의 공동대표이던
이석연 변호사는 법제처장이고, 또 다른 공동대표이던 이두아 변호사는 한나라당 국회의원이다.
'원칙(Principles)'과 '일관성(Integrity)'이 실종된 우리 사회의 일그러진 모습이다.
2009년 6월 14일

임채진 검찰총장이 물러나면서 남긴 말과 이에 대한 반응은 한국사회가 어떤 지경에 처해 있는지를 잘 보여주고 있어 씁쓸하다. 임채진 전 총장은 "이쪽저쪽에서 많이 흔들었다"고 했고, 구체적으로 "법무부의 수사지휘권 발동이 강정구 교수 사건 1건밖에 없었다고 하는데 천만의 말씀이다"면서, "작년 6월 조중동 광고주 협박사건"을 그 예로 들었다. 그러면서 그는 "노무현 대통령 사건에 대해 수사지휘가 있었느냐?"는 질문에 대해선 "노코멘트다"고 답했다.

2005년 10월에 검찰이 강정구 교수를 구속하려고 하자 천정배 법무장관이 법전의 구석에 처박혀 있던 '수사지휘권'을 발동해서

불구속 수사를 검찰에 지시했다. 이 일은 당시 큰 사건이었다. 이 사건을 계기로 박근혜 당시 한나라당 대표는 '국가 정체성'을 이야기했다. 반면 역시 대선 출마를 염두에 두고 있던 이명박 당시 서울시장은 "실용이 중요하며 정체성 논의는 불필요한 것"이라고 말했다.

조선, 동아 등 보수신문은 천정배 법무장관의 조치를 강력히 비판했다. 기사와 사설은 물론이고 외부 필자의 시론을 통해 천 장관과 그 배후인 청와대와 열린우리당을 맹폭猛爆했다. 천 장관과 당시 이해찬 총리가 정권 초기엔 검찰의 독립성을 강조하는 발언을 했기에 이러한 말 바꾸기를 신랄하게 비난하는 기사를 내보냈다. 한나라당도 이를 비난했고, 보수단체들은 거리에서 플래카드를 들고 시위를 벌였다. 보수 성향의 변호사 단체인 '시민과 함께 하는 변호사들'은 천 장관의 사퇴를 요구하는 성명서를 채택했고, 조선일보는 이 소식을 큼직한 사진과 함께 비중 있게 다루었다. 이 파문으로 물러난 김종빈 검찰총장은 '좌파 정권의 희생양'처럼 묘사됐다.

그리고 몇 년 세월이 흘러서 정권이 바뀌었고, 임채진 총장은 임기를 채우지 못하고 물러났다. 검찰에 외압이 있었음을 시인한 임 총장의 발언에 대해 법무부는 "박연차 수사는 지휘한 적이 없다", "광고주 협박 사건도 일반적 수사지휘인 '인터넷 유해환경 단속에 관한 특별지시'를 서면으로 한 후에 진행된 사건일 뿐"이라고 반박하는 성명을 냈다.

그렇다면 검찰총장을 끝으로 검사 생활을 마감하는 임채진 씨가 거짓말을 했거나 오해를 했다는 것인데, 그것을 곧이들을 사람이 얼마나 있을까. 더구나 국정원장이 대검 중수부장에게 노 전 대통령을 구속하지 말라고 종용했음이 확인되지 않았던가.

임채진 총장의 발언에 대한 신문들의 반응이 흥미롭다. 경향신문은 6월 8일자 사설-'검찰 흔든 외압의 실체는 뭔가'-에서 검찰에 대한 외압을 비난하면서도 수사지휘권 문제에 대해서는 그것이 "검찰청법에 보장된 권한"이라고 했다. 지휘권 자체는 정당한 것이지만 이번 사안에 대해 그런 지휘를 한 것은 잘못이라는 입장이었다. 한겨레신문은 6월 8일자 사설-'수사지휘권 발동 한 번뿐인가'-에서 "수사지휘권은 법적으로 보장되어 있기는 하나 제한적으로 행사되어야 하는데 이에 대해서는 이의가 없다"면서, "수사지휘권이 얼마나 자주 발동되었나" 하면서 의혹을 제기했다. 두 신문은 수사지휘권 자체에 대해서는 긍정하면서도 이번 사안에 대해서는 비판을 가했다.

반면 동아일보와 중앙일보는 이 사건을 아예 사설로 다루지 않았다. 조선일보는 6월 8일자 사설-'검찰을 독립시키는 건 제도가 아니라 사람'-에서 "법무장관의 구체적 사건에 대한 지휘권 발동은 검찰 역사에서 강정구 사건 딱 한 번 있었다"면서, 임 총장의 발언을 부인한 대변인의 발표를 인용한 후, "임 전 총장이 오해를 살 표현을 한 것은 주의 깊지 못했다"고 지적했다.

수사지휘권의 '진실'

그러면 '수사지휘권'은 도무지 무엇이며, 그것은 정말 우리나라 역사상 딱 한 번만 발동되었는가? 우리 법에 있는 수사지휘권은 일본법에서 유래한 것이다. 일본에도 그 조항은 그대로 남아 있지만 사실상 사문화死文化되었다. 1950년대 초에 정치인 법무장관이 그 권한을 발동해서 큰 파문이 일어난 후 그런 일은 다시 발생하지 않았다. 오늘날 일본에서 법무장관이 그런 권한을 행사하는 것은 불가능하다. 일본 검찰은 스스로 독립성을 구축했고, 시민참여를 통해 검찰권의 남용을 방지하고 있다. 유럽에서도 그런 제도는 더 이상 존재하지 않는다. 미국에선 법무장관이 연방수사국FBI으로 하여금 수사를 하도록 지시한다고 해도 기소 여부는 대배심이 결정하기 때문에 검찰권을 둘러싼 문제가 발생할 소지는 희박하다.

법무장관의 수사지휘와 관련해서 건국 초에 유명한 사건이 두 건 있었다. 처음 사건은 임영신 초대 상공장관 사건이다. 최대교崔大敎 서울지검장이 이승만 대통령이 총애했던 초대 상공부장관 임영신을 독직瀆職 혐의로 기소하려고 하자, 이 대통령은 법무장관을 통해 기소하지 말라고 압력을 가했다. 최대교 지검장은 이에 굴하지 않고 임 장관을 전격적으로 기소한 후 사표를 던졌다.

2대 검찰총장이던 김익진金翼鎭은 이승만의 측근들이 꾸민 정치공작을 파헤쳐서 기소하도록 했다. 이 대통령은 기소하지 말라고 압력을 넣었으나 그는 경무대의 외곽조직원들을 기소했다. 사임

압력에 굴하지 않는 그를 이 대통령은 고검장으로 강등시켜 발령을 냈다. 부산 피난 중 이 대통령의 정치보복으로 구속되는 수난을 겪었지만 금방 무죄판결을 받고 석방된 후 은퇴했다. 그가 쉽게 석방될 수 있었던 것은 당시 대법원장이 가인街人 김병로였기 때문이기도 하다.

그런 후에 법무장관의 수사지휘권 문제는 뉴스에서 사라졌다. 김익진 총장이 물러난 후에 이승만 대통령은 자기 사람을 검찰총장으로 임명했기 때문이다. 사실 이승만 대통령으로선 김병로를 대법원장으로 임명한 것과 김익진을 검찰총장에 임명했던 것이 '뼈아픈 실수'였다. 그 후론 법무장관과 검찰총장 간의 갈등이 없었던 것은 양자가 대통령을 정점으로 해서 협력관계를 이루었기 때문이다.

법무장관과 검찰총장 사이의 협력관계가 나쁘다고만 할 수는 없을 것이나, 법무장관과 검찰총장 사이의 갈등이 없었다고 해서 그것을 두고 검찰이 독립했다고 말할 수는 없다. 제5공화국에선 검찰총장을 지낸 후 법무장관이 된 김석휘 법무장관이 시국사건 법정소란에 책임을 지고 취임 5개월 만에 장관직을 물러나야 했으니, 그 시절엔 '검찰권 독립'이나 '법무장관의 수사지휘권'이니 하는 말이 일종의 '사치'였다. 법무부와 검찰 사이에 긴장상태가 없었던 것은 그런 가능성이 아예 불가능했기 때문이다.

검찰과 법무부 사이에 긴장이 발생한 것은 김대중 정권 들어서부터라고 할 것이다. 김대중 정권에서는 그런 갈등이 수면 아래서 해결되었을 것이나, 노무현 정권에서는 물밑 해결도 불가능하게 되어 강정구 사건이 발생한 것이다.

강정구 교수 사건이 없었더라면 경향신문과 한겨레신문은 임 총장의 발언에 대해 외압뿐 아니라 법무장관의 수사지휘권 자체에 대해서도 신랄한 비판을 가했을 것이다. 두 신문은 강정구 사건에서 그들이 취했던 입장을 고려해서 조심스러운 사설을 내보냈음이 틀림없다. 하지만 이로 인해 '법전 속의 유물遺物'인 법무장관의 수사지휘권이 정당한 것처럼 여겨지는 것은 어불성설語不成說이다.

강정구 사건을 일으킨 당사자인 천정배 의원이 "수사지휘는 서면으로 해야 한다"고 말해도 한나라당은 유구무언有口無言이다. 강정구 사건 때 천 장관을 질타했던 한나라당 의원들은 모두 어디로 갔단 말인가. 한나라당은 천정배 장관의 수사지휘권 발동이 있은 이듬해에 법무장관의 수사지휘권을 삭제하는 법안을 국회에 제출하기도 했다. 당시 천정배 장관을 혹독하게 비판하는 칼럼을 쓴 강훈 변호사는 지금 청와대 법무비서관을 지내고 있다. 검찰권을 침해한 천정배 장관의 퇴진을 요구했던 '시민과 함께하는 변호사들'의 공동대표이던 이석연 변호사는 법제처장이고, 또 다른 공동대표이던 이두아 변호사는 한나라당 국회의원이다. '원칙Principles'과 '일관성Integrity'이 실종된 우리 사회의 일그러진 모습이다.

기소편의주의를 다시 생각한다

사람들은 검찰이 당연히 기소권을 행사하는 것으로 알고 있지만 그것은 사실이 아니다.
기소권을 국가 공권력인 검찰이 독점하는 '기소독점주의',
그리고 검찰이 기소에 있어서 재량권을 갖는 '기소편의주의'는
19세기 말 독일의 국가 우월적 법제에서 유래한 것이다.

2010년 1월 20일

민노당 강기갑 의원이 2009년 초 국회 사무총장실을 찾아가서 국회 경위들의 강제해산 시도에 항의하던 중 '공중부양'을 하면서 박계동 사무총장에게 항의한 일이 있었다. 지난 2010년 1월 15일 서울 남부지방법원은 국회의장의 질서유지권 발동에 잘못이 있었다는 이유로 강 의원에 대해 무죄를 선고하였다.

강기갑 의원 사건의 경우, 공무집행에 대한 무죄 논리는 상식적으로 보더라도 궁색한 측면이 있다. 또한 시국선언을 주도한 전교조 집행부에 대한 무죄판결도 그 논지가 초중교 교사가 학생들에게 시국에 대한 의견을 피력할 수 있다는 식으로 확장된다면 문제가 아닐 수 없다. 그런 점에서 이들 판결에 대한 논쟁이 제기되는

것은 당연하다.

이들 판결이 '기존 논리'에서 벗어났다고 비난하기는 쉽다. 하지만 그에 앞서 왜 이런 사건들이 법원에 가게 됐나 하는 점부터 되돌아볼 필요가 있다. 정연주 전 KBS 사장에 대한 무죄판결, 강기갑 의원 사건과 전교조 시국선언 사건, 그리고 〈PD 수첩〉에 대한 무죄판결은 검찰의 무리한 기소에도 큰 원인이 있다. 조직 내부의 징계나 정정보도 수준으로 매듭지을 수 있는 사건을 무리하게 기소하다 보니 '무죄' 판결이 양산되는 것이다.

검찰이 무리한 기소를 하게 되는 데는 여러 가지 원인이 있겠지만, 이제는 기소 제도를 근본적으로 바꾸어야 하지 않나 한다. 그렇지 않고서는 문제를 개선할 방법이 없기 때문이다.

사람들은 검찰이 당연히 기소권을 행사하는 것으로 알고 있지만 그것은 사실이 아니다. 기소권을 국가 공권력인 검찰이 독점하는 '기소독점주의', 그리고 검찰이 기소에 있어서 재량권을 갖는 '기소편의주의'는 19세기 말 독일의 국가 우월적 법제에서 유래한 것이다. 민주국가에선 그런 시스템을 갖고 있는 나라는 일본 정도가 유일하다. 하지만 일본은 검찰권의 독립이 이루어져서 그 위험성은 이제 크지 않다.

반면 영미 법계, 특히 미국에선 기소가 검사의 재량이 아니라 대배심Grand Jury의 권한이다. 검사는 24명의 배심원으로 구성된 대배심이 기소를 결정하도록 설득할 수 있을 뿐이다. 물론 검찰이 확고한 증거를 갖고 있는 경우에 대배심의 기소를 얻어내기는 어렵지 않다. 그러나 대배심이란 관문이 있기 때문에 검찰은 기소에 신중을 기하기 마련이다.

프랑스와 이탈리아 등 유럽 대륙국가에서 검사는 기소를 하기에 앞서 법관의 예심을 거치게 되어 있다. 기소는 검사가 단독으로 결정하기엔 너무나 중대한 문제이기 때문이다. 남부 이탈리아에서 마피아들이 판사를 자주 암살하는 것도 나름대로 이유가 있는 것이다. 이런 장치가 있으면 일단 기소해 놓고 보는 식의 '기소 남용'이 성행할 가능성은 원천적으로 차단된다.

듀크 대학 라크로스 팀 사건

무리한 기소로 피의자의 기본권을 침해한 검사에 대해 제재를 가할 필요도 있다. 2006년에 있었던 미국 듀크 대학 사건은 우리에게 참조가 된다.

2006년 3월, 노스캐롤라이나 주에서 아르바이트를 하던 한 흑인 여대생이 듀크 대학의 라크로스라켓을 사용하는 일종의 럭비 게임 팀 백인 선수들에 의해 성폭행을 당했다고 주장한 사건이 발생했다. 그녀가 지목한 두 명의 백인 선수는 구속되었고, 마이크 니퐁 검사는 라크로스 팀의 백인 선수 46명에게 DNA 샘플을 제출하라고 명령했다. 니퐁 검사는 이례적으로 백인 선수들이 흑인 여성을 강간했다는 주장을 언론과의 인터뷰에서 여러 차례 밝혔다.

DNA 검사 결과, 여대생의 체내에서 나온 여러 명의 DNA 중 라크로스 팀 선수의 DNA와 일치하는 것은 없었다. 그럼에도 니퐁 검사는 DNA 검사 결과가 결정적일 수는 없다고 주장하면서 공소를 제기했다. 하지만 재판 과정에서 성폭행했다고 지목된 선수들의 알리바이가 입증되었고, 또한 그 여대생과 당일 같이 있었던 남자가 있었음이 드러났다. 처음에는 명문 사립대학 듀크의 백인 선수들이 주립대학에 다니는 흑인 여학생을 성폭행한 줄 알았던 언론도 예단을 갖고 수사를 몰아친 니퐁 검사를 비판하게 되었다. 2006년 12월, 검찰은 결국 공소를 포기했다.

2007년 6월, 노스캐롤라이나 변호사협회의 징계위원회는 니퐁 검사가 법관 앞에서 중요한 사실에 대한 허위주장을 하고 사기와 부정직한 행동을 했다는 이유를 들어 변호사 자격을 박탈하는 결정을 내렸다. 니퐁은 사직서를 제출했고, 주 법원은 그에 대해 법정모욕죄를 선고하고 벌금형과 함께 상징적인 1일 복역을 명령했다. 변호사 자격을 박탈당한 니퐁은 그가 부당하게 기소한 백인 선수들이 제기한 손해배상 소송에서 패소했고, 그로 인해 개인파산을 선고받았다.

이번 정권이 끝나면 검찰의 기소독점주의와 기소편의주의, 그리고 검사동일체 원칙 같은 19세기 독일제국에서 유래한 우리의 검찰 제도를 근본적으로 개혁해야 한다. 검찰의 수사권 독점과 국가검찰 제도도 이제 원점에서 재검토해야 할 것이다.

검찰의 항소권이 문제다

검찰의 무조건적 항소로 인해 1심 법원, 항소법원, 그리고 대법원에 의해 무죄판결을
세 번 받아야 비로소 완전한 무죄가 되는 우리의 풍토는 바뀌어야 한다.
무죄판결에 대해 항소할 수 없게 되면
검찰도 보다 확실한 증거를 갖고 재판에 임하게 될 것이다.

2010년 4월 12일

한명숙 전 총리에 대해 무죄판결이 내려졌다. 미네르바, 정연주 전 KBS 사장, MBC 〈PD 수첩〉에 이어 또 하나의 무죄판결이 내려졌으니, 한국 검찰은 깊은 바다에 침몰한 셈이다. 한국 검찰이 하는 일의 98%는 이 같은 '시국사건'과 관련이 없겠지만, 바로 2% 숫자가 아닌 상징적 의미로서 2%이다 때문에 검찰의 신뢰가 회복할 수 없이 손상된 것이다.

미네르바, 정연주 씨, 그리고 〈PD 수첩〉 사건은 사실 자체는 분명한 것이라서 나는 "어떻게 이런 사안을 기소하는가" 하고 생각했다. 하지만 한명숙 전 총리의 경우는 사실에 대해선 알 수가 없었지만, 그래도 전직 총리를 기소할 정도라면 검찰이 무언가

갖고 있지 않겠는가 생각했었다. 그러나 나의 예상은 빗나갔다. 재판 과정을 지켜본 사람이면 대체로 그런 생각을 했을 것이다.

앞서 사건과 달리 한 전 총리 사건은 '사실'을 확정하는 것이 중요한, 전형적인 형사재판이었다. 형사재판에서 유죄를 입증할 책임은 검찰에 있다. 우리 법은 미국법과 마찬가지로 검찰이 '합리적 의심을 넘어선beyond reasonable doubt' 유죄의 입증을 하도록 하고 있다. 직접증거가 없더라도 여러 가지 정황증거가 의심할 여지가 없이 유죄임을 보여주면 법원은 유죄로 판결할 수 있다. 한 전 총리 사건에서 검찰은 이 관문을 통과하지 못했다.

한 전 총리의 무죄판결에 대해서도 검찰은 승복할 수 없다며 항소를 했다. 독일식의 형사소송법 체계를 따르고 있는 우리나라에선 1심 판결의 무죄판결에 대해 검찰이 항소할 수 있으며, 이것은 헌법이 금지하는 '일사부재리一事不再理 원칙'에 위배되지 않는다.

그러나 영미법에서는 1심 법원의 유죄판결에 대해서 피고인은 항소할 수 있지만, 무죄판결에 대해 검찰은 원칙적으로 항소를 할 수 없다. 이 원칙을 '이중처벌 금지 원칙double jeopardy rule'이라고 부른다. 검찰이 무죄판결에 대해 항소할 수 있는 경우는 법관의 부패 등으로 인한 재판무효미국, 1심 판결 이후 새로운 분명한 증거가 나온 경우영국 등으로 국한된다. 이런 경우는 매우 드물기 때문에 1심에서 무죄판결이 나오면 사실상 사건은 종결되고 만다.

전처前妻와 그의 정부情夫를 살해한 혐의로 구속되어 재판을 받았던 O. J. 심슨이 1심 재판에서 무죄판결을 받자 자유의 몸이 된 것도 이 때문이다. 애거서 크리스티의 소설 《검찰 측 증인Witness for the Prosecution》에선 무죄판결을 받은 주인공이 자기가 사실은 살인을 했다고 법정에서 자랑스럽게 고백을 하는 장면이 나온다. 현실 세계에서 그런 일은 없겠지만, 그 장면은 영미 식 이중처벌 금지 원칙을 잘 보여준다. 영미에서의 형사재판은 당사자주의에 입각한 배심재판이기 때문에, 1심 재판의 결과는 사실문제에 관한 한 최종재판과 같은 권위를 갖는 것이다. 또한 1심에서 무죄판결을 받은 피고인을 또 다시 항소심 법정에 세우는 것은 자체로서 인권을 침해하는 측면이 있기 때문이다.

연이은 무죄판결에 대해 검찰이 승복할 수 없다면서 매번 항소하는 것을 보면서, 이제 우리도 영미식의 '이중처벌 금지 원칙'을 도입해야 하지 않나 하는 생각이 든다. 피고인은 항소할 수 있지만, 검찰의 항소는 엄격하게 제한해야 한다는 것이다. 이를 위해선 무엇보다 1심 재판의 신뢰성이 제고되어야 할 것이다.

현재 1심 형사재판을 보다 경험 많은 법관이 다루도록 하겠다는 법원 개혁안이 대법원에 의해 나와 있는데, 그렇다면 이에 부응해서 검찰의 항소도 제한해야 마땅하다. 검찰의 무조건적 항소로 인해 1심 법원, 항소법원, 그리고 대법원에 의해 무죄판결을 세 번 받아야 비로소 완전한 무죄가 되는 우리의 풍토는 바뀌어야 한다. 무죄판결에 대해 항소할 수 없게 되면 검찰도 보다 확실한 증거를 갖고 재판에 임하게 될 것이다.

검찰, '제로베이스'에서 개혁 나서라

정치권력의 눈치를 보는 것도 모자라서 정치권력을 창출하는 데 힘을 보태고,
거대기업의 촌지를 받았느니 뭐니 하는 의혹을 받은 것도 부족해서
이제는 밥과 술을 상습적으로 얻어먹은 검사가 즐비함이 드러났으니,
우리 검찰은 스스로 개혁의 실험대로 올라가야 마땅하다.

〈시사저널〉 2010년 4월 26일자

많은 사람들에게 MBC 〈PD 수첩〉이 파헤친 '검찰 스폰서'는 큰 충격이었을 것으로 생각된다. 법조인과 교류가 있는 나 같은 법학교수가 기업인이 검사의 회식비용을 대는 '관행'을 전혀 몰랐다고 하면 거짓말이 될 것이다. 하지만 그 정도인지는 정말 처음 알았다.

한 기업인이 제기한 문제를 갖고서 검찰 전체가 그렇다고 말할 수는 없다. 그것은 몇몇 시국사건을 예로 들면서 검찰 전체가 정권의 무엇 같다고 도매금으로 매도하는 것과 같다. 하지만 이번 사건을 몇몇 검사들의 '일탈'로만 치부할 일은 결코 아니다. 현 정권 출범 이후 검찰에 대한 국민들의 시선이 예사롭지 않은 상황에

서 느닷없이 터진 이번 사건으로 인해 검찰은 이제 백척간두百尺竿頭의 위기에 서게 됐다.

돌이켜보면 검찰에 대한 신뢰가 땅에 떨어진 것은 김대중 정권 때부터였다. 물론 그 전에도 많은 문제가 있었겠지만 더 큰 사안에 가려서 제대로 주목을 받지 못했을 것이다. 1997년 대선에서 최초로 수평적 정권교체가 이루어지자 당시 검찰 수뇌부의 정치적 처신이 도마에 올랐던 것이다. 법무장관이 연루된 '옷 로비' 사건, 그리고 검찰 수뇌부가 비리사건에 연루되어 사법처리를 당한 일이 그때 일어났다.

이런 파문을 겪으면서 검찰은 '뼈를 깎는 각오'로 다시 태어나겠다고 약속했다. 김대중 정권 초기에는 사법부도 큰 혼란을 겪었다. 세상을 뒤흔든 의정부 법조비리, 대전 법조비리가 모두 그때 일어났다. 그 전까지는 관행으로 여겨졌던 일들이 새롭게 조명을 받게 되었기 때문일 것이다. 노무현 대통령은 취임 초에 '검사들과의 대화' 같은 파격적인 이벤트를 연출해서 화제를 만들었지만 임기 중 검찰을 둘러싼 큰 논란은 없었다.

2007년 대선에선 검찰을 둘러싼 논란이 특히 많았다. '삼성 장학생' 논란, 김용철 변호사의 폭로, 도곡동 땅과 BBK에 대한 수사 등 검찰의 신뢰를 흔드는 사건이 많았다. 현 정권이 들어선 후로는 무리한 수사와 기소로 검찰이 빈축을 사는 경우가 늘어났다. 광우병을 다룬 〈PD 수첩〉 제작진, 인터넷 논객 미네르바, 정연주 KBS 전 사장 등에 대한 기소가 연거푸 좌절됐고, 한명숙 전 총리에 대한 기소도 같은 운명이었다.

검찰이 MB 정권과의 '밀월' 때문에 무리하게 기소를 한다는 비판이 일었다. 검찰에 대한 신뢰가 무너진 상황에서 '스폰서' 파동이 터졌다. 이런 것을 두고 엎친 데 덮쳤다고 하던가.

검찰은 진상조사위원회를 만들어서 '진상'을 파헤치겠다고 한다. 하지만 이미 신뢰를 통째로 상실한 검찰이 자체적으로 하는 조사를 곧이들을 사람이 얼마나 있을지 알 수가 없다. 진상을 파헤치기 위해선 국회가 특별조사위원회를 구성하고, 필요하다면 특별검사를 임명해서 강제 수사권을 갖고 수사하도록 하는 수밖에 없다. 이번에 거론된 검사들에 국한하지 않고 제보를 받아서 그야말로 '성역 없는 수사'를 해야만 국민들의 의혹을 씻을 수 있을 것이다. 아니면 국민들이 검찰권을 부정하는 사태가 올 수도 있다. 물론 사태가 이렇게 확대되면 검찰 조직 자체가 흔들릴 수 있다는 우려의 목소리도 일리는 있다. 그러나 검찰 조직은 이미 심하게 흔들리고 있음을 스스로 인정하는 용기가 필요하다.

아울러 검찰 개혁을 그야말로 '제로베이스'에서 할 필요가 절실하다. 우리나라처럼 검찰이 수사권과 기소권을 독점하고, 대통령이 검찰총장을 임명하고, 검사에 대한 인사권을 사실상 행사하는 나라는 지구상에 별로 없다. 영미법계 국가에서는 검사의 본업은 수사가 아니라 기소이며, 그 기소도 대배심의 승인이 있어야 비로소 할 수 있다.

우리나라 검찰은 1심 법원이 시국사건에 대해 무죄판결을 내리면 무조건 항소해서 1심에서 무죄판결을 받은 피고인을 몇 년 동안 옥죄고 있는데, 그것도 우리나라에나 있는 풍경이다. 영미법계 국가에선 피고인은 항소할 수 있지만 검찰은 원칙적으로 항소할 수 없다. 1심에선 무죄판결이 나오면 검찰은 항소할 수 없는 것이다. 우리와는 많이 다른 영미법계의 제도로부터 우리는 배울 점이 많다.

이번 〈PD 수첩〉에 비친 검사들의 모습은 국민 위에 군림하면서 지방정치인, 지방 졸부들과 어울리는 그런 것이었다. 주권자인 국민이 선거로 선출하지 않은 권력인 검찰에 예속되어 있는 형상이었다. 그렇다면 검찰을 국가 검찰과 지방 검찰로 이원화하고, 광역자치단체별로 지방 검찰을 두고 지방 검사장을 선거로 뽑는 방안을 생각해 보아야 한다. 교육감을 직선하는 데 시·도 검사장을 선거로 뽑지 못할 이유는 없다.

풀뿌리민주주의가 정착된 미국에선 주 법무장관과 지방 검사장을 선거로 뽑는다는 사실을 교훈으로 삼아야 한다. 검찰이 독점하고 있는 수사권도 이제는 경찰에 주어서 웬만한 민생사범은 경찰이 책임지고 수사하도록 해야 한다. 경찰권도 이제는 중앙과 지방으로 이원화해서 광역 자치단체장이 치안을 책임지도록 해야 할 것이다. 기소보다는 수사가 적성에 맞는 검사들은 차제에 수사기관으로 소속을 옮기는 것도 하나의 방법이다.

이렇게 함으로써 검사는 국민을 대표해서 공익을 추구하는 공복公僕으로 다시 태어날 수 있을 것이다. 일선 검사는 승진과 보직에 신경 쓰지 않고 오직 법과 질서를 수호하는 데 진력하는 법률가로 다시 태어나게 될 것이다. 이렇게 함으로써 다시는 청와대와 정치권력이 검찰에 간여하는 일이 없게 될 것이다. 이렇게 함으로써 검사들이 기업인들에게 밥과 술을 얻어먹고 모텔 방을 드나드는 일이 생기지 않게 될 것이다.

물론 한 나라의 검찰제도를 바꾸는 일은 쉽지 않다. 또한 다른 나라의 제도도 나름대로 문제가 있기 마련이다. 그러나 우리의 현행 검찰제도와 관행은 무슨 말로도 변명을 할 수 없게 되어 있다. 정치권력의 눈치를 보는 것도 모자라서 정치권력을 창출하는 데 힘을 보태고, 거대기업의 촌지를 받았느니 뭐니 하는 의혹을 받은 것도 부족해서 이제는 밥과 술을 상습적으로 얻어먹는 검사가 즐비함이 드러났으니, 우리 검찰은 스스로 개혁의 실험대로 올라가야 마땅하다. 무엇보다 19세기 독일제국에서 유래한 국가 검찰제도는 이제 버릴 때도 됐으니, 검찰 스스로 환골탈태함이 타당하다.

제3장

4대강의 불편한 진실

이재오의 '운하 사랑'

21세기에, 삼 면이 바다로 둘러싸이고 여러 갈래 험준한 산맥이 내륙에 자리 잡은 우리나라에서,
또 고속도로와 철도가 거미줄처럼 쳐져 있는 우리나라에서, 물동량에 비해
화물자동차가 너무 많아서 차주와 기사들이 생계의 위협을 받는 우리나라에서,
아닌 밤중의 홍두깨 같은 '운하 타령'은 정말 '미친 짓'이다.

2008년 3월 23일, 5월 20일

한나라당의 실세라는 이재오 의원은 한반도 대운하에 모든 것을 건 것으로 보인다. 그는 자전거를 타고 '운하 코스'라는 부산-서울을 달리기도 했다. 지난 2008년 1월 2일, 이 의원은 "대운하 건설은 이미 결정된 사실이며, 4월 9일 총선 이전부터 시작될 것"이라고 했다. 같은 날 박형준 의원도 "대운하를 추진한다는 데는 변함이 없다"고 했다.

1월 5일에 이 의원은 문경에서 운하 추진을 강변하는 저서의 출판기념회를 가졌다. 1월 7일에는 "금년 안에 운하 건설 첫 삽을 뜰 수 있다"고 했다. 1월 8일에는 대운하 사업은 이미 "500만 표 차의 지지를 받았는데 국민투표를 하자는 것은 이치에 맞지 않는

다"고 말했다.

1월 9일에도 이 의원은 동료 의원의 출판기념회에서 "요즘 대운하 추진하는 사람들은 '또라이' 비슷해진다. 미친놈 소리를 들어도 하겠다"고 말했다. 또 그는 "미국도 우리와 똑같았다. 뉴욕 주 허드슨 강을 잇는 운하가 한국과 거의 비슷한 530㎞인데, 당시 반대도 많았고, 토머스 제퍼슨은 '미친 짓'이라고 비판했지만, 당시 주민들은 나라를 살리기 위해 운하를 적극 추진해 8년 만에 완성했다"고 말했다.

이재오 의원이 말한 허드슨 강을 잇는 운하는 이리 운하The Erie Canal이다. 1817년 당시 뉴욕 주지사이던 드위트 클린턴Clinton, DeWitt이 오대호와 허드슨 강을 잇는 운하를 건설하자고 제안하자, 당시 대통령이던 토머스 제퍼슨은 이를 '미친 짓'이라고 불렀다. 클린턴 지사가 공사를 강행하자 많은 사람들은 이 공사를 '클린턴의 바보짓Clinton's Folly'이라고 불렀다. 8년간의 공사 끝에 1825년에 공사가 완료돼서 지사 임기를 끝낸 클린턴은 개선장군처럼 바지Barge를 타고 맨해튼에 도착했다.

이리 운하는 오대호를 통해 미국 중서부를 대서양에 연결시켰다. 이로 인해 중서부의 개발이 촉진되었고, 중서부와 뱃길로 이어진 뉴욕 시는 보스턴과 필라델피아를 젖히고 제1의 항구로 등장했다. 이를 계기로 곳곳에 물길을 잇는 운하 건설 붐이 일었다.

그러나 이리 운하의 전성기는 오래 가지 못했다. 1831년에서 1842년 사이에 이리 운하 전 구간에 걸쳐 철도가 건설되었다. 운하와 철도가 경쟁하게 된 것이다. 운하 관리당국은 운하 시설을 개수해서 철도와 경쟁을 해야만 했다.

제2차 세계대전이 끝난 후 아이젠하워 행정부는 전국을 잇는 고속도로를 건설하기 시작했다. 운하는 이제 철도뿐 아니라 고속도로와도 경쟁하게 됐는데, 결과는 뻔했다. 1950년대 들어 운하를 이용하는 선박은 급속하게 줄어들었다. 1990년 들어서 이리 운하는 레크리에이션 목적으로만 쓰이게 되었다. 운영권이 뉴욕 주 유료도로 위원회로 이관되어서 유료 고속도로에서 벌어들인 돈을 운하 관리에 지원하게 됐다.

2006년 여름, 뉴욕 주 상류 지역에서 홍수가 나서 이리 운하는 심각하게 파괴되고 말았다. 이리 운하는 육상 교통수단이 없었을 때 역할을 했으나 철도시대의 도래와 더불어 내리막길을 걸었고, 고속도로의 대두로 종지부를 맞이하게 됐다. 그래서 운하를 '역사의 유물遺物'이라고 부르는 것이다.

새우젓 배가 그립나요?

이재오 의원은 운하에 반대하는 수경 스님을 신랄하게 비난했다. 수경 스님이 한반도 운하에 반대하는 글을 발표하자 이 의원은 스님의 말씀이 '억지이자 선동'이라고 반박하며, "대운하는 원래의 뱃길을 복원하는 것"이라고 거듭 주장하고 나섰다.

이재오 의원은 자신의 홈페이지에 올린 글에서 "멀쩡한 산과 들을 파괴하여 뱃길을 여는 것이 아니라 원래의 뱃길을 복원하는 것이 운하"라며, "이름을 거창하게 '대운하'라고 한 것이지 사실은 강을 따라 뱃길을 복원하는 것"이라고 했다. 그러면서 "불과 80년 전만 해도 강을 따라 소금 배, 새우젓 배들이 다녔지만 지금은 비만 오면 홍수가 범람하고, 강변에 온갖 잡초와 쓰레기들이 쌓여 있고, 강바닥은 온갖 썩은 것들로 꽉 차 있고, 강물은 썩어 냄새가 진동하고 물고기 한 마리 제대로 살기 어려운 오염의 강이 되었다"고 주장했다. 그는 "그것이야말로 대재앙이고 자연파괴가 아니겠느냐"며 "강을 원래의 강으로 되돌려 놓고 물길이 있는 곳에 배가 다니게 하는 것이 나의 꿈"이라고 했다.

이재오 의원은 80년 전 일제시대에 마포 나루에 들어왔던 새우젓 배와 소금 배가 매우 그리운 모양이다. 그러나 낙동강과 한강의 상류에 다목적댐이 없었을 적에는 홍수와 가뭄으로 온 나라가 고생을 했던 사실은 초등학교 교과서에도 나온다. 홍수와 가뭄을 막기 위해 박정희 대통령은 다목적댐을 여러 곳에 세웠고, 그러자 우리의 강은 배가 다니는 물길로서의 기능을 다해 버렸다. 하지만 그 대신 우리는 갈수기에도 물을 풍족하게 쓰고, 홍수가 나도 큰 피해가 없게 됐다. 이재오 의원의 말에 의하면, 강에 소금 배와 새우젓 배가 다닐 때에는 홍수가 안 났던 것 같으니, 초등학교 학생도 웃을 일이다.

독일 방문 때 아우토반을 보고 깊은 감명을 받은 박정희 대통령은 고속도로를 건설하기 시작했고, 그 결과 오늘날 전국 방방곡곡

이 반나절 생활권에 들게 됐고, 자연히 내륙 주운舟運은 설 땅을 잃어 버렸다. 21세기에, 삼 면이 바다로 둘러싸이고 여러 갈래 험준한 산맥이 내륙에 자리 잡은 우리나라에서, 또 고속도로와 철도가 거미줄처럼 쳐져 있는 우리나라에서, 물동량에 비해 화물자동차가 너무 많아서 차주와 기사들이 생계의 위협을 받는 우리나라에서, 아닌 밤중의 홍두깨 같은 '운하 타령'은 정말 '미친 짓'이다.

황당한 '임하댐 기사'

바닥을 들어낸 임하댐 기사는 '진실'이 아니었다. 가뭄 때문에 다른 다목적댐과 마찬가지로 예년보다 수위가 몇 미터 더 내려갔을 뿐이다. 조선일보에 크게 난 사진은 임하댐의 바닥이 아니고 댐의 접근 수로부로, 평소에 물이 차지 않는 곳이었다. 댐의 물을 잘 볼 수 있는 그 맨땅에 가서 기자는 육지 쪽을 바라보고 사진을 찍었고, 장관은 '생각하는 사람'이 되어 버렸으니 대단한 '쇼'가 아닐 수 없다.

2009년 3월 23일, 3월 26일

조선일보 2009년 3월 11일자 10면에는 '바닥 드러낸 임하댐 찾은 이만의 환경장관'이란 제목의 전면기사가 실렸다. 사회부 박은호 기자가 이만의 장관을 대동하고 경상북도 상류에 위치한 임하댐을 찾았는데, 가뭄 때문에 수자원공사가 관리하는 임하댐이 바닥을 드러냈다면서 망연자실茫然自失해진 이만의 장관이 로댕의 '생각하는 사람'이 돼 버린 사진이 크게 실렸다.

다목적댐이 바닥을 드러낸 적은 없었기 때문에 이는 큰 사건이 아닐 수 없다. 그러나 다른 신문과 방송은 아무런 보도도 하지 않았다. 국토해양부도 이에 대해 아무런 조치를 취하지 않았다. 다목적댐이 바닥을 보이고 그것을 본 환경부장관이 '생각하는 사람'

처럼 얼어버렸는데도 국토부 공무원들은 도무지 관심이 없으며, 다른 신문과 방송도 전혀 관심을 보이지 않으니 이상한 일이 아닌가. 그 이유는 무엇인가?

답은 간단하다. '바닥을 들어낸 임하댐'은 '진실'이 아니었기 때문이다. 임하댐은 바닥을 드러내지 않았던 것이다. 가뭄 때문에 다른 다목적댐과 마찬가지로 예년보다 수위가 몇 미터 더 내려갔을 뿐이다. 조선일보에 크게 난 사진은 임하댐의 바닥이 아니고 댐의 접근 수로부로, 평소에 물이 차지 않는 곳이었다. 댐의 물을 잘 볼 수 있는 그 맨땅에 가서 기자는 육지 쪽을 바라보고 사진을 찍었고, 장관은 '생각하는 사람'이 되어 버렸으니 대단한 '쇼'가 아닐 수 없다. 이런 기사가 그대로 실리는 것을 보니, 조선일보의 데스크에 문제가 있다고 하지 않을 수 없다.

다목적댐은 박정희 대통령의 대표적인 업적이다. 소양댐, 안동댐, 충주댐, 임하댐 등 다목적댐이 수계水系마다 세워지지 않았더라면 오늘 우리는 인간다운 생활을 하기 어려웠을 것이다. 대형 댐은 긍정적 효과도 있지만 해당지역을 수몰시키고 영향권의 지역 발전을 저해하는 부작용도 있다. 그럼에도 다목적댐은 긍정적 효과가 부정적 효과를 압도한다. 우리나라는 강수량이 여름 한철에 집중되어 댐이 없이는 치수治水와 이수利水가 원천적으로 불가능하다.

이만의 장관은 대형 댐보다는 중소형 저수지를 여럿 세우는 것이 좋다고 했다. 하지만 저수지는 물을 공급하는 용도로나 쓰이는 것이지 홍수를 예방할 수는 없다. 미국에서도 규모가 작은 TVA 댐들은 실패작이지만 위용威容을 자랑하는 후버 댐은 용수공급과 전력생산 측면에서 대단한 성공작이다.

우리나라에선 더 이상 대형 다목적댐을 건설할 계획이 없다. 대형 댐을 세울 적지適地가 고갈되었고, 물 수요도 더 이상 증가하지 않기 때문이다. 제조업이 문을 닫는 추세에 있어서 공업용수 수요가 오히려 감소하고 있고, 인구감소를 걱정할 정도라서 생활용수 수요도 안정추세에 들어가고 있다. 근래에는 친수親水 목적의 물 수요가 늘어나서 하천 유지용수가 중요성을 띠게 됐고, 하천법도 그런 점을 고려해서 최근에 개정됐다.

댐 현황은 한국수자원공사의 사이트에서 실시간 영상으로 볼 수 있다. 실시간 영상에 들어가면, 조선일보가 바닥을 드러냈다는 임하댐의 물을 볼 수 있다.

임하댐 같은 다목적댐이 바닥을 드러내는 일은 아직은 우리나라에서 일어난 적이 없다. 댐 관리는 쉽지 않다. 가뭄이 들지, 별안간 폭우가 내릴지 알 수 없기 때문이다. 환경부 산하에 있는 기상청이 일기예보를 귀신처럼 한다면 댐 관리를 하는 수자원공사는 닥쳐올 홍수에 대비해서 물을 미리 빼기도 하고, 닥쳐올 가뭄에 대비해서 일찌감치 제한급수도 할 것이다. 그러나 날씨는 귀신도 모르는 것이다. 수자원공사는 계획 홍수위 등 가상적 시나리오에 의해 댐을 관리할 뿐이다.

'물관리 체제'에 문제가 있다?

조선일보 기사는 '수질 관리 따로, 수량 따로'를 제목으로 뽑았다. 수량 관리와 수질 보호 등 물관리 문제를 두고서 몇 차례에 걸쳐 논쟁이 있었는데, 그런 논의는 의미가 없다는 것으로 이미 결론이 났다. 이만의 장관과 박은호 기자가 이런 사실을 모르기 때문에 '자다가 일어나 봉창 뜯는 식'으로 이런 말을 하는 것이다.

한 나라의 물관리 체계도 그 나라의 다른 모든 제도와 마찬가지로 서서히 발전해 온 것이다. 중요한 것은 제도나 기구가 아니라 오히려 그것을 운영하는 사람들의 자질과 능력이다. 정부의 모든 기능은 정도의 차이는 있지만 여러 부처와 관련되어 있기 마련이라 어느 정책이든 부처 간 조정과 협력이 중요하다.

지난 1993~1994년 겨울에 영남지역에 가뭄이 들어 낙동강 수질이 나빠진 상황에서 부산에서는 출처를 알 수 없는 오염물질이 수돗물에서 나와 난리가 났었다. 문제가 심각해지자 정부는 안동댐과 임하댐의 물을 비상방류해서 낙동강 하류의 오염물질을 씻어 버렸다. 그런데 그해 봄 가뭄이 들어서 댐 수위가 내려가는 등 큰 곤혹을 겪었다.

환경당국이 오염물질의 하천 유입을 제대로 막지 못해서 이런 일이 일어난 것이다. 이 사건을 계기로 해서 정부는 당시 건설부가 갖고 있던 지방 상수도 관리를 환경부로 이관시키는 행정권한 조정을 단행했는데, 돌이켜보면 즉흥적인 면이 많았던 개혁이었다.

외국을 보더라도 그 나라의 사정에 따라 수질과 수량을 한 부처에서 다루기도 하고 다른 부처가 각기 관장하기도 한다. 물이 부족한 나라나 지역, 또 강수량이 한철에 집중되어 있는 나라나 지역은 수량 행정과 수질 행정이 분리되어 있다. 반면 물이 풍부한 나라나 지역에서는 수질과 수량을 한 부서가 함께 관장한다. 물이 부족하거나 우리나라처럼 강수량이 한 계절에 집중되어 있는 나라는 댐, 수로 등 인프라가 필요하기 때문에 전담 부서가 있는 것이 보통이다. 연중 비가 고르게 오고, 물이 풍부한 지역은 수질관리만 잘 하면 큰 일이 없기 때문에 대개 한 부서가 물을 관리한다.

환경행정의 일환인 수질 행정은 어느 나라에서나 1970년대 이후에 생겨났다. 하지만 수량 행정은 그보다 최소한 100년은 더 거슬러 올라간다. 미국의 경우 물이 풍부한 동부 주州는 한 부서가 수질과 수량을 함께 관장하고, 물이 부족한 서부 주는 수량을 다루는 부서와 수질을 다루는 부서가 분리되어 있는 것이 보통이다. 어떤 주州에선 수량을 관리하는 부서와 수량을 개발하는 부서가 다시 분리되어 있기도 하다. 한 기관이 모두 맡는 것보다 이렇게 분리하는 것이 견제와 균형을 이루고 책임 소재가 분명해지기 때문이다.

환경행정 부서는 기본적으로 규제기관regulatory agency이다. 규제기관이 사업을 관장하게 되면 이해충돌conflict of interests이 일어나게 된다. 자기 부서가 하는 사업을 철저하게 규제하기란 어렵기 때문이다. 1970년에 미국의 닉슨 행정부가 수자원과 국립공원을 관장하고 있던 내무부를 자원환경부로 확대 개편하기보다 환경보호처_{EPA}를 새로 발족시킨 것도 바로 이 때문이다.

1990년대 말에 물관리 문제가 대두되었을 때 조선일보는 사설을 통해 "물관리 일원화는 해답이 아니다"는 입장을 취했고, 그 논지는 많은 호응을 얻었다. 반면 전문성이 떨어지는 다른 신문의 논설위원은 '일원화를 해야 한다'는 식으로 번지수가 잘못된 사설을 썼지만 대개 엉성한 작문에 불과했다_{당시 물관리에 관한 조선일보의 사설은 전부 내가 쓴 것이다.}

이만의 장관은 광역 상수도와 지방 상수도 관리부서가 분리되어서 문제라고 또 다시 제도를 탓하지만, 따지고 보면 상수도사업은 원래 환경부가 하던 것이 아니었다. 광역 상수도와 지방 상수도 사업이 분리되어서 중복투자가 야기된다는 목 메인 소리는 오히려 국토해양부에서 나오고 있는데, 그것은 지방 상수도가 원래 국토해양부 소관 업무였기 때문이다.

중복투자를 하게 된 책임 중 상당한 부분, 어쩌면 보다 큰 부분이 환경부에 있다. 지방양여금 지원이 줄어들자 지방 중소도시들은 수도시설을 개선할 여력이 없어졌고, 이에 따라 중소도시가 수자원공사와 위탁계약을 맺는 경우가 늘어나고 있는데, 이만의 장관은 그것이 못마땅한 모양이다.

기초 사실도 모르는 환경장관

이만의 장관은 "원래 산업기지 건설공사로 출발한 수공이 이후

댐건설에 뛰어들고, 이후엔 다시 광역 상수도로 뛰어든 게 그것 아니냐?"고 말했다. 이 장관은 또한 "농촌공사나 수공은 자기 역할이 끝났으면 선셋을 해야 한다"고 했다. 장관이 다른 부처 일에 대해 이런 '막말'을 하는 것은 상식 밖이다. 그런 소신이 있다면 정부 내에서 자기가 관철시켜야 한다.

한국수자원공사는 1966년에 한국수자원개발공사법이 제정되어서 한국수자원개발공사로 출범했다. 설립취지는 법 조항이 분명히 했듯이 소양강댐을 건설하기 위함이다. 1973년에 산업기지개발공사법이 제정됨에 따라 수자원개발공사는 산업기지개발공사로 통합되었다. 이 법에도 댐 관련 조항은 그대로 존치되었다. 1988년 2월에 한국수자원공사법이 발효함에 따라 오늘날의 수자원공사가 되었다. 명색이 장관이라는 사람이 이런 기초적인 역사를 모르니 한심한 일이다. 그런 '허위사실'을 그대로 받아 적는 기자도 한심하기는 마찬가지다.

우리나라에서 가장 오래된 다목적댐은 소양강댐이 아니라 섬진강댐이다. 소양강댐은 그 중요성 때문에 최초의 다목적댐으로 알려져 있지만, 수자원공사가 세운 첫 다목적댐으로 의미가 깊다.

최초의 다목적댐인 섬진강댐은 정부가 직접 건설한 것이다. 그러나 1969년에 박정희 대통령은 정부가 직접 댐을 건설하기보다는 전문 공기업을 만들어서 맡기는 것이 좋다고 생각해서 특별법을 제정해서 수자원공사를 설립하도록 했다. 그리고 섬진강댐을 현물출자하고 소양강댐을 건설하도록 했다. 40년 전에 그런 탁견 卓見이 있었으니, 기초적 사실도 모르는 지금 장관은 부끄러운 줄 알아야 한다. 수자원공사는 처음부터 본업이 다목적댐 건설과 관리였고, 이만의 장관은 이런 기초적 사실도 모르고 장관 노릇을 하고 있는 것이다.

이만의 장관은 "농촌공사와 수자원공사가 선셋되어야 한다"고 했는데, 지금 해당 부서는 그 발언에 대해 화를 내는 게 아니라 어처구니가 없어서 웃고 있다. 이만의 장관의 논리에 의하면 콜로라도 강의 후버 댐 등을 관리하는 미국 내무부 개간국Bureau of Reclamation이나 컬럼비아 강의 보너빌 댐 등을 관리하는 미 육군 공병단US Army Corps of Engineers도 해산을 해야 할 판국이니, 지나가는 소가 웃겠다. 그런 말을 하기 전에 이 장관은 환경부 산하의 환경관리공단과 환경자원공사가 무슨 일을 하는지에 대해 답해야 할 것이다.

1980년대 초 환경부가 환경청이었을 시절에 민간의 폐기물 처리 기술수준이 미약해서 공해방지에 한계가 있었기 때문에 급하게 발족한 것이 환경관리공단의 기원이다. 환경자원공사의 전신前身은 원래 농촌의 폐비닐을 재활용하기 위해 설립한 것이다. 하지만 이제는 민간 기업이 이런 기능을 훨씬 더 잘 한다. 내가 생각하기엔 이 두 기관이야말로 선셋을 검토해야 할 대상이 아닌가 한다.

경인운하에 대해선 왜 말이 없나?

이만의 장관은 수자원공사가 문어발이니 뭐니 하면서 '막말'을 했지만 정작 수자원공사가 추진하고 있는 경인운하에 대해선 아무런 말이 없다. 김영삼 정부 시절에 계획했던 경인운하는 그때부터 사업성을 두고 말이 많았다. 하지만 당시 계획은 민간사업자 컨소시엄으로 하는 것이라서 사업성을 두고 논쟁을 벌일 소지는 크지 않았다. 경인운하를 건설하고 난지도의 쓰레기를 바지로 실어서 수도권 매립지로 보내고 난지도 지역을 개발한다는 청사진이 있었다. 그러나 1997년 경제위기가 발생하자 민자사업이 어려워졌고, 이에 김대중 정부는 사업을 사실상 백지화해 버렸다.

그러다가 현 정부 들어서 경인운하 사업이 다시 추진되고 있다. 어차피 굴포천 방수로 공사를 하기 때문에 추가로 운하 공사를 하면 된다는 논리다. 이번 공사는 수자원공사가 자체 예산 2조 원 이상을 들여서 하는 것이다. 민간기업 같으면 도저히 할 수 없는 공사지만, 공기업이니까 정부 방침에 따라서 사업을 하는 것이다. 만일에 운하가 완성되어도 수익성이 나지 않으면 그 부담은 수자원공사의 몫이다. 운하 사업은 법에 의해 수자원공사가 할 수 있는 사업이지만, 물 기업인 수자원공사의 입장에서 본다면 본업과 가장 거리가 먼 파생사업이라고 할 수 있다.

이만의 장관은 수자원공사가 '용도가 끝난 문어발 기업'이라고 몰아붙였는데, 그렇게 몰아붙이려면 경인운하를 언급해야 한다. 수자원공사가 경인운하 사업을 하는지 몰라서 그런 것인지, 알더라도 경인운하는 대통령 관심사항이라 모른 척했는지 알 수가 없다. 하지만 경인운하에 대해 말을 하지 못하면 다른 사업에 대해서도 말을 하지 말아야 한다.

이만의 장관은 또한 "농촌공사나 수공의 수리권을 이제는 지방자치단체에 돌려줘야 한다"고 말했다. 수리권水利權이 무엇이고, 저수지와 다목적댐의 권리관계가 어떻게 되어 있는지 모르니까 이런 황당한 말을 하는 것이다. '돌려주기' 위해선 그것이 원래에 갖고 있었던 것이어야 하는데, 그랬던 적이 없다. 현직 장관의 이 같은 '무식한 폭언'은 유례가 없는 일이다. 이런 '고의성 허위 기사'가 조선일보 지면에 등장하는 데 대해선 하도 기가 막혀서 달리 할 말이 없다.

'보수' 경제학자들은 어디로 갔나?

노무현 정권 당시에 지방 거점도시 건설 등 토목공사 때문에
우리나라가 일본 같은 구조적 불황을 겪을 것이라고 목소리를 높였던 경제학자라면
4대강 사업에 대해 무어라고 말을 해야 할 것이 아닌가. 재정을 수십 조 원이나
투입한다는 4대강 사업에 대해서 이들이 조용한 것은 정말 이해할 수가 없다.

2009년 6월 29일

역설적으로 들리겠지만 지적知的 담론으로서의 보수주의는 노무현 정권 시절에 전성기를 누렸다. 정권이 급진적 개혁을 추진하다 보니 그에 대한 반론이 일었던 것인데, 그 가운데에서도 노 정권의 경제사회 정책을 비판한 담론과 토론이 활발했었다.

한미 FTA 등을 두고 노무현 정권이 "왼쪽 방향 지시등을 켜고 우회전을 했다"고 말하기도 하지만, 객관적으로 볼 때 그것은 맞는 말이 아니다. 노무현 정권의 경제정책은 전형적인 'tax and spend 세금 많이 거두어서 지출을 많이 하는' 식式의 리버럴Liberal 정책이었다. 노 정권은 행정수도와 지방 거점도시를 건설하기 위해 토목공사를 많이 발주했다. 노 정권의 핵심인사들은 이런 토목공사를 뉴딜

에 비견했다.

　노 정권의 이런 정책을 비판한 학자군群이 있었는데, 오스트리아-시카고학파의 전통을 따르는 자유주의 경제학자들libertarian economists이다. 정치적 보수주의와 결부되어 있기 때문에 보수적 경제학파라고도 불리는 이들은 노벨 경제학상 수상자인 프리드리히 하이예크와 밀튼 프리드먼의 학풍을 따르고 있다.

　이들은 노무현 정권이 실패한 모델을 따라간다고 비판했다. 이들은 한결같이 재정 건전성이 중요하고, 작은 정부와 감세減稅를 통해 민간경제를 일으켜야 한다고 주장했다. 자유기업원, 하이에크 학회, 그리고 바른사회 시민회의 같은 단체가 구심점 역할을 했고, 조선일보, 중앙일보, 매일경제 등에는 그런 주장을 담은 칼럼이 봇물을 이루었다. 이들은 노무현 정권의 '좌파 경제정책' 때문에 우리나라가 일본처럼 10년을 잃어버릴 수 있다고 경고했다. 일본이 영국과 아일랜드처럼 자유주의 정책을 펴지 않고 무리하게 토목공사를 벌여서 경제를 망쳤다는 주장은 당시로선 제법 설득력을 가졌다.

배운 자들의 비열함과 비겁함

　하지만 2008년 가을에 미국을 강타한 금융위기로 인해 자유주의 경제학은 거품 경제를 일으킨 장본인으로 비판을 받고 있다. 그러나 미국에선 시카고학파 교수들의 당당한 목소리를 아직도 들을 수 있다. 자유주의 경제정책이 잘못된 것이 아니라, 금융업에 대한 지나친 규제완화와 주택공급을 부추긴 인기영합 정책이 잘못되었다는 것이다. 노벨 경제학상 수상자인 시카고 대학의 개리 베커 교수, 후버 연구소의 토머스 소웰 교수 등이 그러한 입장을 견지하고 있다. 이들은 오바마 행정부의 '경제 진흥책The Stimulus Package'이 경제를 살리기 어렵다고 본다.

반면 시카고 대학 교수 출신인 저명한 법法경제학자 리차드 포스너 판사는 종래의 입장에서 다소 벗어나서 정부 지출이 진정으로 필요한 곳에 이루어지면 경제를 진작시킬 수 있다고 보았다. 그럼에도 포스너 판사는 교통 인프라 확충에 정부지출을 늘리는 것은 그것이 필요한 경우에만 의미가 있으며, 토목공사가 경제를 진작시키는 효과는 미미하다고 지적했다.

이명박 정권의 경제정책은 자유주의 시장경제와 거리가 멀다. 보금자리 주택 같은 과다한 시장개입, 환율조작과 무리한 금리정책 등 MB의 정책을 비판해야 할 사람들은 진보 성향 교수가 아니라 보수 성향 교수이어야 한다.

더욱 한심한 일은 4대강 사업에 대해서이다. 노무현 정권에서 행정수도 건설과 지역혁신도시 건설 같은 무리한 정부지출이 경제를 망친다고 주장했던 자유주의 경제학 교수들이 22조~30조 원이 들어간다는 4대강 사업에 대해선 입을 봉하고 있다. '불편한 진실'에 대해선 보지도 않고 듣지도 않고 말하지도 않는 그 모습에서, 배웠다는 사람들의 비겁함과 비열함을 보게 된다.

4대강 사업은 두 가지 측면에서 큰 문제가 있다. 하나는 환경과 수자원 측면의 문제이고, 또 다른 하나는 경제와 재정정책에서의 문제다. 환경과 수자원에 관한 문제는 경제학자들과는 큰 관계가 없으니까 논외로 하자.

하지만 노무현 정권 당시에 지방 거점도시 건설 등 토목공사 때문에 우리나라가 일본 같은 구조적 불황을 겪을 것이라고 목소리를 높였던 경제학자라면 4대강 사업에 대해 무어라고 말을 해야 할 것이 아닌가. 오직 한나라당의 이한구 의원만이 여당의원이라는 곤란한 입장임에도 불구하고 4대강 사업이 갖고 있는 문제점에 대해 문제를 제기했다.

한반도 대운하는 강바닥에서 자갈인지 사금인지를 캐서 정부재정지출 없이 건설한다고 했으니까 침묵했겠지만, 재정을 수십 조 원이나 투입한다는 4대강 사업에 대해서 이들이 조용한 것은 정말 이해할 수가 없다.

4대강 사업의 위법성

강의 본류를 준설하고 주렁주렁 댐을 세우며, 하천변을 시멘트로 바르는
'MB 스타일 4대강 사업'은 얻어지는 혜택은 없고 자연재해를 불러오며
국가재정을 위협한다는 점에서 국민적 저항을 불러오기에 충분하다.
'국민소송'은 4대강 파괴를 제도권에서 저지할 수 있는 마지막 기회다.

2009년 9월 21일

4대강 사업이 국토와 하천을 망치고 국가재정을 파탄에 빠뜨린다는 여론이 비등하고 있지만 정부는 이를 계속 밀고 나가고 있다. 정부는 공사를 시작할 수 있는 모든 행정적 법적 절차를 거쳤다고 보고 건설업체와 계약체결을 서둘고 있다. 정부가 추진하는 4대강 사업은 국가재정법, 하천법, 환경정책기본법 등 우리의 중요한 실정법을 대거 위반하고 있다.

국가재정법 위반

대규모 국책사업을 사업성 검토를 하지 않거나 졸속으로 검토하고 시행해서 결국에는 국민의 세금 부담을 증가시키고 자연환

경을 파괴한 경우를 우리는 지난 20여 년 동안 너무나 많이 보아
왔다. 새만금, 지방공항, 인천공항 전철 등이 대표적인 사례이다.

2006년에 예산회계법과 기금관리기본법을 통합하여 제정된
국가재정법은 대형 국책사업의 졸속을 막기 위해 '예비타당성 조
사'를 실시하도록 했다. 예비타당성 조사를 해야 하는 대상사업은
대통령령이 정하는 대규모 사업, 기획재정부 장관이 중앙부서 신
청이나 직권으로 선정한 사업, 그리고 국회가 의결로 요구하는
사업이다.

국가재정법 시행령 제13조는 예비타당성 조사를 해야 하는 대
규모 사업을 규정하고 있다. 그런데 정부는 지난 3월, 예비타당성
조사를 하지 않아도 되는 사업에 "지역 균형발전, 긴급한 경제·
사회적 상황 대응 등을 위하여 국가 정책적으로 추진이 필요한 사
업으로서 기획재정부장관이 정하는 사업"을 추가했다.

국가재정법은 예비타당성 조사를 하라는 취지의 법이고, 다만
몇몇 경우는 불필요하다고 해서 예외를 인정한 것인데, 개정된 제
13조 2항 10호는 '국가 정책적 추진이 필요한 사업으로 기획재정
부장관이 정하는 사업'은 이를 생략할 수 있도록 했으니, 그 자체
가 논리적 모순이다. 이 조항은 '국가 정책적 추진이 필요한 사업'
이라는 불확정적이고 모호한 범주를 규정해서 예비타당성 조사에
서 면제했기 때문에 "입법권 위임은 구체적인 기준에 입각해야 한
다"는 위임입법에 관한 헌법 원칙에 위반된다.

하천법 위반

정부는 '4대강 종합정비 기본계획'이란 마스터플랜을 2009년 7월 20일자로 작성해서 8월 말에 공개했다. 이 보고서에는 낙동강, 남한강 등에 보狀를 여러 군데 건설하는 등 이른바 4대강 살리기 사업의 취지와 구체적 내용을 담고 있다. 이와 더불어 정부는 각 하천별로 수립되어 있는 하천기본계획을 수정하는 작업을 진행했다. 컨설팅 업체가 총동원되어 진행한 하천기본계획 수정안은 7월 말까지 각 지방 국토관리청에 설치된 중앙하천관리위원회 분과위원회를 통과하여 확정되었다.

정부는 하천기본계획이 수정되었기 때문에 이에 근거하여 공사 실시 계획을 고시하고, 환경영향평가가 완료되는 대로 필요한 하천점용허가를 내어줄 것으로 예상된다. 그러나 하천별로 하천기본계획을 수정해서 4대강을 준설하고 보를 설치하려는 정부의 조치는 하천법을 위반한 것이다.

하천법은 우리나라 하천관리의 근간이 되는 세 종류의 계획을 규정하고 있다. 첫째는 수자원장기종합계획이다. 수자원장기종합계획은 "수자원의 안정적인 확보와 하천의 효율적인 이용·개발 및 보전을 위한 20년 단위의 계획"으로 국토해양부장관이 수립하는데, 중앙하천관리위원회의 심의를 거쳐야 한다 하천법 제23조 1항. 둘째는 유역종합치수계획이다. 유역종합치수계획은 "하천유역의 수자원 개발·이용의 적정화, 하천환경의 개선, 홍수예방 및 홍수발생시 피해의 최소화 등을 위하여 필요한 사항 등을 내용으로 하는

10년 단위의 계획"으로 국토해양부장관이 중앙하천관리위원회의 심의를 거쳐 수립한다_{하천법 제24조}.

셋째로, 하천기본계획이 있다. 하천기본계획은 "하천의 이용 및 자연친화적 관리에 필요한 기본적인 사항 등을 내용으로 하는 10년 단위의 계획"으로 하천관리청이 수립하는데, 하천관리위원회의 심의를 거쳐야 한다. 따라서 국가하천의 경우에는 지방 국토청이 중앙하천관리위원회의 심의를 거쳐서 수립하고 또 수정한다.

수자원종합계획이 장기계획으로 상위계획이며, 그 다음은 유역치수계획, 그리고 그 다음이 하천기본계획임은 분명하다.

하천법 제24조 7항은 "유역종합치수계획은 수자원장기종합계획의 범위 안에서 수립되어야 하며, 제25조에 따른 하천기본계획의 기본이 된다"고 규정한다. 정부는 4대강 사업을 추진하기 위해서 하천별로 하천기본계획을 수정하였지만, 정작 수자원장기종합계획과 유역종합치수계획은 그런 부분을 반영하지 않았다. 다만 2009년 여름에 수정된 유역종합치수계획에는 홍수피해를 줄이기 위한 천변川邊 저류지貯流池 설치가 규정되어 있었다.

그런데 이번에 중앙하천위원회가 통과시킨 하천기본계획은 하천을 준설하고 높이 10~15미터 규모의 사실상 댐을 본류에 주렁주렁 건설하도록 했다. 하천환경에 대한 충격이 훨씬 적은 저류지는 유역종합치수계획에 들어가 있는데, 보와 준설은 하부계획인 하천기본계획에 들어가 있는 것이다. 따라서 이번에 통과된 하천기본계획은 상위계획에 위반되기 때문에 무효라고 보아야 한다.

정부가 7월 20일자로 발표한 '4대강 종합정비 기본계획' 마스터플랜도 단순한 정책구상이라고 볼 것이 아니다. 분량도 상당하고 내용도 상세해서 통상적인 계획보다 훨씬 구체적이다. 중앙하천관리위원회의 각 분과위원회를 통과한 주요 하천의 하천기본계획 수정안은 바로 이 마스터플랜을 따르고 있다. 하천법 제87조는 우리나라 하천의 지정 해제 등과 하천의 정비와 보전 관리에 관해서 중요한 사항을 중앙하천관리위원회가 심의하도록 하고 있다. '4대강 종합정비 기본계획'은 이제까지의 하천관리의 통상적 틀을 뒤집는 발상을 포함하고 있기 때문에 중앙하천관리위원회가 심의해야 하는 것이 당연한데, 정부는 그런 절차를 거치지 않았다. 필요한 법적 절차를 거치지 않은 '계획'이 사실상 구속력을 갖고 있다면 그것은 하천법의 기본원칙을 유린한 것이다.

환경법 위반

환경정책기본법 제25조는 "관계 행정기관의 장은 환경기준의 적정성 유지 및 자연환경의 보전을 위하여 환경에 영향을 미치는 행정계획 및 개발 사업이 환경적으로 지속가능하게 수립·시행될 수 있도록 사전환경성 검토를 실시하여야 한다"고 규정한다. 정부는 각 하천별로 하천기본계획을 수정하는 과정에서 사전환경성 검토를 했다고 한다. 그러나 제대로 평가를 할 시간적 여유가 절대적으로 없었고 여론수렴을 했다고 볼 수도 없다. 지금까지의 하천관리 방식을 송두리째 뒤집는 이번 하천기본계획 수정안에 대해 제대로 사전환경성 검토를 했다고 보는 사람은 없을 것이다.

환경영향평가법은 일정한 개발 사업을 하기 전에 환경영향평가를 하도록 한다. 다만 사전환경성 검토를 한 사업에 대해선 절차의 중복을 피하기 위해서 사전환경성 검토에서 다룬 내용을 환경영향평가서에 준용할 수 있도록 하고 있다. 4대강 사업에서는 날림으로 한 사전환경성 검토서를 환경영향평가서에 준용하여서 절차를 마무리할 것으로 예상된다.

이만의 환경부 장관은 "4대강 사업을 빨리 해야 한다"고 외치고 있는데, 환경부장관이 "개발 사업을 빨리 해야 한다"고 외치는 경우는 이제까지 없었다. 어느 나라에서도 환경장관은 "환경이 중요하고 개발은 신중해야 한다"고 최소한 '립 서비스lip service'는 한다. 4대강 사업을 밀고나가는 환경부 꼴을 보니 불쌍하다는 생각뿐이다.

'국민소송'의 과제

이제 남은 절차는 하천법에 의한 하천공사시행계획 고시하천법 제27조와 하천점용허가하천법 제33조밖에 없다. 모든 사전 절차를 편법과 위법으로 해치웠기 때문에 이렇게 진도가 빨리 나간 것이다. 하천법 제27조에 의해 하천공사시행계획 고시가 나가면 다른 법률에 의한 인허가를 받은 것으로 의제가 되기 때문에 공사에 착공할 수 있게 된다.

새만금에서 보는 바와 같이, 일단 공사에 들어가서 상당히 진척

되면 중도에서 중단하기는 어렵고 단지 규모를 조정할 수밖에 없게 된다. 새만금 사업을 추진하고 허가했을 때에는 국민들의 환경 인식도 부족했고 환경법도 미비했었다. 4대강 사업을 저지하기 위해서는 공사 중단을 요구하는 가처분 신청이 중요하다.

법적으로 '국민소송'이란 용어는 존재하지 않는다. 국민들의 관심과 참여를 촉구한다는 의미에서 그런 용어를 쓴 것이다. 많은 국민들이 소송의 원고로 참여하고 또 소송비용을 후원한다면 그것은 정치적 사회적 의미에서 '국민소송'이라고 할 수 있다. 몇몇 여론조사에 의하면 4대강 사업에 대한 반대와 비판이 80%나 된다. 이러한 국민적 합의를 무시하고 법과 절차를 어겨가면서 무리하게 하는 사업을 저지하기 위한 소송이라면 '국민소송'이란 명칭을 붙일 만하다.

우리가 보다 안전하고 쾌적한 생활을 하기 위해선 부득이하게 자연을 훼손해야 하는 경우도 있다. 공항, 댐, 수로, 항구 등등 자연을 훼손하지 않는 개발은 없다. 사업으로 얻어지는 혜택이 훼손되는 자연에 비해 훨씬 크기 때문에 개발을 하는 것이다. 그러나 강의 본류를 준설하고 주렁주렁 댐을 세우며, 하천변을 시멘트로 바르는 'MB 스타일의 4대강 사업'은 얻어지는 혜택은 없고 자연재해를 불러오며 국가재정을 위협한다는 점에서 국민적 저항을 불러오기에 충분하다. '국민소송'은 4대강 파괴를 제도권에서 저지할 수 있는 마지막 기회다.

레이건이 '4대강 사업'을 본다면

레이건이 4대강 사업이 진행되고 있는 모습을 본다면
한국이란 나라가 정상이 아니라고 생각할 것이다. 대운하를 파고 4대강 사업을 하자고
아우성을 치는 사람들이 '보수'를 자처하는 것을 레이건이 본다면
그는 "보수를 욕되게 하지 말라"고 타일렀을 것이다.
2009년 11월 23일

나는 로널드 레이건Ronald Wilson Reagan이 없었더라면 '보수주의'라는 정치철학이 과연 명맥을 이어가고 있을까 생각하곤 한다. 부시 정부가 이라크 전쟁과 경제정책 실패로 좌초하자 공화당원들은 조지 W. 부시가 "레이건의 교훈과 원칙을 제대로 따르지 않아서 그렇게 됐다"고 한탄했다.

레이건은 1970년대 미국에 성행했던 환경운동과 과도한 환경법규를 좋아하지 않았다. 레이건은 별로 들어 보지도 못한 야생동식물을 멸종위기 종자로 지정하고, 환경단체가 그런 종種의 생존이 위협받는다면서 댐 건설에 반대하는 소송을 제기하는 데 대해 못마땅하게 생각했다1977년 7월 6일자 방송 칼럼 '멸종위기 종자'. 그렇다고 해

서 레이건이 막무가내 식式 개발론자였던 것은 아니다. 레이건은 정부와 민간이 기술을 개발하고 투자를 하면 환경문제도 점진적으로 개선할 수 있다고 믿었다_{1977년 4월 13일자 방송 칼럼 '환경'}. '영원한 낙관론자'였던 레이건은 "미국인들이 환경을 보호하면서도 윤택한 삶을 유지할 수 있다"고 믿었고, 그래서 "인류의 종말이 멀지 않았다"고 외치는 극단적 환경주의자들을 의심의 눈으로 보았다.

영화배우로선 그다지 성공하지 못한 레이건은 방송 프로를 통해서 알려지기 시작했다. 1953년 1월부터 1962년 5월까지 레이건은 제너럴 일렉트릭GE의 후원으로 다양한 주제에 관한 주말 방송을 진행해서 인기를 얻었다. 레이건은 방송 프로를 위해서 책을 많이 읽어야 했고, 그런 과정을 통해 나름대로의 철학을 갖게 되었다. GE가 후원한 방송 프로는 1962년 5월에 중단되었는데, 그것은 레이건이 '방송사고'를 냈기 때문이다. 방송 중에 레이건은 뉴딜 정책의 유산遺産인 TVA테네시 계곡 공사가 '큰 정부Big Government'의 전형적인 사례라고 비판했는데, 이에 대해 TVA가 방송 프로의 스폰서인 GE에 항의를 했던 것이다. TVA가 건설하는 댐과 화력발전소에 터빈을 공급하던 GE는 TVA의 눈치를 보느라고 아예 그 프로를 중단하고 말았다.

레이건은 졸지에 직장을 잃어 버렸지만, 이미 유명인사가 되어 있었다. 레이건은 고향인 캘리포니아에서 1964년 대통령 선거에서 공화당 후보로 출마하려던 배리 골드워터 상원의원을 지지하는 운동을 했다. 대통령 선거 도중 레이건은 골드워터를 지지하는 유명한 연설을 해서, 그가 정치적으로 성장하는 발판을 마련했다. 레이건은 비대한 연방정부와 방만한 정부 지출을 TVA를 예로 들어 다음과 같이 비판했다.

"TVA 사업을 추진하는 연방정부는 500년에 한 번 있을 홍수에 대비한다고 했지만, 500년에 한 번 있을 홍수로 잠길 수 있는 면적보다 훨씬 큰 면적을 영원토록 물에 잠기게 했습니다. TVA가 지고 있는 부채에 대해 지불하는 이자는 댐 건설로 예방했다는 홍수 피해의 다섯 배는 됩니다. TVA가 댐으로 발전을 한다고 하지만 TVA의 발전량 중 댐이 차지하는 비중은 15%밖에 안 됩니다. 연방정부는 화물운송을 원활하게 하기 위해 테네시 강 지류를 운하로 연결했는데, 그 운하에 다니는 바지는 TVA의 화력 발전소에서 태워 버릴 석탄을 싣고 다닐 뿐입니다. 그런데 이 운하를 유지 관리하는 비용으로 석탄을 화물열차에 실어 나르면, 열차 요금을 다 내고도 돈이 남습니다."

레이건은 1966년 선거에서 캘리포니아 주지사로 당선되어 1975년 초까지 재임했다. 1976년 공화당 대통령 후보 경선에 나섰지만 애석하게 패배한 그는 1980년 대선에 공화당 후보가 되어 민주당의 현직 대통령 지미 카터에 압승했다. 재임 중 레이건은 국민세금을 들이마시는 공기업인 TVA와 암트랙 철도회사를 민영화하려고 시도했지만 실패했다.

TVA를 비판한 레이건의 연설은 대운하와 4대강 사업에 목숨을

걸고 있는 MB 정권에 그대로 적용될 만하다. 운하를 파서 배를 산으로 들어 올리겠다는 발상은 누가 보아도 우스운 것이지만 '전문가'라는 사람들이 그것을 하겠다고 나섰으니 기가 막힌 노릇이다. 용도가 불분명한 댐을 열 몇 개씩이나 4대강 본류에 주렁주렁 건설하겠다는 '4대강 사업'도 마찬가지다. 운하를 먼저 건설하고, 그 다음에 운하를 다닐 수 있는 배를 고안해서 발주하고, 그 다음에 그런 배에 실을 화물을 열심히 찾아보겠다는 경인운하도 우습기는 마찬가지다.

레이건이 이런 모습을 본다면 한국이란 나라가 정상이 아니라고 생각할 것이다. 대운하를 파고 4대강 사업을 하자고 아우성을 치는 사람들이 '보수'를 자처하는 것을 레이건이 본다면 그는 "보수를 욕되게 하지 말라"고 타일렀을 것이다.

박정희 대통령이 '4대강 사태'를 보았다면

다목적댐과 고속도로는 박정희 대통령이 남긴 유산으로
그 후 우리나라의 수자원 정책과 운송·물류 정책의 기본이 되었다.
막대한 국민 혈세를 들여 온 나라의 강바닥을 파헤치는 '4대강 사태'를
박정희 대통령이 본다면 기가 막혀서 할 말을 잃어 버리지 않을까 한다.

2010년 5월 16일

로널드 레이건 같은 보수주의자들은 정부 예산을 터무니없는 사업에 퍼붓는 것을 가장 싫어한다. 멀쩡한 강을 파헤치고 시멘트를 퍼붓는 4대강 사업을 레이건이 보았다면 기가 막혔을 것이다.

레이건이 그러하다면, 박정희 대통령이 '4대강 사업'을 보았다면 어떤 생각을 했을까? 일각에서는 박정희 대통령이 경부고속도로를 건설하고자 할 때 반대한 사람이 많았다면서, 4대강 사업에 대한 반대를 경부고속도로에 대한 반대처럼 '반대를 위한 반대'로 치부하려고 한다. 하지만 그것은 뻔뻔한 적반하장賊反荷杖에 불과하다.

내가 박정희 대통령에 대해 갖고 있는 생각은 1970년대에 대학

을 다닌 사람들의 보편적인 인식, 즉 국가안보와 경제성장은 박 대통령의 업적이고 장기집권에 따른 인권침해는 잘못이라는 인식과 크게 다를 것이 없다. 하지만 환경법과 자연자원법을 공부한 나는 박정희 대통령이 자원관리 측면에서 평가를 받아야 할 부분이 있다고 생각하는데, 산림녹화와 고속도로 건설, 그리고 다목적 댐 건설이 그러하다.

박 대통령이 독일 방문 중에 에어하르트Ludwig Erthard 독일 총리와 함께 아우토반을 달리면서 울창한 슈바르츠발트Schwarzwald, 黑林를 보고 산림녹화와 고속도로 건설을 결심하게 됐다는 것은 널리 알려진 사실이다. 우리나라 최초의 본격적 다목적댐인 소양강댐은 후버 댐 등 대형 댐을 건설했던 미국 정부의 권유가 크게 작용했다.

식목을 국가적 사업으로 추진해서 국토를 푸르게 만든 것은 박 대통령의 업적이다. 덕분에 우리나라는 2차 대전 후에 독립한주권을 회복한 나라 중 산림 면적이 증가한 유일한 나라로 평가된다. 제2차 세계대전 때 연합군 사령관으로 독일의 아우토반을 보고 감명을 받은 아이젠하워 대통령이 주간interstate 고속도로를 건설했듯이 박정희 대통령도 독일의 영향을 받아서 우리나라에 고속도로 시대를 열었다. 고속도로 시대가 열리면서 미국에선 이리 운하 같은 내륙운하는 말할 것도 없고, 철도도 경쟁력을 상실했음은 우리가 잘 알고 있는 사실이다.

박정희 대통령은 소양강댐을 건설해서 이수利水와 치수治水를 동시에 달성하기 위한 다목적댐 시대를 열었다. 다목적댐은 적절한 장소에 큼직하게 만들어야 제 구실을 한다는 것은 상식이지만, 당시에 그러한 결정을 하는 것이 쉽지 않았다. 그렇게 큰 댐을 세울 필요가 있느냐는 반론이 있었던 것이다. 강 상류에 댐을 건설하고, 도로를 거미줄처럼 건설함에 따라 내륙주운舟運은 역사의 뒤안길로 사라져 버렸다.

무엇이든 지나치면 문제라는 말은 고속도로와 댐의 경우에도 적용되는 것 같다. 요즘 고속도로나 고속화 국도를 운전하다 보면 도로를 너무 많이 건설하고 있다는 생각이 든다. 댐도 마찬가지다. 소양강댐과 충주댐, 그리고 안동댐과 임하댐은 한강 유역과 낙동강 유역의 이수와 치수에 결정적인 역할을 하고 있다.

하지만 유역변경식 댐을 건설한 지역에선 계속 문제가 발생하고 있다. 강물을 광주 등 영산강 유역으로 보낸 섬진강과, 포항에 물을 공급하기 위해 세운 댐 때문에 수량이 줄어 버린 금호강이 그런 경우다. 이 같은 유역변경은 세계 곳곳에서 문제가 되고 있으니 우리나라라고 예외일 수는 없다. 4대강 사업의 일환으로 계획 중인 영주댐은 그 목적이 불분명해서 몇 번이나 보류되었던 전력前歷이 있다.

다목적댐과 고속도로는 박정희 대통령이 남긴 유산으로 그 후 우리나라의 수자원 정책과 운송·물류 정책의 기본이 되었다. 그러나 2007년에 우리는 전에 없던 실험을 하고 말았다. 삼 면이 바다이고 고속도로가 거미줄처럼 쳐져 있는 작은 나라에 대운하를 건설해서 국운國運을 일으키겠다는 이상한 사람이 대통령에 당선된 것이다.

다행히 '촛불' 덕분에 시대착오적인 대운하가 없던 것으로 되나 했더니, 강을 살린다면서 '꿩 대신 닭'처럼 '4대강 사업'을 들고 나온 것이다. 만일에 박정희 대통령이 막대한 국민 혈세를 들여 온 나라의 강바닥을 파헤치는 '4대강 사태'를 본다면 기가 막혀서 할 말을 잃어 버리지 않을까 한다.

'4대강 주변지역 개발지원법'을 만든다는데

4대강 주변을 관광레저 공간으로 개발하겠다고 하는데, 개발 주체는 수자원공사, 한국토지주택공사 등이
될 것이며 개발 사업에서 나온 이익으로 하천관리기금을 조성해서 수자원공사의 투자비를 갚아 주겠다고 한다.
'상상(想像)은 자유이고, 공상(空想)소설을 쓰는 것도 자유'라지만,
"해도 너무 한다"는 생각이 들어 저절로 웃음이 나올 뿐이다.
2009년 12월 31일

국토부가 내년 말까지 4대강 사업의 60%를 완료하고, 또 4대강 등 국가하천 주변지역을 개발하기 위해 의원입법 형태로 지원 법률을 제정하겠다고 한다. 그리고 4대강 주변을 관광레저 공간으로 개발하겠다고 하는데, 개발 주체는 수자원공사, 한국토지주택공사 등이 될 것이며 개발 사업에서 나온 이익으로 하천관리기금을 조성해서 수자원공사의 투자비를 갚아 주겠다고 한다. '상상想像은 자유이고, 공상空想소설을 쓰는 것도 자유'라지만, "해도 너무 한다"는 생각이 들어 저절로 웃음이 나올 뿐이다.

정부가 법안제출권을 갖고 있는 우리나라에서 장관이 의원입법 형태로 법률을 제정하겠다고 나서는 것 자체가 웃기는 이야기이

지만 거기에는 그럴 만한 이유가 있다. 의원입법은 공청회 같은 절차를 생략할 수 있기 때문이다. 이런 의원입법에는 환경영향평가를 생략하고 각종 법률에 의한 인허가를 의제할 수 있는 독소毒素 조항이 잔뜩 들어갈 것이지만, 그럼에도 국토부와 환경부는 "의원입법이라 우리는 모른다"고 오리발을 내밀 것이다.

의원입법 형태로 '4대강 개발지원법'을 제정하겠다고 하니, 지난 1995년 가을에 있었던 일이 엊그제 일처럼 떠오른다. 조선일보 비상임 논설위원이 된 지 얼마 되지 않아서였는데, 그 즈음 가장 큰 환경 이슈는 강원도 평창의 용평 스키장에 국제대회용 슬로프를 새로 허가하는 문제였다. 4대강 사업에 비한다면 논쟁거리도 안 되는 것이지만 여하튼 당시로서는 큰 이슈였다.

김영삼 대통령은 1992년 대선에서 자신이 환경을 지키겠다고 약속했고, 실제로 임기 중 맑은 물 공급을 위해 26조 원을 투자했다. 그래서인지 당시 환경부는 사기가 좋았고 의욕이 넘쳐흘렀다. 그런 환경부는 덕유산 국립공원 내에 스키장과 골프장 허가를 내어주는 데 동의해 준 일을 부끄러워했다. 그래서 환경부에는 다시는 그러한 일이 있어서는 안 되겠다는 반성과 각오가 팽배해 있었다.

환경부는 전국의 중요한 산에 대해 생태조사를 했고, 그 결과에 따라 강원도 발왕산을 생태보호지구로 지정할 생각을 했다. 그런데 동계 아시아 대회를 치르겠다면서 쌍용 그룹이 용평 스키장 바로 앞에 있는 발왕산 정상에 스키 슬로프를 설치하겠다고 나선 것이다. 1994년 말, 환경부는 발왕산 정상부 35만 평방미터는 개발을 할 수 없다고 통보했다. 스키 슬로프 설치에 대해 환경영향평가 협의를 거부한 것이다. 실로 오랜만에 환경부가 제 구실을 한 셈이다.

그러자 전라북도 무주와 강원도 평창 출신 의원이 주축이 되어 환경영향평가 협의권을 지자체에 부여하는 내용을 담은 '동계대회지원법'을 의원입법으로 제정하려 했다. 환경단체들은 강하게 반발했고, 환경부도 그 같은 의원입법에 반대한다는 뜻을 공식적으로 밝혔다. 하지만 의원입법은 공청회도 없이 초(超)스피드로 진행됐다. 그 법안을 다루는 특위에서 어느 의원이 나를 참고인으로 채택해서, 나는 난생 처음 국회에서 증언을 했다. 나는 "특별법이 환경영향평가 협의권을 환경부에 부여한 환경정책기본법의 기본정신과 구조에 위반된다"고 진술했다.

국회 특위는 이 법안을 11월 22일에 통과시켰고, 법사위는 이를 11월 29일에 통과시켰다. 한겨레뿐 아니라 중앙, 동아, 조선일보도 이를 비판하는 기사를 많이 내보냈다. 조선일보는 11월 29일자로 이에 반대하는 사설을 내보냈고(내가 쓴 것이다), 12월 14일자에는 회사 경비행기(제비 2호)를 띄워 찍은 발왕산 사진을 한삼희 환경전문기자(지금은 환경전문 논설위원으로 있다)가 쓴 기사와 함께 내보냈다. 스키 슬로프 개발의 문제점을 알리기 위해 비행기를 띄운 조선일보의 그 기사는 단연 화제였다.

그럼에도 국회 본회의는 이 법안을 통과시켰다. 김중위 환경부 장관은 "환경부가 존폐위기에 서있다"면서, "김영삼 대통령에게 거부권 행사를 요청하겠다"고 말했다. 하지만 실제로 김 장관이 대통령에게 거부권 행사를 요청했는지는 알 수 없고, 김영삼 대통령은 법안에 서명을 했다. 이렇게 해서 스키 슬로프 공사는 시작됐지만, 발왕산 정상을 깎아 버린 쌍용은 동계대회를 보지도 못하고 그룹 자체가 망해 버렸다. 국립공원 속에 스키 리조트를 만든 쌍방울도 마찬가지 신세였는데, 나는 그것이 '천벌天罰'이라고 생각한다.

그리고 세월이 흘러서 나는 '4대강 사업'이란 초유初有의 괴물怪物과 싸우고 있다. 사실 온 나라의 강을 뒤집어엎는 4대강 사업에 비한다면 스키 슬로프 하나는 별것도 아니다. 그런데, 그런 스키 슬로프 하나를 두고 환경부는 환경영향평가 협의를 거부했고, 조선일보는 회사 비행기까지 띄워서 기사를 썼고, 나는 국회에 가서 진술을 하고 사설까지 썼다. 세상이 '요설饒舌과 궤변, 그리고 침묵'에 빠져 버린 요즘, '발왕산 사건'은 '한 폭의 수채화' 같은 추억이 되고 말았다.

4대강 사업이
물 부족을 해결한다?

되돌아보면 '식수전용 댐 건설'이니 '소양강댐 취수'니 하는 돈키호테 식 발상을 갖고
권력의 주변을 맴도는 라스푸틴은 어느 정부에나 있는 것 같다. 최고 정책결정자가 식견을 갖고 있고,
건전한 전문가 집단이 존재하며, 비판적인 언론이 있으면 그런 발상은 설 땅이 없다.
'대운하'니 '4대강 사업'이니 하는 황당한 발상이 발호(跋扈)하는 것은,
그런 장치가 완전히 고장 났기 때문이다.
2010년 1월 6일

정부는 4대강 사업을 완공하면 물 부족도 해결하고 홍수도 예방하고 수질도 향상된다고 주장한다. 2년 만에 모든 공사를 마친다고 하니, 2년 후면 우리나라는 강마다 맑은 물이 철철 넘쳐흐르고 홍수 걱정을 할 필요가 없는 '지상낙원'이 되는 셈이다. 그러나 2010년 1월 5일자 경향신문 기사 '다른 곳에 취수원 추진, 4대강 사업 자가당착'는 정부의 논리가 허황된 것임을 잘 보여 주었다. 낙동강 본류에 댐을 주렁주렁 세우면 물 부족을 걱정하지 말아야 하는데, 오히려 취수원을 옮기는 것이니 자가당착自家撞着이 아닐 수 없다.

부산권과 대구권의 취수장 이전 문제는 해묵은 것이다. 낙동강 수질개선에 많은 예산을 투입했지만 낙동강 하류를 식수원으로

사용하는 것은 한계가 있어서 부산권은 남강댐으로, 그리고 대구권은 구미공단보다 상류로 취수원을 이전해야 한다는 논의는 전부터 있어 왔다. 하지만 경남과 부산 간의 지역 정서, 막대한 시설투자비, 그리고 이런 조치는 강을 포기하는 것이라는 명분론이 난관이었다.

부산-대구 지역의 취수원 이전은 4대강 사업과 무관한 것이지만, 여기서 생각해 볼 문제는 그렇다면 도무지 왜 낙동강 본류를 준설하고 높이 10미터 댐을 주렁주렁 세우냐는 것이다. 취수원을 이전하면 이런 괴상한 댐이 담고 있을 더러운 물을 쓸 도시가 없는데 말이다. 그러니까 4대강 사업이 내세우는 '청정 수원 확보'는 거짓말이고, 4대강 사업은 '운하가 아니면 목적이 없는 사업'이라는 비난을 듣는 것이다.

부산이나 대구에 비한다면 수도권은 물에 대해선 축복을 받은 지역이다. 한강이 워낙 수량이 풍부하기 때문에 정부 당국자들은 "한강은 수질만 관리하면 되고 수량은 걱정할 필요가 없다"고 전부터 입버릇처럼 말해 왔다. 따라서 관건은 한강 상류지역을 어떻게 관리하는가 하는 문제다. 노태우 정부 이래 역대 정부가 수도권 2000만 명의 식수원食水源인 팔당호의 수질을 보호하기 위해 노력을 기울여 온 것도 바로 이 때문이고, 그로 인해 경기도 광주, 남양주, 양평 등지에는 엄격한 토지이용 규제가 가해졌다.

한반도 대운하 공약이 나돌 때에 경기도 동부 지역에는 운하가 개통되어 배가 다니면 어차피 팔당호에선 취수를 하지 못하니까 상수원 규제가 풀릴 것이라는 말이 있었다. 운하가 생겨서 남한강에 배가 다니면 수도권 취수원은 북한강으로 옮길 수밖에 없고, 그러면 상수원 보호지역으로 묶여 있는 남한강 주변지역은 규제에서 풀릴 것이라는 이야기다. 그럴싸한 이야기 같지만 이것이 백일몽白日夢임은 이미 입증된 바 있다.

돈만 들이면 경기도 하남시 배알미동에 있는 수자원공사의 팔당 취수장수도권 광역상수도에 원수를 공급한다도 북한강 상류나 소양강댐 상류로 옮길 수 있다. 하지만 문제는 다음에 있다. 북한강 수계가 수도권 2000만 명 인구에 물을 공급할 수 있나 하는 점이다. 이 문제는 김대중 정부 초기에 다루어진 적이 있다.

1997년 대선에서 당시 김대중 국민회의 후보는 "그린벨트를 해제하고 팔당 상수원 지역의 규제를 완화하겠다"고 공약했다. DJ의 그러한 공약은 환경을 내세웠던 국민회의의 기존 입장과는 판이하게 다른 것이었다. DJ는 취약지역인 수도권 주변지역과 경기도 동부 지역의 표를 의식했던 것이다. 대통령에 취임하자 그린벨트를 해제하기 위한 작업이 진행되었다.

팔당 주변 지자체들은 여기에 편승해서 상수원 규제를 완화해 줄 것을 요청했다. 그린벨트를 해제한다고 해서 당장 대기가 나빠지지는 않지만 상수원 지역에 대한 규제를 풀면 팔당 수질이 나빠질 것은 불을 보듯 뻔했기 때문에 DJ 정부는 고민을 하지 않을 수 없었다. 그러던 중 어떤 사람이 국민회의 정책의장에게 솔깃한 아이디어를 전했던 모양이다. 식수食水 댐을 별도로 세워서 수도권에 먹는 물을 공급하면 해결된다는 것이다.

1998년 9월 24일, 여당의 정책위원장은 김대중 대통령에게 팔당 상류에 식수전용 댐을 5~7개 만들어서 대형 송수관을 통해서 식수를 공급한다는 획기적인 정책을 보고했다. 이 보도가 나오자 환경단체가 비난 성명을 냈고, 조선일보는 그것이 얼마나 황당한 발상인가를 지적하는 한삼희 환경전문 기자의 기사를 내보냈다. 9월 26일자 조선일조 사설-'현실성 없는 식수 댐 발상'-은 그야말로 '자비의 일격'을 가해서 그 아이디어는 없던 것으로 됐고, 국민회의 정책의장은 대통령에게 질책을 당했다.

내가 쓴 9월 26일자 조선일보 사설은 "도무지 팔당댐 상류에 댐을 여러 개 세울 만한 적지適地가 어디 있으며", 또한 "취수원을 소양강댐으로 옮기려는 발상도 북한강의 수량이 2000만 명에게 물을 공급할 수 없어서 허황된 것"이며, "취수원을 자꾸 상류로 옮기는 것은 강을 포기하는 것"이라는 내용을 담았다. 당시 다른 신문은 조선일보 같은 '환경 필진'을 갖고 있지 않아서 환경과 물 문제에 관한 조선일보의 영향력은 절대적이었다.

이 사건을 계기로 김대중 정부는 상수원 지역 규제완화를 포기하고, 그 대신 규제는 강화하되 하류지역에서 물이용 부담금을 걷어서 상류지역에 지원하는 내용을 담은 상수원보호특별법을 제정하기로 했다. 이렇게 해서 그해 연말 한강수질법이 제정됐고, 이어서 낙동강 등 다른 유역에도 유사한 내용을 담은 특별법이 제정됐다. 상수원 특별법은 김영삼 정부 말부터 환경부가 추진해 왔던 것인데, 이런 기복起伏을 거쳐서 제정된 것이다.

되돌아보면 '식수전용 댐 건설'이니 '소양강댐 취수'니 하는 돈키호테 식 발상을 갖고 권력의 주변을 맴도는 라스푸틴은 어느 정부에나 있는 것 같다. 최고 정책결정자가 식견을 갖고 있고, 건전한 전문가 집단이 존재하며, 비판적인 언론이 있으면 그런 발상은 설 땅이 없다. '대운하'니 '4대강 사업'이니 하는 황당한 발상이 발호跋扈하는 것은, 그런 장치가 완전히 고장 났기 때문이다.

남한강을 다녀오다

텍사스 샌안토니오의 리버워크는
시냇물이 흐르는 정도라 건너편이 코가 닿을 거리에 불과한데,
광활한 남한강을 리버워크에 비유한 인간은
정신병자가 아니면 그 무엇이겠는가.
2010년 1월 11일

4대강 소송을 준비하는 변호사, 교수, 시민운동가들과 함께 남한강의 3개 보이포·여주·강천 보 건설 현장을 훑어볼 기회가 있었다. 중장비 몇 대가 추운 날씨에도 불구하고 부지런히 오고 가면서 흙을 파내고 있었다. 도무지 상상할 수 없는 일이 눈앞에서 벌어지는 것이다.

일행 중 한 사람이 최근 무슨 학회지에 어느 사람이 4대강 사업을 텍사스 샌안토니오의 '리버워크'River Walk에 비교한 논문을 실은 것을 보았다고 해서 웃고 말았다. 거의 30년 전 미국 유학시절에 샌안토니오San Antonio의 앨라모 요새Alamo fortress. 영화 '앨라모'로 잘 알려져 있다를 구경하고 나서 근처의 호텔과 카페가 모여 있는 '리버

워크'를 걸어 본 적이 있다. '리버워크'는 시냇물이 흐르는 정도라서 건너편이 그야말로 코가 닿을 거리에 불과한데, 광활한 남한강을 '리버워크'에 비유한 그 인간은 정신병자가 아니면 그 무엇이 겠는가.

갈수기이기 때문에 남한강의 수량은 많지 않았다. 하지만 여주는 남한강 수계에서 홍수에 취약한 도시이다. 1990년 대홍수 때 여주는 큰 피해를 입었고, 이를 계기로 충주댐 상류인 영월에 댐_{동강댐}을 세우기로 했지만 많은 논쟁 끝에 동강댐은 세우지 않기로 했다. 동강댐 건설 계획을 취소하자 여주 시가 반발했던 것도 그런 사정을 잘 보여준다. 그 후에도 여주는 몇 번의 홍수 때 침수 위협에 시달렸다. 정부는 여주에 보를 세 곳 세우고 홍수 때 물을 가두는 저류지를 만들면 홍수에 대처할 수 있다고 한다. 하지만 이런 주장에 동의할 사람이 과연 몇이나 있을까?

여주 지역에 보를 세 개나 세우는 이유는 운하건설이 아니면 이해가 되지 않는다. 물난리를 겪어 본 여주 주민들은 댐은 상류에 세워야지 하류에 세우면 오히려 홍수 때 수위가 올라가지 않겠나 하는 생각을 하고 있다. 차라리 저런 무지막지한 공사를 할 돈으로 침수위험 지대의 주민들을 고지대로 집단 이주시키는 게 훨씬 낫지 않겠나 하는 생각이 들었다.

동강댐을 둘러싼 논쟁이 한창일 때 건교부와 수자원공사는 "남한강 하류 홍수를 예방하는 방법은 상류에 큰 규모의 댐을 세우는 것이 유일하다"고 주장했다. 이에 대해 시민단체들이 대안으로 "작은 규모의 댐을 여러 개 세우자"고 했는데, 건교부 산하 연구원의 전문가들과 수자원공사는 "고만고만한 댐을 여러 개 세워 보았자 치수와 이수에 도움이 되지 않는다"고 반박했다. 이런 반박에 시민단체들은 아무런 말도 하지 못했다.

건교부는 댐 주변 지역 주민들을 회유하기 위해 "동강댐 주변에 대규모 위락단지를 조성하겠다"고 약속하기도 했다. 그러나 결국은 자연경관과 생태계를 지키는 것이 더 중요하다고 판단한 김대중 정부는 동강댐을 건설하지 않기로 했다.

동강댐 건설계획을 취소하게 된 데는 언론의 역할이 컸다. 조선일보도 몇 번에 걸쳐 현지 취재기사를 내보냈다. 동강 계곡의 칼라 사진을 한 페이지 전체에 내보내기도 했는데, 참으로 잘 찍은 자연경관 사진이었다. "동강 지역의 역사성과 자연생태계를 과연 그대로 수몰시켜야 하겠냐"는 논조의 1998년 7월 13일자 〈만물상〉 칼럼과, 건교부의 위락시설 발상을 혹독하게 비판한 같은 해 11월 3일자 사설 – '동강에 위락단지라니' – 은 내가 쓴 것이다.

두물머리와 북한강변을 다녀오다

《분노의 포도》는 '순교'와 '신(神)의 분노'를 상징하는 것이다.
무모하고 불법적인 4대강 사업으로 인해 4대강 하천변 곳곳에서
한국판 '분노의 포도' 사태가 발생하지 않을까 한다.

2010년 2월 21일

천주교와 불교에 뒤이어 개신교에서도 4대강 사업에 반대하는 목소리가 커지고 있다. 기독교 장로회 생태공동체 운동본부^{공동집행위원장, 윤인중 목사} 소속 목사님들이 남양주군 조안면 송촌리 북한강변에서 4대강 사업 저지를 위한 릴레이 금식기도를 펼치고 있다. 2월 17일에 시작된 이 금식기도는 4월 4일 부활절까지 계속될 것인데, 기독교인들에게 이 기간은 '4순절'이다.

지난 토요일^{2010년 2월 20일} 늦은 저녁에 잠시 찾았던 금식기도 현장은 북한강변 하천부지에 자리 잡은 컨테이너였다. 금식기도회의 규모가 교세를 자랑하는 듯이 여겨지는 요즘의 세태와는 동떨어진 현장이었다.

'생명의 강 지키기 운동'을 이끌고 계신 조영희 목사가 있었고, 잠시 후 인근 영진교회 김선구 목사가 도착했다. 컨테이너에서 멀지 않은 높은 지대에 기도 장소를 마련해서 릴레이로 철야 금식기도를 하고, 컨테이너에서는 신자들과 같이 기도를 하는 방식으로 진행되고 있었다. 46명의 목사님과 200여 명의 신자가 4월 4일 부활절까지 계속될 이 기도회에 참여할 예정이라고 했다.

남한강과 북한강이 만나는 두물머리에선 윤종일 신부 등 천주교 신부들의 릴레이 단식기도가 벌써 40여 일째 이어져 오고 있다. 2월 17일부터는 매일 오후 3시에 4대강을 지키기 위한 야외미사가 열리고 있다. 2월 20일 미사는 천주교 서울대교구 환경사목위원회의 조해붕 신부가 집전을 했다. 남한강 위쪽에선 중장비가 강바닥을 마구 파헤치고 있고, 강 아래에선 이에 반대하는 신부님들과 목사님들의 간절한 기도가 이어지고 있는 것이다.

한편 2월 22~23일 이틀간으로 예정된 토지 측량을 앞둔 유기농 대책위원회에는 긴장이 감돌았다. 많은 농민들이 지난번의 1차 측량 때 공무원들과 충돌을 빚어 불구속 기소가 되어 있는 상태에서 또 다시 충돌이 있으면 구속 사태가 발생할 수도 있기 때문이다.

자전거 도로와 유기농가

두물머리와 조안면 등 북한강변의 유기농가는 대부분 하천부지에 자리 잡고 있다. 하천부지는 국유이며, 국가하천관리청는 5~10년

기간으로 하천점용 허가를 내어주고, 허가를 받은 사람은 일정한 점용료를 국가에 납부하고 허가 조건에 따라 사용을 한다. 기간을 정해서 허가를 주기 때문에 기간이 지나면 이론적으로 하천관리청은 기간 연장을 거부할 수도 있고, 허가 내용을 변경할 수도 있다.

그러나 이미 수차례 기간 연장을 통해 오랫동안 합법적으로 평온하게 하천부지에서 농사를 지어오고 있는 농민들은 특별한 이유가 없는 한 농사를 계속할 수 있을 것이라는 신뢰를 갖게 된다. 행정청은 이런 신뢰를 함부로 파괴해서는 안 되는데, 이를 '행정상 신뢰보호 원칙'이라고 한다. 법은 하천점용 허가를 특별한 공익상 사유가 있는 경우에 한해서 취소할 수 있다고 규정해서 행정청의 직권남용을 제한하고 있다.

국토해양부가 두물머리와 조안면 등지의 유기농가에 대해 하천점용 허가를 취소하고 보상을 하겠다고 나서는 것도 유기농가들이 갖고 있는 점용권이 함부로 취소할 수 없는 것임을 보여 주는 것이다. 정부는 '보상'이란 당근을 던져서 사업을 추진하려고 하나, 사실 그 '보상'이란 것도 국민이 낸 세금이다. 국민의 2/3가 반대하는 사업을 이렇게 무리하게 추진하면서 국민이 낸 세금을 대단한 보너스나 되는 양 보상금으로 내어 놓는 것이다.

유기농민들이 갖고 있는 불만은 그들에게 주어질 보상이 충분한가 아닌가 하는 것이 아니다. 이들은 대통령 후보와 도지사 후보 시절에 그들을 찾아와서 같이 사진을 찍고, 그런 자신을 '친환경 후보'로 내세운 이명박 대통령과 김문수 지사의 위선에 대해 분노하는 것이다. 이들은 자신들을 생업의 현장으로부터 몰아내는 이유가 그 알량한 자전거 도로 건설 때문이라는 데 특히 분노하고 있다.

1930년대 미국 중서부의 황폐한 농촌을 그린 존 스타인벡의 《분노의 포도The Grapes of Wrath》라는 소설이 있다. 여기서 말하는 '포도'가 포장도로인지 과일 포도인지를 둘러싼 '논쟁 아닌 논쟁'으로도 유명한 소설이다. 물론 여기서의 '포도'는 과일 포도를 의미한다. 포도가 나지 않는 미국 중서부를 무대로 한 소설에 '포도'가 나오니까 그런 오해가 나오는 것인데, 당시 미국 농촌의 도로는 대개 비포장이었기 때문에 '포장도로'라는 해석은 우스운 것이다.

《분노의 포도》는 성경에서 말하는 '순교'의 의미를 가진 것으로 알려져 있다. 《분노의 포도》는 십자가를 지고 수난의 길을 가시는 예수님의 마지막을 상징한다는 해석도 있다. 《분노의 포도》는 포도를 밟고 가는 것이고, 그러면 길바닥은 핏자국으로 점철되는 형상을 띠게 된다. 《분노의 포도》는 '순교'와 '신神의 분노'를 상징하는 것이다. 당시 미국 중서부를 휩쓸었던 거대한 먼지 폭풍으로 황폐해진 농촌을 떠나 이리저리 떠돌아야만 했던 이농민들의 '분노'를 존 스타인벡은 그렇게 전했던 것이다.

무모하고 불법적인 4대강 사업으로 인해 4대강 하천변 곳곳에서 한국판 '분노의 포도' 사태가 발생하지 않을까 한다.

영산강을 다녀오다

1000년 된 은행나무 살리기 투쟁으로 유명한
'북한산 털보' 차준엽이 나와 동행했는데, 4대강 사업의 현장을 보고 난 그는
"나무 한 그루 살리기 위해 단식까지 했던 지난날의 자신이
우스워진다"고 씁쓸해 했다.
2010년 3월 8일

2010년 3월 4일부터 3일간 천주교 광주대교구 정의평화위원회 위원장, 김재학 신부와 '영산강 지키기 시민행동 모임'이 공동주최한 '생명의 강, 영산강 도보순례'에 참여하고 왔다. 도보순례는 4대강 사업을 저지하기 위해 전남-광주 지역에서 벌인 열흘간의 행사였는데, 2월 25일 목포 영산강 하구언에서 출발해서 3월 6일 담양 관방제림官防堤林에서 끝이 났다.

나는 3월 4일에 나주시 노안면 승천보 공사현장에서 합류해서 3일간을 같이 했다. 승천보 공사현장도 그 모습은 남한강 현장과 다를 것이 없었다. "참혹하고 황당하다"는 말밖에 나올 것이 없는 현장이었다.

순례에 참여한 현지 스님^{광주 무등산 원효사}이 "두 눈으로 보니 정말 믿을 수가 없다"고 참담한 심정을 피력했다. "공사 때문에 농사를 그만 두게 됐다"는 인근 농민의 수위 높은 발언이 있었고, 강의 생명체들이 악귀들에 의해 죽어 가는 모습을 그린 전통무용 이벤트가 있었다. 추적추적 비가 내렸지만 곽정숙 의원^{민노당} 등 꽤 많은 사람들이 행사에 참석했고, 광주 MBC는 저녁 9시 뉴스에 이 행사를 소개했다.

4일 저녁에는 광주 오치동 성당에서 강연을 했다. 50명 정도나 참여할까 생각했는데, 큰 성당의 1층이 거의 차서 참가인원이 300명도 넘을 것 같았다. 운하, 댐과 보, 4대강 사업의 허구성, 심각한 자연파괴와 그 불법성 등을 한 시간에 걸쳐 이야기했는데, 저녁 늦은 시간임에도 불구하고 참여한 신자들의 열의를 느낄 수 있었다.

5일에는 종일 광주시내의 영산강변을 계속 걸었다. 시튼 수녀원의 수녀님들과 예비수녀님들이 많이 참석해서 순례단을 빛냈다. 6일에는 담양군의 하천습지 보전 지역을 관통해서 순례의 종착점인 담양읍 관방제림에 도착했다. 간단한 해산의식을 갖고 4대강 저지의 결의를 다졌다. 내가 보기에도 영산강의 문제는 상류의 축산시설이었다. 하천 주변에 거대한 소똥이 동산을 이루고 있는 모습을 종종 볼 수 있었다.

사흘 동안의 도보순례 기간 동안 머물렀던 나주 노안^{老安} 성당에서 밤늦도록 여러 신부님들과 담소했던 일, 각별하게 후의를 베풀어 준 오치동 성당의 허우영 신부 등 순례 중 성직자들과 가졌던 시간은 소중한 추억이 될 것이다. 노안 성당은 100년 전에 세워진 건물로 문화재로 지정되어 있는데, 성당 건물과 정원, 그리고 병풍처럼 둘러친 나지막한 뒷산은 하나의 예술이었다. 1990년대 초 1000년 된 은행나무 살리기 투쟁으로 유명한 '북한산 털보' 차준엽 씨가 나와 동행했는데, 4대강 사업의 현장을 보고 난 그는 "나무 한 그루 살리기 위해 단식까지 했던 지난날의 자신이 우스워진다"고 쓸쓸해 했다.

허드슨 강의 교훈

미국 환경보호처가 허드슨 강을 준설하기까지 20년 이상을 연구하고 고민했다면
적어도 우리는 5년은 연구하고 고민했어야 하는 것이 아닌가.
그러나 이미 정부와 수자원공사는 강바닥을 열어 젖혔다.
'판도라의 상자'를 겁도 없이 열어 버린 것이다.

2010년 2월 4일

허드슨 강은 뉴욕 북부의 산간지역에서 발원해서 허드슨 밸리
Hudson Valley를 지나서 뉴욕 시를 거쳐 대서양으로 흘러 들어간다.
허드슨 강은 뉴욕에 물을 공급하고 있어 미국 제1의 도시의 생명
줄과 같다. 이런 허드슨 강은 환경법과 환경정책에 있어서 중요한
의미가 있는 두 사건의 무대가 됐다.

발전소 건설 취소 소송

첫째는 1960년대에 에디슨 전력회사가 상류인 스톰킹 Storm King
지점에 양수揚水 댐을 세우려고 하였던 사건이다. 에디슨 전력회사
가 경관이 뛰어난 이 지역에 발전용 댐을 건설하려 하자 이 지역

을 좋아했던 사람들이 반대 운동을 일으켰고, 이에 맨해튼의 변호사들이 가담했다. 이들은 '허드슨 강을 보존하기 위한 모임'이란 임의단체를 만들어서 발전소 건설을 허가하는 데 반대했다. 당시에는 환경영향평가제도를 도입한 국가환경정책법NEPA이 제정되기 전이라서 연방전력위원회는 행정절차법에 의해 청문회만 열면 되었다. 연방전력위원회는 결국 발전소 건설허가를 내어주었다. '허드슨 강을 보존하기 위한 모임'은 연방전력위원회가 발전소 건설허가를 내어줄 때 다른 대안을 충분히 검토하지 않았다는 이유로 연방항소법원에 소송을 제기했다.

연방전력위원회는 "'허드슨 강을 보존하기 위한 모임'이 소송을 제기할 원고 적격適格이 없다"고 주장했다. "이 모임의 회원들은 발전소가 세워진다고 해도 그들의 경제적 이익이 침해되는 바가 없다"는 주장이었다. 그러나 연방항소법원의 헤이스 판사는 연방정부의 이런 주장에 동의하지 않았다. 헤이스 판사는 "발전소가 건설된 스톰킹 지역은 경관적으로나 역사적으로 중요한 곳이며, 발전소가 건설됨에 따라 발생하는 미적美的, 보존적 및 레크리에이션 가치의 변화에 대해 공공적 이해public interest를 갖고 있는 사람은 연방전력법에서 말하는 '영향을 입을 수 있는 당사자'라고 보아야 한다"면서, '허드슨 강을 보존하기 위한 모임'의 당사자 적격을 인정했다Scenic Hudson Preservation Conference v. Federal Power Commission, 354 F. 2d 608 2nd Cir. 1966. 연방대법원은 연방전력위원회의 상고를 기각했다.

이 판결은 미국 환경법의 효시로 평가된다. 그것은 이 판결이 환경생태 문제에 대해 소송을 제기할 수 있는 원고 적격을 토지소유자 같은 경제적 이해관계자에서 경관적, 미적 및 레크리에이션 가치를 추구하는 사람들로 확대시켰기 때문이다. 물론 이 판결은 환경단체라고 해서 그 자체의 지위에서 소송을 제기할 수 있다고 하지는 않았다. 그러나 해당 지역의 자연과 경관을 아끼고 향수享受했던 사람들이 자연에 대해 갖고 있는 가치도 법에 의하여 보호되어야 하는 가치이며, 따라서 그런 사람들도 행정소송의 원고가 될 수 있다고 한 것이다.

이 판결에 따라서 연방전력위원회는 청문절차를 다시 하였고, 이에 대해서 또 소송이 제기되어 발전소 허가 절차는 지연되었다. 1970년대 들어 환경문제에 대한 인식이 달라지자 여론은 에디슨 전력회사에 불리하게 돌아갔고, 1980년에 에디슨 발전회사는 스톰킹 계획을 포기했다.

나는 현재 진행 중인 4대강 소송을 담당하고 있는 재판부가 '허드슨 강을 보존하기 위한 모임'에 원고 적격을 인정한 역사적 판결을 참조할 것을 촉구하고자 한다.

PCB 오염과 퇴적물 준설

허드슨 강이 우리나라 4대강 사업에 주는 또 다른 교훈은 PCB에 오염된 하천 퇴적물 준설의 경우다. 허드슨 강 상류인 뉴욕 주의 주도 올버니Albany 북쪽 50마일에 위치한 제너럴 일렉트릭GE의

절연체 제조공장이 1947년부터 1977년까지 9만 5000톤의 PCB를 허드슨 강에 배출했던 것으로 밝혀졌다. 이 사실이 밝혀지자 1977년에 뉴욕 주정부는 허드슨 상류지역에서 일체의 어로漁撈를 금지시켰다.

1980년에 슈퍼펀드법이라고 불리는 종합환경책임대응법CER-CLA이 제정되자, 환경보호처EPA는 1983년에 이 법에 근거해서 200마일에 달하는 허드슨 강 지대를 슈퍼펀드 지점Superfund site으로 지정했다. 이에 GE는 PCB 오염을 정화하기 위한 모든 비용을 부담해야만 했다. 하지만 강 아래 깔려 있는 퇴적물에 섞인 PCB를 섣불리 제거하겠다고 나서면 더 큰 재앙이 발생할 수 있기 때문에 환경보호처와 GE는 많은 연구를 해야만 했다.

2009년 5월이 돼서야 GE는 PCB에 오염된 퇴적물을 준설하기 시작했다. 2009년 11월까지 진행된 1단계 준설에서 GE는 30만 입방야드를 준설했다. 오염된 퇴적층은 사전에 예상했던 것보다 더 깊었고, PCB 농도가 예상보다 높았던 지역에선 보다 많은 연구를 위해 준설을 하지 않았다. 1단계 준설에서 준설한 분량은 계획된 준설량의 10%이며, 향후 6년에 걸쳐서 계속될 예정으로 있다.

1단계 작업 중 12개의 준설장비가 동원됐으며, 준설작업은 인공위성과 연결된 컴퓨터를 이용해서 진행되었다. 500명 이상의 인원이 동원되어 하루 24시간 작업을 했고, 준설된 퇴적물은 81량 화물열차에 실려서 텍사스 주에 있는 처분장으로 보내졌다. 준설을 해서 파헤쳐진 강바닥에는 15만 톤의 건강한 토사가 투입될 예정이다.

　정부와 수자원공사가 허드슨 강 준설로부터 배울 수 있는 교훈이 하나 있는데, 그것은 이들이 이제 빠져 나올 수 없는 수렁에 빠졌다는 것이다. 정부는 4대강 사업을 하여야 하는 이유의 하나로 강바닥에 퇴적물이 오염되어서 준설해야 한다고 주장했다. 하지만 환경부는 "강바닥은 그다지 오염되지 않았다"고 결론을 내렸기 때문에 "퇴적물을 걷어내기 위해 준설을 해야 한다"는 정부의 논리는 설득력이 없었다. 물론 환경부가 한 조사는 강바닥 표면을 주로 조사한 것이지 강 아래 깊은 토양을 조사했던 것은 아닐 것이다. 환경부가 조사한 하천토양은 오염된 토양 위에 좋은 토양이 퇴적되어 '자연적으로 회복된naturally recovered' 강바닥에서 나온 것임이 틀림없다. 그러나 이제는 낙동강 바닥이 추한 모습을 드러냈다. 심하게 오염된 퇴적토가 다량으로 나오고 있기 때문이다.

　PCB를 의도적으로 투기했던 것으로 밝혀진 허드슨 강의 경우가 낙동강의 경우와 똑같을 수는 없다. 하지만 상류 내륙지역에 공업단지가 많아서 환경규제가 본격화되기 전에 많은 공장폐수가 방류되었던 것이 바로 낙동강의 사정이다. 미국 환경보호처가 허드슨 강을 준설하기까지 20년 이상을 연구하고 고민했다면 적어

도 우리는 5년은 연구하고 고민했어야 하는 것이 아닌가. 그러나
이미 정부와 수자원공사는 강바닥을 열어 젖혔다. '판도라의 상
자'를 겁도 없이 열어 버린 것이다.

대한변협 '4대강 토론회' 취소 사건

문제는 대한민국의 법학교수나 변호사로서 4대강 사업이 적법하다고 주장할 사람이 한 명도 없다는 것이다. 그래서 변협은 찬성 토론자를 한 명밖에 구하지 못한 것이다. 그러나 일단 초청장이 나가고 행사가 시작됐으면 그대로 진행되어야 하는 법이다. 행사 도중에 황급하게 다음 날 일정을 취소하는 것은 우스운 행위다.

2010년 2월 24일

대한변호사협회가 지난2010년 2월 22~23일간 청주 라마다 호텔에서 개최한 인권환경대회에서 '4대강 분과'를 하루 전에 취소한 사건은 웃어넘길 일이 아니다. 변협은 4대강 찬성 토론자가 한 명이고 반대 토론자가 두 명이라는 이유로 하루 전날 4대강을 다루기로 한 세션 자체를 취소해 버린 것이다. 우리나라 변호사들이 전부 가입해 있는 대한변협에서 치졸하고 석연치 않은 조치를 취한 것이다. 도무지 세계 어느 나라의 변호사 협회가 이런 황당한 일을 저지르겠는가.

대한변협은 매년 변호사 대회를 여는데, 이번에는 인권환경대회를 별도로 연 것이다. 행사를 조직한 준비 위원회는 환경 이슈 중에서는 기후변화와 4대강이 중요하다고 했을 것이다. 변협이 인권환경대회를 열기로 한 시점은 작년2009년 11월로 알고 있다. 11월 26일, 4대강 사업을 저지하기 위한 소송을 제기한 직후에 대학 선배인 김성수 변호사가 전화를 주셨다. 이런 행사에 환경분과가 있는데, 4대강 분야에선 안병옥 전 환경운동연합 사무총장이 발표할 예정이니 토론자로서 발표를 해달라고 부탁하셨다. 나는 동의했는데, 그러면서도 정부를 지지하는 토론자가 법대 교수나 변호사 중에서 나올 수 있을까 하고 의아해 했다. 1월 중순에 다른 토론자 명단을 알게 되었고, 2월 초에 발표자 논문을 보내주었다. 나는 토론요지를 대회 열흘 전에 보냈다.

나 외의 토론자는 박오순 변호사와 인하대 김계현 교수였다. 평소 환경에 관심이 많은 박오순 변호사는 4대강 사업의 법절차 위반 등을 지적했다. 김계현 교수는 정부의 입장을 지지하는 토론요지를 제출했다. 김 교수는 2007년 대선 때 MB 캠프에 있었고, 그런 연유로 한국수자원공사 사외이사가 된 인물이다.

문제는 대한민국의 법학교수나 변호사로서 4대강 사업이 적법하다고 주장할 사람이 한 명도 없다는 것이다. 그래서 변협은 찬성 토론자를 한 명밖에 구하지 못한 것이다. 그러나 일단 초청장이 나가고 행사가 시작됐으면 그대로 진행되어야 하는 법이다. 행사 도중에 황급하게 다음 날 일정을 취소하는 것은 우스운 행위다.

내가 4대강 분과가 취소됐다는 연락을 받은 것은 2월 22일 월요일 오후 1시경이다. 김성수 변호사가 전화를 했는데, "아침에 청주 현지에서 이사회를 해서 취소하기로 했으니까 내일 쉬셔도 되겠으며, 상세한 이야기는 다음에 기회가 있을 것"이라 하셨다. 김성수 변호사는 환경과 에너지 분야에 관심이 많으신 분이고 나도 개인적으로 알고 있는 분이라서 그 분의 속마음을 알 수 있었고, 그래서 그냥 웃고 말았다. 얼마 후 변협 임원 한 분이 또 나에게 전화를 해서 "죄송하고 자신도 어처구니없다"고 했다.

월요일 오후 2시까지만 해도 서울의 변협 사무실에선 이런 상황을 전혀 모르고 있었다. 상식적으로 보더라도, 행사 전날 취소한다는 것은 납득이 안 가는 것이다. 정말 그날 아침에 청주에서 변협이 이사회를 했는지, 김평우 변협회장이 단독으로 결정했는지, 또는 그것이 자체 결정이었는지 또는 외부 압력이 있었는지는 알 수 없다. 그 원인이 무엇이든 대한변협이 이런 일을 저지른 것 자체가 심각한 일이다.

대한변협은 변호사 등록심사를 하고, 변호사를 징계하는 권한이 있다. 법에 의해서 이 같은 규율권을 행사하는 공공조직이다. 그런 조직이 상식에 벗어나는 짓을 저지른 것이다. 이번 일은 4대강 분과의 발표자와 토론자들만의 문제가 아니다. 이번 행사에 참석했던 변호사들만의 문제도 아니다. 그것은 우리나라 전체 변호사의 문제이고, 더 나아가 변호사를 신뢰해야 하는 우리 국민의 문제다. 이런 몰상식한 일을 하는 변협이 어떻게 변호사 윤리를 지킬 것인지 생각해 보아야 한다.

4대강의 '진실'이
그렇게 두려운가?

남한강 주변의 자연파괴, 낙동강 오염 퇴적토 문제,
함안보 침수 우려 등 일련의 4대강 사태에 대해
전혀 보도를 하지 않은 신문이 '가처분 신청 기각'을
크게 다룬 것을 보고 나는 그만 웃고 말았다.

2010년 3월 14일

지난 한 주일 2010년 3월 8일~13일 동안 '4대강'과 관련해서 많은 일이 있었다. 월요일에는 천주교 사제단이 4대강 사업의 중단을 요구하는 선언을 했다. 주교님 다섯 분을 포함해서 1100명이 넘는 사제司祭가 이 선언에 서명을 했다. 그리고 주교회의가 열렸는데, 금요일에 주교회의는 "4대강 사업이 생명과 환경을 해치는 심각한 일"이라는 결론을 내렸다. 천주교의 정식기구가 공식적 의견으로 정부 정책에 정면으로 반대하고 나선 것은 세계 천주교 역사에도 드물게 있는 획기적인 일이다.

이른바 '보수신문'들은 법정 스님의 입적 소식으로 천주교 주교회의의 발표를 덮어 버렸다. 하지만 그들이 그렇게 높이 사는 법정 스님도 "4대강 사업은 대재앙으로 반드시 막아야 한다"고 지적하셨다는 사실은 다른 매체서만 볼 수 있는 뉴스다. 한편 조계종은 봉은사를 총무원의 직할사찰로 변경하는 조치를 취했다. 이런 조치가 봉은사 주지이신 명진 스님을 타깃으로 한 것임은 너무나 분명하다. 현 정권에 대해 직설적으로 쓴소리를 하신 명진 스님은 국민소송단의 고문을 맡고 계시다.

작년2009년 11월 '4대강 국민소송'을 준비하면서 종교계 중진 몇 분을 고문으로 모시기로 했다. 불교에서 환경에 많은 관심을 가지신 스님으로는 수경, 법륜, 도법 스님 등이 계시지만 우리 중 누군가가 명진 스님 같은 분을 모시는 것이 폭을 넓히는 의미가 있지 않겠냐는 의견을 냈다. 그래서 나는 봉은사에 면담을 신청해서 한 번도 뵌 적이 없는 명진 스님을 찾아뵈었는데, 스님은 나의 부탁을 그 자리에서 흔쾌히 받아주셨다.

거의 같은 시기에 나는 이원영 교수와 함께 천주교 수원 교구장을 지내신 최덕기 주교님을 의왕 나자로 마을로 찾아뵈었다. 우리는 4대강 소송을 설명해 드리고 최 주교님께는 고문을 맡아주시기를 부탁드렸는데, 주교님도 우리의 부탁을 흔쾌히 들어주셨다.

최덕기 주교님과 명진 스님이 고문이 되어 주신 것은 국민소송단에게 큰 힘이 되었다. 천주교 사제단 선언에는 최덕기 주교님뿐 아니라 현재 수원교구장이신 이용훈 주교님도 서명을 하셨고, 그런 탓인지 다른 교구에 비해 수원 교구 신부님들이 많이 참여했다.

금요일 오후에 서울행정법원은 국민소송단이 낸 가처분 신청을 기각했다. 원래 가처분 신청은 받아들여지기가 어려운 것이지만, 그럼에도 이번 사안은 가처분이 아니면 효율적인 구제를 받기 어려운 것이라서 기대를 걸었지만 무위無爲에 그치고 말았다.

4대강 사건 같은 환경소송의 경우는 자연환경에 대한 피해는 크지만 어느 특정인이 자신의 법익을 침해당했다고 주장하는 데 무리가 있기 때문에 미국 등 선진국에선 피해자의 법익을 보다 너그럽게 해석해서 판결을 한다. 나는 재판부가 그런 전향적 자세를 갖고 판단을 해주기를 기대했던 것이 사실이다.

천주교 사제단 선언, 주교회의 결정 등 많은 일이 한주일 동안 있었는데 친정부 성향의 이른바 '보수신문'들은 이를 전혀 보도하지 않았다. 그러다가 금요일 오후에 서울행정법원의 판결이 나오자 그 판결만은 큼직하게 보도했다. 남한강 주변의 자연파괴, 낙동강 오염 퇴적토 문제, 함안보 침수 우려 등 일련의 4대강 사태에 대해 전혀 보도를 하지 않은 신문이 '가처분 신청 기각'을 크게 다룬 것을 보고 나는 그만 웃고 말았다. 그들은 이미 언론이기를 포기했다고 생각되어 웃고 만 것이다.

'4대강'의 '진실'이 무엇이기에 그들은 그것을 이렇게 숨기고 또 왜곡하는 것일까.

'4대강 사태'는 전문가들의 책임

MB 캠프에서 대운하를 연구하고 자문했던 교수들이
그대로 4대강 사업을 지지하고 있다는 사실도 흥미롭다.
정부는 4대강 사업은 대운하와 아무런 관계가 없다는데, 대운하를 지지했던 교수들이
약속이나 한듯이 4대강 사업을 지지하고 나선 것을 보니 꼴불견이다.

2010년 5월 10일

'4대강 사업'은 국토환경에 대한 '반역'과 같아서 '4대강 사태'라 할 만하다. 이런 황당한 일이 벌어지게 된 데는 여러 가지 원인이 있겠지만, 그 중에도 큰 책임이 있는 집단이 전문가 집단이다. 관련 분야 교수, 전문 공무원 그리고 정부 산하연구소의 전문가들이 평소의 소신을 펴지 못해서 이런 사태가 벌어진 것이다.

'4대강 사업'은 원래 이명박 대통령의 공약도 아니었고 지론도 아니었다. 대통령 후보 시절에 MB는 "운하를 건설하면 국운이 융성한다"고 주장했었다. 운하 구상이 다른 후보들로부터 집중타를 당하자 "물류용 운하가 아니고 관광용 운하"라는 등 말을 자주 바꾸었다. 대통령 당선 후 몇몇 건설회사가 대운하 사업을 기획했으

나 촛불 사태로 인해 MB는 대운하 구상을 접어야만 했다. 그러더니 "강을 하수구인 양 쓰는 나라는 우리밖에 없다"면서 별안간 강을 살리겠다면서 4대강 삽질을 시작했다.

MB 캠프에서 대운하를 연구하고 자문했던 교수들이 그대로 4대강 사업을 지지하고 있다는 사실도 흥미롭다. MB 캠프와 인연을 맺어 한국수자원공사의 임원이 된 교수나 부산지방법원에서 정부 측 증인으로 나와서 4대강 사업의 당위성을 열렬히 홍보한 부산대학교의 신 아무개 교수도 모두 캠프 출신이다. 정부는 4대강 사업은 대운하와 아무런 관계가 없다는데, 대운하를 지지했던 교수들이 약속이나 한듯이 4대강 사업을 지지하고 나선 것을 보니 꼴불견이다.

2000년대 들어서 국토해양부_{당시는 건교부}와 환경부가 하천에 대해 가장 강조했던 슬로건은 '자연친화적 하천관리'였다. 실제로 이 주제를 다룬 연구보고서가 많이 있는데, 그런 것들을 지금 보자면 역시 쓴웃음만 나온다. 2009년 봄만 해도 국토해양부와 환경부의 공무원들은 정말로 하천을 살리는 사업을 하는 줄 알고 꿈에 부푼 구상을 펼쳤었다. 대표적인 경우가 환경부 산하 환경정책평가연구원이 기획한 '4대강 살리기 사업 구상'이다. 환경정책평가연구원의 박사급 연구원 수십 명은 '4대강 살리기'가 하천을 생태적으로 복원하는 사업으로 알고 2009년 5월에 '하천환경포럼 보고서'를 펴냈다. 그것을 읽자면 세상물정을 모르는 그들이 측은 하게 여겨진다. 그리고 몇 달 후에 이들은 4대강 사업에 관한 사전환경성 검토와 환경영향평가를 무더기로 승인해 주었다.

정부 전문가들의 연구발표 사례

다음은 '4대강'이란 이름의 단군 이래 최대의 자연파괴가 이루어지기 불과 몇 달 전까지 정부 전문가들이 강에 대해 어떤 연구를 하고 또 어떤 발표를 했는가를 보여 주는 자료다.

— 건교부 수자원정책 과장이던 노재화는 2004년 6월에 발표한 '한국의 수해예방대책의 현황과 전망'에서 "홍수 피해가 지방 2급 하천에서 집중적으로 일어나고 있다면서, 지자체가 치수사업에 소홀하고 있다"고 질타했다. 그는 "국가하천의 개수율이 97%, 지방 1급 하천은 93%인데 비해 지방 2급 하천은 74%에 불과하다"고 지적했다. 그는 치수사업을 획기적으로 전환할 것을 제안했는데, 구체적으로 "유역 내에서 홍수를 분산방어하고 침수지역을 선택적으로 보호하자"고 했다. "상습 침수지역의 주민이주를 추진하고, 자연적으로 형성된 하도를 보전해서 홍수저류 공간을 확대하며, 하천생태공간 확보를 도모하겠다"고 엄숙하게 선언했다.

— 한국건설기술연구원의 이삼희 연구원은 2006년 12월 23일자 조선일보에 '모래가 있어야 하천이 숨쉰다'는 시론을 발표했다. 이 연구원은 "강마다 댐이나 취수보가 생기고 분별없는 골재

채취가 이뤄지면서 모래톱이 사라지고 있다"면서, "이제부터라도 하천관리는 자연성을 유지하고 회복하는 데 역점을 두어야 한다. 무엇보다도 물길이 자연스럽게 흐르도록 콘크리트나 환경블록 같은 것부터 걷어내야 한다"고 주장했다.

― 한국건설기술연구원의 김규호 연구부장은 〈건설기술정보〉 2007년 4월호에 실린 '바람직한 하천복원으로 가는 길'이란 논문에서 유럽과 미국의 하천복원 사례를 소개하고, 이제는 "인공적인 하천복원이 아닌 자연형 하천으로의 복원을 해야 한다"고 주장했다. 김 부장은 "우리나라의 하천복원사업은 인위적 친수성을 너무 강조하고 있어 또 다른 인공하천을 만들고 있다"고 지적했다. 특히 "자연이 요구하지 않는 인위적 공법과 사업비 투입보다는 유역을 통틀어 홍수류의 완화 대책과 함께 지형학적 하천구역 보전 및 복원을 통한 하도 형태 다양성과 자연 스스로 조성해 나가는 과정을 유도하여야 할 것"이라고 주장했다.

― 환경부 물환경보전과는 2007년에 발표한 '물환경관리정책 추진방향'에서 "우리나라 하천의 목표수질 달성도는 10년 전에 비해 2.5배나 향상되었다"고 평가하고, 향후 물환경관리정책의 추진방향으로 '자연형 하천보전 및 복원을 통한 수생태계 건강성 회복'을 가장 중요한 정책방향으로 들었다. 이를 위해 자연형 하천관리 모델 및 통합지침을 개발할 것으로 주장했는데, 특히 "'아름

다운 자연하천'을 지정해서 보존하고 하천주변의 훼손된 생태계
를 복원할 것"을 강조했다.

— 2009년 2월 25일 '4대강 건강성 회복을 위한 국제학술회의'
에서 당시 환경부 물환경보전 과장이던 이규만은 '국가하천 건강
성 회복을 위한 정책'이란 주제 논문을 발표했다. 그는 "4대강의
수질이 낙동강 물금 취수장 부근을 제외하곤 양호하다"고 판단하
면서, "2009~2012년간의 4대강 살리기 사업을 통해 저류지를 조
성해서 홍수를 예방하고 기능을 다한 보를 철거하고 직강화(直江化)
되어 있는 하천의 모습을 자연 상태로 되돌리겠다"고 말했다. 그
는 특히 "하천 습지 같은 야생동식물의 서식지를 조성하고 인공
구조물을 제거하겠다"고 밝혔다.

4대강 사업에 앞장선 두 전문가

2007년에 김창완 박사가 연구한 결과는 그가 2년 후에 '4대강 사업 마스터플랜'에서 펼친 주장과는 180도 다르다. 정부는 4대강 사업을 통해 하천을 살린다고 하지만, 하천이 진정으로 사는 길은 2007년에 김창완 박사가 한 연구를 따라야 하는 것임은 누가 보아도 분명할 것이다.

2010년 10월 9일

4대강 사업에 앞장선 전문가를 들라면 '4대강 사업 마스터플랜'을 책임지고 작성한 김창완 박사와 4대강 사업추진 본부장을 맡은 심명필 교수를 들어야 할 것이다. 흥미로운 것은 두 사람 모두 얼마 전만 해도 환경친화적인 하천관리를 주장했었다는 사실이다.

물론 학자도 생각이 변할 수 있고 소신도 바뀔 수 있다. 그러나 학자가 생각을 바꾸는 데는 합당한 이유와 나름대로의 논리가 있어야 한다. 그렇지 않고 정부 정책에 협력했다면 "영혼을 팔았다"는 비난을 면키 어렵다.

김창완 전(前) 건설기술연구원 연구위원

'4대강 사업 마스터플랜'의 연구책임자인 한국건설기술연구원의 김창완 박사는 2004년에 '자연친화적 하천정비기법'이란 논문을 발표했다. 건설기술연구원이 2000년부터 추진해온 중점 연구과제를 정리한 이 논문에서 김창완 박사는 "하천과 주변 지역의 자연생태계를 보전하고, 하천주변 내에 다양한 생물 서식공간을 확보하며 지역사회와 연계된 하천관리를 할 것"을 제안했다. 특히 "하천정비는 자연환경을 최대한 훼손하지 않도록 유의하고, 본래의 하천환경 모습에 가깝게 유지되도록 노력해야 하며, 인간에게 친숙한 자연인 하천을 본래의 아름다운 모습으로 다음 세대에 물려주어야 한다"고 주장했다.

그는 특히 "여울, 소沼, 우각호牛角湖, 홍수터 공간의 하도습지 등을 생태계 서식지 및 홍수저류 공간으로 보전하고 복원해서 다양한 동식물이 서식할 수 있도록 하여야 한다"고 강조했다. 김창완 박사의 연구결과는 2004년 9월 1일에 건교부가 발표한 '자연친화적 하천관리 정책방향'에 그대로 반영되었다.

2007년 10월 31일 한국하천학회가 주최한 '하천환경 세미나'에서 김창완 박사는 '하천복원사업의 동향과 나아갈 길'이란 논문을 발표했다. 김창완 박사가 몇 년간 연구한 결과를 집대성한 이 논문의 내용은 대략 다음과 같았다.

"이제는 하천오염을 방지하는 수준을 넘어서 하천을 가급적 자연형으로 복원할 필요가 있다"는 것인데, 그러면서 하천복원의 사례로 미국 플로리다의 키시미 강, 일본 다마가와 강, 그리고 독일의 이자르 강을 들었다.

그는 "자연친화적 하천정비와 복원의 기본원칙으로, 하천이 갖고 있는 역동성을 존중하며, 연속성과 다양성을 보장하고, 하천 개개의 개성을 존중하여야 한다"고 했다.

그는 "하천복원에 있어서 유의할 점은, 하도를 과도하게 수정하거나 획일적 단면으로 계획하지 않으며, 여울과 웅덩이를 보전하며, 양호한 수변림을 보전하고, 중소하천에서는 하상 폭을 가능한 한 넓게 확보하며, 수제부 식생을 보전하거나 복원하고, 저수로를 고착화하지 않으며, 하천 횡단구조물 설치를 최소화해야 한다"고 했다. 김창완 박사는 "국내 하천은 사회적 여건이 허용하는 한 하천복원을 통해 자연형 하천으로 만드는 것이 바람직하다"고 결론을 내렸다.

2007년에 김창완 박사가 한 이 연구결과는 그가 2년 후에 '4대강 사업 마스터플랜'에서 펼친 주장과는 180도 다르다. 정부는 4대강 사업을 통해 하천을 살린다고 하지만, 하천이 진정으로 사는 길은 2007년에 김창완 박사가 한 연구를 따라야 하는 것임은 누가 보아도 분명할 것이다.

2007년 당시에는 김창완 박사의 견해는 우리나라 하천공학자들 사이에서 폭넓은 지지를 받았다. 나도 참석했던 2007년 세미나에는 많은 수자원 학자와 전문가들이 참석했고, 김 박사의 발표에 대해 "그게 아니고, 강바닥을 깊이 파헤치고 높은 콘크리트 댐을 강 본류에 주렁주렁 세워야 하는 것이요"라고 발언한 사람은 없었다.

하지만 불과 2년 후 김창완 박사는 자신의 연구결과를 헌신짝 버리듯이 하고, 괴이한 연구사업의 책임자가 되어 4대강 곳곳에 댐을 세우고 강바닥을 파헤치는 사업의 기획자로 변신하고 말았다. 2009년 가을 '4대강 사업 마스터플랜'이 공표된 직후에 그는 홀연히 건설기술연구원을 그만두었다.

심명필 4대강 사업추진 본부장

4대강 사업의 총대를 멘 책임자는 인하대 심명필 교수다. 4대강 사업추진 본부장이 되기 전에는 일반인에게 그다지 알려진 인물이 아니었다. 여하튼 그의 행로를 보면 재미있는 모습을 알게 된다.

2000년 11월 26일, 당시 낙동강 물이용 민간조사단의 일원이던 심명필 교수는 낙동강에 새로운 댐을 건설해야 하는가 하는 문제에 대해, "주민이 불편을 감수하더라도 현재 물 사용량의 50%만 절감한다면 댐은 자연히 지을 필요가 없어진다"고 말했다. 그는 또한 낙동강 유지용수 증대 방안으로 기존 댐과 저수지 등을 연계운용해서 효율을 극대화하거나 수요관리를 통해 물을 절약하는 방법 등이 논의되고 있다고 설명했다 연합통신 2000년 11월 26일자 기사.

그러나 2002년 9월에 심 교수는 '충주댐과 소양강댐이 있는 한강은 비교적 안전하지만 낙동강은 용수공급이나 홍수조절을 위한 댐이 반드시 필요하다"고 말했다. 심 교수는 "댐은 수자원 확보뿐만 아니라 기상이변에 따른 극심한 홍수문제를 해결할 수 있는 가장 근본적인 방안"이라고 강변했다. 불과 2년 만에 자기 견해를 뒤집은 셈이다.

심명필 교수는 정부가 프론티어 사업으로 막대한 연구비를 들인 '수자원의 지속적 확보기술 개발 사업단'이 추진한 연구사업의 1단계 기획공모 과제인 '지속가능한 하천수 개발 기술' 과제를 주도했다. 3년간2001~2004년 지속된 다른 기획공모 과제와는 달리 심 교수가 관장한 과제는 2차년도2003년에 종료되어서 www.water21.re.kr 에는 1단계 연구사업 결과의 개요만 나와 있다. 그 과제는 성과가 좋지 않아 중단된 것으로 알려져 있다.

1차년도 연구 결과 중 심 교수가 직접 참여한 '고무보의 효율적 제작, 설치, 및 수질정화 방안'은 "고무보는 치수기능에 지장을 주지 않으면서 보를 증고增高 함으로써 수자원을 확보할 수 있는 효율적인 구조물이라고 할 수 있다. 고무보가 하천에 설치되면 흐름을 차단함으로써 수질악화의 우려성이 제기될 수 있다. 따라서 고무보를 월류越流할 때 폭기瀑氣에 의한 용존산소를 증가시킴으로써 수질정화를 유도할 수 있는 방안이라든지, 고무보 상류 하단부에 퇴적된 토사, 저류수를 방류할 수 있는 방안이 고려되어야 한다"고 주장했다.

역시 심 교수가 참여한 연구인 '월류보越流狀의 폭기 효과 검토'도 "하천에 설치된 보는 흐름을 차단시킴으로써 수질악화를 야기한다. 따라서 보를 월류할 때 폭기에 의한 용존산소를 증가시킴으로써 수질 정화를 유도할 수 있는 방안을 고려하는 것이 바람직하다"고 주장하고 있다. 보를 설치하면 수질이 좋아진다는 4대강 사업단장인 심명필의 주장과는 180도 다른 것이다.

2003년 4월 9일, 각계 인사 100인은 이명박 서울시장의 청계천 복원공사가 졸속이라면서 그 연기를 요구하는 성명을 발표했는데, 수자원 학자로서는 유일하게 인하대 심명필 교수가 서명을 했다. 성명서는 "청계천은 생태적으로 지속가능한 하천으로 복원되어야 하며, 청계천과 주변지역은 역사와 생태가 살아 숨 쉬는 시민공간이 되어야 한다"고 주장했다. 4대강 사업 저지 운동에 앞장서고 있는 홍종호 교수와 최승국 녹색연합 협동사무처장이 이름을 같이 올리고 있어 흥미롭다. 당시 심 교수는 '환경정의'라는 환경단체의 물 관련 분야 직책을 맡고 있었다.

심 교수는 2005년에 한국수자원공사 사장직에 응모해서 최종 3인 후보로 선정됐으나 당시 청와대로부터 3인이 모두 적임자가 아니라는 판정을 받았다. 2차 공모를 거쳐서 곽결호 전 환경부 장관이 수자원공사 사장으로 임명되었는데, 수자원공사 직원들은 곽결호 전 장관의 사장 취임에 안도감을 보였다. 곽결호 사장은 대운하에 반대했고, 2008년 4월에 퇴임했다.

4대강 사업본부는 '파우스트 클럽'?

"뭘 어떻게 해서 자연의 아름다운 강보다 더 아름다운 강을 만든단 말인가"라고
이명박 정부의 4대강 콘크리트 삽질을 질타했던 '생태학자'의 변신을 보니,
영혼을 팔아버린 파우스트를 떠올리게 된다.

2010년 5월 18일

국토해양부는 4대강 사업본부 홍보실장1급에 차윤정 경원대 산업환경연구소 책임연구원44세을 임명했다. 나는 차 실장을 잘 모른다.

경향신문이 전하는 바에 의하면, 차 실장은 서울대 산림자원학과 박사 출신으로《숲 생태학 강의》《숲의 생활사》등의 저서로 알려진 산림 생태학자이고, 한나라당이 2007년 발족한 운하정책 환경자문교수단으로 활동한 전승훈 경원대 도시계획 조경학부 교수가 남편이라고 한다.

차 실장은 홍보실장으로 임명된 후 "선진국으로 진입할수록 국민들의 건강·레저 활동은 문명의 발상인 강을 중심으로 이뤄진

다"며 "지금의 강은 퇴적토사 등으로 노후화했는데 그렇다고 지금의 강을 버릴 수는 없는 일이니 다시 젊게 만들어야 한다"고 말했다고 한다 경향신문 5월 18일자 기사.

차 실장의 이름을 검색해 보니 한국일보에 숲과 생태계에 대해 칼럼을 써 온 것을 알게 됐다. 차 실장은 지금부터 3주일 전에 다음과 같은 칼럼을 썼다.

"쓸쓸한 사실이지만 오늘날 우리가 자연이라고 보고 믿는 것들이 사실은 완전한 자연이 아니거나 인간에 의해 변형돼 완화된 자연일 경우가 종종 있다. 그 대부분은 자연의 희생을 담보로 이루어졌다. 자연의 조건이 극단적일수록 그것을 극복하는 방법 역시 극단적일 수밖에 없을 것이며 자연의 희생 역시 극단적일 수밖에 없다. 인간의 기술은 자연을 극복함과 동시에 자연의 희생을 줄이기 위해 진보해야 한다" 한국일보 2010년 4월 29일자 칼럼 '봄비는 그래도 단비다'

4대강 사업 홍보실장이 되고 한 말과는 사뭇 배치되는 의미를 담고 있는 셈이다. "인간의 기술은 자연의 희생을 줄이기 위해 진보해야 한다"고 했으니 말이다. 작년 2009년 가을 정부가 4대강 사업을 밀어붙이려고 하고, 국회에서 4대강 문제가 뜨거운 쟁점으로 부각했을 무렵에 차 박사는 이렇게 썼다.

"한강 유역에 사는 식물종만 해도 대략 700여 종, 수서곤충 100여 종, 민물고기 50여 종, 그리고 새도 50여 종이나 된다. 그러나 우리가 기술하는 강의 정보란 여울, 소沼, 습지, 연못, 수충부, 모래톱, 수로, 유속, 유량 등 많아야 20개 정도다. 그나마 이 속성들 사이의 생태적 관계는 미처 파악하지 않았을뿐더러 통합적으로 논의하지도 않는다. 이제 강을 수로와 수심과 수변으로만 다듬는 '사업'을 한다고 예산까지 구체화하였다. 뭘 어떻게 해서 자연의 아름다운 강보다 더 아름다운 강을 만든단 말인가" 한국일보 2009년 10월 1일자 칼럼 '흐르는 강물처럼'.

"뭘 어떻게 해서 자연의 아름다운 강보다 더 아름다운 강을 만든단 말인가"라고 이명박 정부의 4대강 콘크리트 삽질을 질타했던 '생태학자'의 변신을 보니, 영혼을 팔아버린 파우스트를 떠올리게 된다. 4대강 사업추진 본부장인 심명필 교수도 한때는 정부 연구비를 받아서 "보를 만들면 수질이 악화된다"는 연구를 했고, 이명박 시장의 청계천 복구사업이 생태적으로 문제가 많다고 반대한 적이 있었으니, 4대강 본부는 '파우스트 클럽'인가?

문수 스님의 소신공양

기자는 봉은사 행사가 성황이었다는 소식을 듣고는 꽤 놀라는 눈치였다.
그는 "선방에서 수도하시는 스님들은 자신을 태울 정도의 경지에 들어 계신 분들"이라고 했으며,
"혹시 그런 일이 일어날 수도 있겠다"는 걱정스런 말을 내비쳤다.

2010년 6월 1일

지난 주말 2010년 5월 28~29일에 천주교 광주대교구와 영산강 살리기 본부가 주최한 영산강 순례를 갔다 왔다. 3월초에는 나주에서 담양까지 사흘에 걸쳐 상류를 걸었고, 이번에는 나주에서 영산강 하구언까지 걸었으니 영산강 순례를 완성한 셈이다. 광주대교구의 김재학 신부, 나주 성당의 이영선 신부, 광주환경연합의 최지현 국장 등을 다시 만나 많은 이야기를 나누었다. 그리고 서울에 올라와서 봉은사 행사에 참석했다.

그 후 잘 알고 지내는 한 중진 기자와 전화 통화를 하면서 며칠 새 내가 본 일을 이야기했다. 선거관리위원회의 협박과 감시에도 불구하고 영산강 순례에 많은 신자들이 참가했으며 수녀님들이

100명 이상 오셨다는 이야기, 그리고 저녁에 있었던 봉은사 행사의 열기 등에 대해서 말을 나누었다. 그러고는 나는 아마도 수도를 하는 수녀님들이 이렇게 많이 밖으로 한꺼번에 나온 적이 없었을 것이라고 했다. 전국 선방禪房의 선승 2000명도 반대 대열에 서기로 했다는 소식도 전해 주었다.

그 기자는 지방 취재 중이어서 이런 사정을 잘 모르고 있었는데, 특히 봉은사 행사가 성황이었다는 소식을 듣고는 꽤 놀라는 눈치였다. 그는 "선방에서 수도하시는 스님들은 자신을 태울 정도의 경지에 들어 계신 분들"이라고 했으며, "혹시 그런 일이 일어날 수도 있겠다"는 걱정스런 말을 내비쳤다. 불교에 대해 잘 모르는 나는 "그러냐"고 했다.

그리고 그 다음 날인 5월 31일, 문수 스님이 '소신공양燒身供養'하신 일이 일어났다. 난 어젯밤 그 기자에게 전화를 걸어 "당신이 말한 바가 현실로 나타났다"고 했고, 그 기자는 침통해 했다.

스님의 소신공양은 1960년대 초 베트남 정권에 반대했던 월남 승려들의 경우가 기억에 남는다. 당시 베트남 스님들의 연속 분신은 세계적 뉴스였고, 그것은 충격 그 자체였다. 분신 사태가 일어나고 반反정부 시위가 격화되자 고딘디엠 대통령의 동생인 실력자 고딘 누의 부인인 마담 누는 승려 분신을 '바베큐'라고 악담을 했다. 참고로, 고딘디엠은 독신이어서 제수弟嫂인 미모의 마담 누가 퍼스트레이디 역할을 했다.

마담 누는 "바베큐에 쓴 휘발유가 미제라서 완전한 국산이 아니다", "다른 승려가 분신을 하겠다면 자기가 휘발유를 공급하겠다"는 등 비상식적인 독설을 퍼부어서 상황을 악화시켰다. 이런 형제 집권자를 두고는 안 되겠다고 생각해서 미국은 베트남 군부를 조종해서 쿠데타를 일으켰다. 이 쿠데타는 케네디 대통령이 직접 승인했는데, 승려 분신 사건이 결정적인 계기였다. 이런 노력에도 불구하고 미국은 베트남 전쟁에서 결국 실패했다.

양수리 성당에서 열린 생명평화미사

강우일 주교님과 최덕기 주교님은 "강이 닿는 곳마다 모든 것이 살아난다"는
성경 구절을 쓴 플래카드를 앞세운 순례단을 앞에서 이끌었다.
천주교 주교단이 정부 정책에 반대하면서
가두시위에 나선 격이었다.

2010년 6월 16일

지난2010년 6월 14일 오후, 경기도 양평군 양수리 성당에서 '4대강 사업 중단과 팔당 유기농지 보존촉구를 위한 생명평화미사'가 성대하게 봉헌됐다. 천주교 주교회의 의장인 강우일 주교제주교구장와 최덕기 주교전 수원교구장, 그리고 이용훈 주교수원교구장께서 미사를 집전하셨으며 신부와 수녀 300여 명, 일반 신자 700여 명이 참석했다.

강론은 이용훈 주교님이 하셨는데, "정부가 6·2 지방선거에 나타난 민의를 무시하고 창조질서를 파괴하는 4대강 사업을 계속하고 있다"면서, 정부에 대해 반대의 뜻을 분명히 했다. 강우일 주교님은 "주교단 자체가 한목소리를 내는 것은 쉬운 일이 아님에도

한국 천주교 주교단은 4대강 사업이 중단되어야 한다는 데 의견 일치를 보았으며", "천주교 신자들이 4대강 사업을 막고 아름다운 강산을 지키자는 데에 이견이 있을 수 없다"고 하셨다. 강 주교님은 "주교의 뜻이 교회의 가르침임"을 분명히 강조하셨다.

미사가 끝난 후 사제와 신자들은 두물머리 유기농 단지까지 도보 순례를 했다. 강우일 주교님과 최덕기 주교님은 "강이 닿는 곳마다 모든 것이 살아난다"는 성경 구절을 쓴 플래카드를 앞세운 순례단을 앞에서 이끌었다. 천주교 주교단이 정부 정책에 반대하면서 가두시위에 나선 격이었다.

강우일 주교님이 "천주교 신자들에게 4대강 사업을 막는 데 이견이 있을 수 없다"고 하신 부분은 천주교 신자이면서도 4대강 사업을 적극 지지하고 있는 경기도 김문수 지사와 관련이 없다고 할 수 없다. 김문수 지사는 지난 2008년에 팔당에 세계 유기농 대회를 유치하기로 한 것을 업적으로 자랑하고 있다가 4대강 사업이 진행되니까 별안간 태도를 바꾸어 팔당 유기농지를 자전거 도로와 야외 위락장으로 바꾸는 데 앞장섰다.

천주교 신자는 영성체와 고해라는 독특한 의식을 한다. 그것은 천주교 신자의 의무이자 권리이기도 하다. 교회법은 사제가 교회의 가르침을 공개적으로 그리고 지속적으로 위반하는 신자에게 영성체 의식을 거부할 수 있도록 한다. 유명한 사례는 2004년 미국 대통령 선거 때 민주당 후보였던 존 케리 상원의원의 경우다.

존 케리는 천주교 신자임에도 첫 번째 부인과 이혼했을뿐더러, 교회의 공식입장인 낙태 금지와 다른 정치적 입장을 공공연하게 피력해서 물의를 일으켰는데, 결국 교구에서 그에게 영성체를 주지 않기로 결정하는 사태로 발전하고 말았다. 2004년 '재의 수요일Ash Wednesday'에 존 케리는 개신교회에 가서 재澤의 의식을 하여야 하는 수모를 당했다.

'4대강', 해보지도 않고 반대한다고?

법이 요구되는 절차를 이렇게 생략한 정부가
4대강 사업을 비판하는 사람들에 대해 "해보지도 않고 반대한다"고 비난하는 것은
뻔뻔한 적반하장이고 도둑이 경찰관 행세를 하는 격(格)이다.
2010년 6월 14일, 7월 5일

4대강 사업에 대한 반대가 확산되자 정부와 한나라당, 그리고 이른바 보수 일각에선 4대강 사업에 반대하는 사람들이 "해보지도 않고 반대한다"고 비난하고 있다. 해보지도 않고 반대하는 사람들은 '반대를 위한 반대'를 한다는 것인데, 그러면서 "우선 한 곳만이라도 해보고 나서 반대를 하더라도 반대를 해야 한다"고 말하기도 한다.

하지만 한 군데만 먼저 해보고 판단하자는 논리도 웃기는 이야기다. 조선일보의 김대중 고문도 "한 곳을 해보고 성과를 보아서 해보자"는 논리를 편 적이 있지만, 그런 주장은 작년 여름에 했어야 한다.

한 곳을 먼저 해보자는 경우로 흔히 영산강을 든다. 영산강은 수질이 나쁘고, 박준영 전남 도지사가 4대강 사업을 지지하고 있기 때문인 듯하다. 하지만 영산강에 두 개의 보를 세우는 것과 영산강을 살리는 것과는 아무런 관련이 없다.

영산강의 수질이 나쁜 것은 광주 등 내륙 도시에서 나오는 하수가 완전히 처리되지 못하고 강으로 흘러들고, 축산 폐수와 농지에서 유출되는 농약과 비료성분이 지천을 통해 유입되기 때문이다. 승천보와 죽산보를 설치한다고 해서 영산강의 수질이 좋아질 이유는 전혀 없다. 죽산보와 승천보를 세운다고 해서 거기서 물을 끌어서 광주 시민들이 식수로 쓸 것도 아니니까 '영산강을 살린다'는 주장은 거짓말이다. 죽산보와 승천보로 인해 호수 두 개가 생겨남에 따라 습지보호법에 의해 보호되는 담양습지가 훼손되고, 국지적 기후변화로 인해 농사에 피해를 초래할 가능성만 높아질 것이다.

정부는 보를 건설하면 황포 돛대가 다니는 등 친수 위락시설이 늘어난다고 하지만 그것도 거짓말이다. 정부는 영산강 하구언을 건설할 때 보트를 타는 등 친수 위락활동이 늘어날 것이라고 주장했지만 오늘날 광활한 영산호하구언으로 생긴 호수에서 그런 위락활동은 보기 어렵다. 보트를 타고, 카지노 호텔을 세우고, 수상비행기를 띄울 수 있는 거대한 호수가 이미 존재하지만 도무지 그러한 수요가 없는 것이다.

4대강 사업에 대해 토론을 하자는 이야기도 마찬가지다. 4대강에 반대하는 종교계, 학계, 그리고 시민단체도 4대강의 진실을 밝히기 위해 정부에 대해 토론을 하자고 제안한 바 있지만, 그것은 어디까지나 정부가 공사를 일단정지하고 진정한 민의를 수렴할 자세가 있다는 전제 하에서 하는 말이다. 정부가 지금처럼 막무가내로 공사를 진행하는 판국이라면 토론은 의미가 없다. 정부가 주최한다는 토론이라는 것은 정부가 벌이는 '쇼'에 불과한 것이니 반대하는 측에서 들러리를 설 이유가 없다.

사실을 말한다면 4대강 사업에 있어 토론은 법으로 요구된 절차였다. 정부는 하천법에서 규정된 계획변경 절차를 준수하지 않았고, 사전환경성 검토와 환경영향평가를 단기간에 부실하게 함으로써 환경정책기본법과 환경영향평가법이 정해놓은 여론수렴 과정을 사실상 생략했다. 정부는 '4대강 마스터플랜'을 만드는 과정에서 제대로 여론수렴을 하지 않았을뿐더러 중앙하천관리위원회의 토론과 심의를 거치지도 않았다.

법이 요구되는 절차를 이렇게 생략한 정부가 4대강 사업을 비판하는 사람들에 대해 "해보지도 않고 반대한다"고 비난하는 것은 뻔뻔한 적반하장이고 도둑이 경찰관 행세를 하는 격格이다. 나는 4대강 사업을 추진한 사람들이 결국에는 법의 심판을 받을 것으로 믿는다. 4대강 사업에 참여한 공무원, 교수, 연구원들은 머지않은 미래에 닥쳐올 자신들의 모습을 그려 보아야 한다.

'4대강 사태' 갈수록 가관이다

'4대강 독선과 아집'은 '4대강 강박증'과 '4대강 편집증(偏執症)'으로 발전하더니, 이제는 '죽느냐 사느냐'의 '생존 문제'가 되어 버렸다. 한 개의 모자이크 석재가 삐끗하고 빠져 나오기만 하면 통째로 무너지고 마는 가우디의 건축물을 연상시킨다.

2010년 7월 24일, 8월 6일, 8월 19일

4대강 사업에 대해 반대하는 국민여론이 압도적인 것으로 나타나자 "4대강 사업 지역민들이 찬성하고 있는데 왜 타지他地에서 반대하느냐?"는 말이 나오고 있다. 김문수 경기지사가 양수리 유기농 단지에서 생명평화미사를 지내고 있는 천주교 사제들에 대해 "남의 물통에서 뭘 하느냐"고 막말을 해댄 것도 이와 같은 맥락이다.

이명박 대통령이 지난2010년 23일 시·도지사들과 만난 자리에서 한 발언도 비슷한 것이다. 김두관 지사와 안희정 지사가 "4대강에 반대하는 측과 대통령이 대화를 해야 한다"고 말하자, MB는 "(4대강 사업은) 정치적인 문제가 아니고 정책적 문제"라며, "단체로 모여서 다른 지역의 4대강 문제에 나서는 것은 옳지 않다"고 불쾌하게 답했다고 한다.

이명박 대통령이 대운하 사업과 4대강 사업을 추진하면서 던진 화두는 '국운國運 융성'과 '국가 백년대계'였다. "대운하를 건설하면 국운이 융성해질 것"이라고 했고, "4대강 사업은 국가 백년대계를 위해 꼭 해야 한다"고 했다. 그런 4대강 사업이 '국민적 반대'에 부딪치자 이제는 '지역'을 내세우고 있다.

그러나 4대강 사업은 국민세금 수십조 원이 들어가는 국책사업이다. 여주 앞 남한강에 세우고 있는 흉측한 3개 댐도 국민 세금으로 하는 사업이지 경기도민이나 여주 주민들이 낸 돈으로 하는 사업이 아니다. 남한강이 여주 지역을 흘러간다고 하더라도 그 남한강이 여주 주민의 것이 아님은 초등학교 아이들도 안다.

우리나라 하천, 더 나아가서 국토환경 전체의 주인은 '국민'이며, 정부는 우리의 국토환경 전체를 건전하게 관리할 수탁의무受託義務를 지고 있을 뿐이다. 우리 헌법과 환경정책기본법, 하천법, 자연환경보전법 등 관련 법률은 이에 대한 규정을 두고 있다. 그렇기 때문에 국토환경에 영향을 주는 사업을 하는 경우에는 정해진 법절차를 거치도록 하고 있는데, 이명박 정부는 사업타당성 검토와 사전환경성 검토 같은 중요한 절차를 아예 생략하거나 약식으로 처리해 버렸다. 그것은 '머슴이 주인을 능멸한 형상'이라고 할 것이다.

이제 '4대강'은 집권세력의 생존과 직결된 문제가 되었다. '4대강'이 무너지면 자신들도 무너진다는 사실을 이들은 절실하게 깨달은 것이다. 작년2009년 여름까지만 해도 여권에서도 4대강 사업에 대한 회의적인 발언이 이따금 나오곤 했다. 그러나 이제는 더 이상 그런 말을 듣기 어렵다. 4대강 사업이 원래의 목적에 이바지할 수 있냐 하는 것은 집권세력에게 있어 큰 관심사가 아니다. '4대강'이 무너지면 자신들도 무너진다는 '공동운명' 의식이 그들을 짓누르고 있을 뿐이다.

이런 현상은 집권세력이 '4대강'에 '올인'한 데서 비롯된 것이다. '4대강 독선과 아집'은 '4대강 강박증'과 '4대강 편집증偏執症'으로 발전하더니, 이제는 '죽느냐 사느냐'의 '생존 문제'가 되어 버렸다. 한 개의 모자이크 석재가 삐끗하고 빠져 나오기만 하면 통째로 무너지고 마는 가우디의 건축물을 연상시킨다.

언론이기를 포기한 공영방송과 보수신문

'4대강'에 대한 공영방송과 이른바 '보수신문'이라는 친정부 매체들이 4대강 문제를 다루는 성향은 저널리즘의 기본에 어긋난다. 4대강 사업의 심각한 문제 등 중요한 쟁점은 아예 보도하지 않고, 반대하는 측의 사소한 '실수'는 크게 키워서 보도하는 언론을 언론이라고 할 수 없다. 4대강 사업에 반대하면서 소신공양을 하신 문수 스님에 대해선 보도하지 않으면서 수경 스님의 잠적을 두고 환경운동이 어떻다고 힐난하는 언론을 어떻게 언론이라고 하겠는가.

MBC 〈PD 수첩〉이 '4대강 사업은 사실상 운하 건설'임을 강력히 추정하는 프로를 방송하려고 하자 경영진이 이를 막아 버린 사건도 많은 생각을 하게 한다. 민간 기업이 경영하는 신문과 방송이라도 경영진은 보도와 편집에 간섭해서는 안 되는 것이다. MBC 경영진은 그런 기본원칙을 간단하게 뒤집었다. 그들은 그래도 솔직하다. 편집국장과 보도본부장이 알아서 기는 바람에 4대강 홍보나 하고 있는 신문과 다른 방송에 비하면 대견할 정도다.

나는 '4대강'은 "환경이냐, 개발이냐"의 문제가 아니라고 여러 번 강조했다. '4대강'은 "진실인가 허위인가", "정의인가 부정의인가" 하는 보다 본질적인 문제를 가름하는 잣대가 될 것이라고 기회만 있으면 강조했다. 나는 보 건설로 인해 수질이 얼마나 악화되느냐는 등 기술적 문제는 큰 의미가 없다고 생각한다. 목적과 용도가 불분명한 괴물을 4대강 곳곳에 수십조 원을 들여서 세우는 것 자체가 '국민에 대한 모독'이고 '국토환경에 대한 변란'이기 때문이다.

지금까지 정부가 그때그때 흘린 말만 주워 모아도 멀쩡한 강바닥을 파헤치고 높이 10미터가 넘는 괴물 같은 댐을 주렁주렁 세우는 것이 홍수를 예방하거나 수자원을 확보하기 위함이 아님을 잘 알 것이다. 4대강에 수상비행기를 띄운다거나 수변 위락시설을 만든다는 것이 그간 정부가 발설한 내용이다. 물 공급을 늘린다고 하지만 부산시와 대구시가 낙동강 보로부터 물을 공급받겠다는 것도 아니지 않는가. 수도권은 상수도 시설이 과잉이라서 고민인 것은 다 아는 사실인데, 여주에 괴물 댐을 세 개나 세워서 어디에 물을 공급하겠다는 것인가. 불방不放으로 그친 MBC 〈PD 수첩〉은 이런 상식적인 의문을 푸는 하나의 열쇠였을 것이고, 그래서 그들은 필사적으로 막아 버린 것이다.

정부가 언론에게 보도를 자제해 달라고 부탁하거나 또는 소송을 통해 보도금지를 요청할 수 있는 경우는 진행 중이거나 임박한 군사작전에 관한 보도, 또는 비밀정보원의 신분 폭로를 가져올 수 있는 보도에 국한되며, 그것도 법원의 사전심리가 있어야 가능한 것이다. 이명박 정권은 그런 원칙을 존중하면 자신들이 어떻게 될 것임을 잘 알고 있다.

'4대강 쪽배'에 타고 있는 사람들은 지금이라도 늦지 않으니 탈출해서 진실의 편에 서야 한다. 아무리 난리굿을 해도 이 정권은 얼마 안 남았으며, 무슨 일을 꾸미더라도 'MB 2기'는 없을 것임을 알아야 한다.

'4대강 사업'이 하천유지유량을 확보한다?

하천유지유량은 영어로 'in-stream flow'라고 한다.
하천이 잘 흐르도록 물을 확보한다는 의미이다. 멀쩡하게 잘 흐르는 강의 본류를
포클레인으로 파헤치고, 시멘트 괴물을 세워서 물이 흐르지 못하게 해 놓고
이제 와서 하천유지유량을 확보한다고 하니 지나가던 뭐가 웃을 일이다.
2010년 8월 26일

4대강에 관한 MBC 〈PD 수첩〉이 우여곡절 끝에 방영됐다. 나는 처음부터 4대강 본류를 준설하고 대형 보를 16개나 세우는 '4대강 사업'은 목적과 용도가 없는 사업이라고 누차 강조했다. 정부는 홍수를 예방하고 물 부족에 대비한다고 하지만 그것은 도무지 말도 안 되는 이야기라는 것이었다. 이번에 방영된 〈PD 수첩〉에는 새로운 이야기가 나와서 한마디 하지 않을 수 없다.

〈PD 수첩〉 진행자가 "2016년에 큰 가뭄이 올 경우 낙동강에서 1억 4000만 톤의 물이 부족할 것으로 보고 있는데다, 4대강 살리기에선 같은 해에 10억 톤 물을 확보할 계획이다. 정부는 10억 톤의 물이 대부분 하천유지용수 즉 대부분 흘려보내는 물이라고 밝

했다"고 하자, 4대강 사업 추진본부의 안시권 정책총괄팀장은 "하천유지용수는 쉽게 말하면 하천에 필요한 최소한의 기능을 유지하기 위해 흘려야 할 미니멈 유량이다. 생태계도 감안하고 수질도 감안될 수 있다"고 말한 것이다.

다시 말해서, 4대강 사업으로 확보될 물은 공업용수, 농업용수, 식수가 아니고 하천에 흘려보내야 하는 물이라는 것이다. 그러나 〈PD 수첩〉이 확보한 낙동강의 하천유지유량에 관한 정부 자료에 의하면 본류는 만족 상태이고 지류가 불만족 상태였다. 즉, 지류는 갈수기가 되면 바닥을 드러내 불만족 상태이지만 본류는 괜찮다는 것이다. 그러니까 16개 보가 본류의 하천유지용수를 확보하기 위함이라는 새로운 주장도 근거가 박약한 것이다.

괴물 같은 시멘트 구조물 16개를 주렁주렁 세우면 하천유지유량이 확보된다고 우기는 것은 상식에 어긋난다. 보를 세우는 남한강 여주 구간이나 낙동강 중하류는 물이 풍부하다. 물이 부족해서 가뭄이면 물고기가 떼죽음을 당하는 구간은 지류이지 본류가 아니다. 그런데, 본류의 중하류에 댐을 주렁주렁 세워서 지류의 유지유량을 확보하겠다고 한다. 하천유지유량은 하천의 생태계를 보호하기 위한 물을 의미하는 것인데, 포클레인 삽질로 하천 생태계를 다 죽여 놓은 사람들이 유지용수가 필요하다고 주장하는 것은 그로테스크하다.

지금까지 정부는 4대강 사업이 홍수에 대비하고 물을 확보하기 위함이라고 주장해 왔다. 그런데, 이번에 당국자들은 4대강 사업이 하천유지용수를 확보하기 위함이라고 했으니 목적이 확 바뀐 셈이다. 보를 건설해 보았자 거기에 고인 물을 쓰겠다는 지자체도 없고, 보가 홍수를 예방하기는커녕 오히려 홍수 피해를 조장할 우려가 현실로 나타나니까 이제는 하천유지용수를 확보한다고 말을 바꾼 것이다.

막대한 국민세금을 퍼붓는 대형국책사업이 목적부터 오락가락하니 '개그 콘서트'가 된 형상이다. 사실이 이렇다면 4대강 사업의 근거인 4대강 하천기본계획과 그에 근거한 하천공사기본계획 고시도 모두 무효라고 보아야 한다. 정부의 행정계획과 처분에선 목적이 가장 중요한데 그 목적이 잘못되었음을 정부 관계자의 입으로 확인했기 때문이다.

하천유지유량은 영어로 'in-stream flow'라고 한다. 하천이 잘 흐르도록 물을 확보한다는 의미이다. 멀쩡하게 잘 흐르는 강의 본류를 포클레인으로 파헤치고, 시멘트 괴물을 세워서 물이 흐르지 못하게 해 놓고 이제 와서 하천유지유량을 확보한다고 하니 지나가던 뭐가 웃을 일이다.

하천에서 수량이 부족한 큰 원인은 댐이나 보 같은 시설물을 세워놓고 물을 과다하게 뽑아 쓰기 때문이다. 미국의 콜로라도 강과 리오그란데 강은 멕시코로 흘러가면 아예 물길이 사라져 버릴 정도인데, 건조한 미국 남서부가 물을 너무 많이 뽑아 쓰기 때문이다. 콜로라도 강이나 리오그란데 강 같은 경우는 본류가 고갈되는 예외적인 경우이지만 지류가 고갈되는 경우는 흔하다. 지류에 유지유량을 공급하기 위해선 용도가 다하거나 불요불급한 보나 댐을 철거해야 한다. 미국이나 독일에서 댐을 철거하는 것은 안전성에 문제가 있는 경우도 있지만 대개 지류의 유지유량을 확보하기 위함이다.

미국의 경우 지류에 세운 대부분의 소형 댐과 보는 사유私有 댐이다. 그래서 환경단체가 주축이 되어 모금을 해서 사유 댐을 사들여서 허물기도 한다. 이렇게 모금을 통해 유지유량을 확보하는 운동을 '워터 트러스트 운동water trust movement'이라고 한다. 경제적 동기를 환경운동에 접합시킨 참신한 발상으로, 하천을 원래의 주인인 물고기 등 생태계에 돌려주는 중요한 의미가 있다.

노무현 정부 시절에 하천법을 대폭 개정하게 된 이유 중의 하나도 하천유지유량을 확보하기 위함이었다. 건교부지금의 국토부 산하 국토연구원과 건설기술연구원도 이런 주제에 대한 연구를 많이 했다. 그런 결과로 하천법이 개정된 것인데. 개정된 하천법 제1조가 '자연친화적 하천정비'가 하천법의 목적이라고 분명하게 천명한 것도 이런 인식의 반영이다. 과거 예상과는 달리 물 부족이 심각하지 않고 국민들도 하천이 갖고 있는 자연적 생태적 가치를 인정하고 있다고 판단해서, 유지유량 기준을 상향조정한 것이다.

우리나라 4대강 본류의 상류에는 다목적댐이 있기 때문에 갈수기에 그런 댐에서 물을 흘려 보내는 것이 하천유지유량 확보의 관건이다. 여하튼 이런 문제는 전前 정권에서 이미 논의해서 하천법과 하천관리 정책에 대체로 잘 반영되어 있다. 〈PD 수첩〉에 나온 국토부 중견 공무원들과 산하 연구소의 연구원들도 전 정권에서 그런 작업에 참가했을 것이다.

빌바오와 네르비온 강

물가에 건물을 세우면 주변 지역이 무조건
팔자를 고친다고 생각하는 것 자체가 무식의 발로이다.
200년에 한 번 오는 홍수에 대비하기 위해 4대강 사업을 한다면서
홍수에 취약한 빌바오를 모범 사례로 드는 것도 코미디이다.

2010년 9월 4일

정부가 발행하는 4대강 홍보지가 4대강 사업을 하면 물이 풍부해져서 하천변이 발전한다면서 빌바오의 구겐하임 미술관을 예로 든 것을 보고 웃은 적이 있다. 지난 2010년 4월 24일자 조선일보 기사도 비슷한 말을 했다. 즉, "지역경제 활성화를 위해 워터프런트 개발 등 하천을 적극적으로 활용하는 방식은 외국에서도 자주 추진되고 있다. 철강 산업의 쇠퇴로 지역경제가 몰락했던 스페인 빌바오Bilbao는 관광·문화 산업을 대체산업으로 육성하기 위해 도심하천을 정화하고 주변에 문화시설을 유치했다. 도심을 흐르는 네르비온 강은 오폐수로 인해 한때 죽은 강이었다. 빌바오 시는 하천의 수질을 개선하는 한편, 유명건축가에게 의뢰해 7개 교

량을 설치하고 구겐하임 미술관을 유치했다. 도심하천을 따라 곳곳에 문화시설을 설치하자 전 세계에서 관광객들이 몰려오는 관광도시가 됐다"는 것이다 사실을 말한다면, 스페인 북부 비스케이 만灣 연안에 자리 잡은 빌바오의 구겐하임 미술관과 주변의 건축물은 하천 개발과는 관련이 없다. 강을 파헤치는 4대강 사업에 빌바오를 갖다 붙인 것은 참으로 기상천외한 발상이다.

빌바오 리뉴얼

빌바오는 주변지역을 포함하면 인구가 100만이나 되는 바스크 지역의 최대도시이며, 스페인에서 다섯 번째로 큰 도시다. 빌바오는 19세기에 산업화를 이룩해서 스페인에서도 부유한 지역으로 성장했고, 오늘날에도 빌바오의 평균 국민소득은 스페인 전체 평균보다 월등하게 높다. 지리적으로 영국, 네덜란드 등과 교역하기가 편리해서 일찍이 조선 철강 등 기간산업을 일으켰다.

그러나 프랑코 장기 독재가 이어지는 동안 스페인은 세계 경제의 흐름에서 고립되어서 경제가 낙후되었다. 프랑코 총통이 사망한 후 스페인은 민주화의 길을 갔고 유럽공동체에도 가입했다. 그러자 빌바오의 조선과 철강 산업은 심각한 불황에 빠졌다. 보호무역에 안주해 온 바스크의 중공업이 경쟁력을 상실했기 때문이다. 빌바오 시 정부와 바스크 지방정부의 집권세력인 바스크 국민당은 무엇인가를 해야 했다.

한편 뉴욕의 구겐하임 미술관만으로는 경영에 어려움을 겪던 구겐하임 재단은 제2 미술관을 구상하고 있었다. 구겐하임 재단은 도쿄, 모스코바, 비엔나 등에 타진했으나 사업성이 부족하다는 이유로 모두 거절당했다. 구겐하임 재단은 이름과 노하우를 대고 건물과 소장품은 유치하는 도시가 알아서 해결하라고 했으니, 그런 제안을 받을 도시는 없었다. 이때 바스크 국민당이 이 사업을 하겠다고 구겐하임 재단과 접촉했다. 사업구상이 실패하는 줄로 알았던 구겐하임 재단은 얼른 동의를 했다^{따라서 "빌바오 시가 구겐하임 미술관을 유치했다" 는 조선일보의 표현은 정확한 것이 아니다}.

빌바오 시 정부와 바스크 지방 정부는 이런 사업을 통해서 극렬한 바스크 분리주의자들로 인해 나빠진 바스크의 이미지도 회복할 수 있다고 생각했다. 1991년에 바스크 정부와 구겐하임 재단 사이에 정식으로 계약이 체결되어 공사가 시작되었고, 1997년에 구겐하임 미술관이 문을 열었다.

빌바오 시는 구겐하임 미술관을 건설하기 위해서 네르비온 강을 개발하지는 않았다. 빌바오 시는 도시 강변에 있던 경쟁력을 상실한 조선소와 철강공장을 폐쇄하고, 그 자리에 미술관과 컨벤션 센터 등을 세웠을 뿐이다. 빌바오는 쇠퇴한 철강 산업 도시에서 생명공학 · 인공두뇌 관련 첨단산업 도시로 탈바꿈한 피츠버그와 비슷한 구조조정을 한 셈이다.

빌바오 구겐하임 미술관의 설계를 맡은 미국의 건축가 프랑크 게리는 바스크 지역에 대해 관심을 갖고 있어서 건축은 순조롭게 진행되었다. 게리의 상상력이 반영된 구겐하임 미술관은 1997년에 문을 열자마자 20세기 말 최고 건축물의 하나로 칭송되었다. 미술관을 방문하기 위해 오는 관광객을 위한 호텔 건설이 뒤를 이었고, 빌바오의 명성 자체가 올라갔다. 빌바오는 미술관 외에도 국제 전시장과 해양박물관 등을 세우고 포스트 모던한 다리도 세웠다. 또한 최첨단 지하철을 건설했고, 지방정부는 바스크 지역을 연결하는 지방전철을 건설해서 유럽 일류 도시의 모습을 갖추었다.

'바스크 문화'의 중심지

빌바오는 구겐하임 미술관이 세워진 후에 관광도시가 되었다고 말한다면 틀리는 것은 아니지만 그다지 맞는 이야기도 아니다. 구겐하임 미술관은 빌바오의 '부분'에 불과하기 때문이다. 빌바오는 이미 오래 전에 산업과 금융자본이 조성된 지역이다. 자본금이 5000억 유로, 직원이 10만 명이 넘는 다국적 은행 BBVA는 19세기 중반에 빌바오에서 시작된 은행으로, 본사가 빌바오에 있다. 빌바오는 기계, 전기 등 중공업이 아직도 강하다.

빌바오는 강 하구에 자연스럽게 생겨난 오래된 도시다. 19세기부터 작은 배들이 들어와서 자연히 부두가 생겼는데, 이런 부두는 효율성이 떨어졌다. 빌바오 시는 도시를 흘러가는 네르비온 강 양쪽에 있던 낡은 부두를 폐쇄하고, 네르비온 강이 비스케이 만灣으로 흘러들어 가는 산투르치에 신 항구를 건설했다. 신 항구까지는 도로가 잘 되어 있고 전철이 편리하게 연결되고 있다. 신 항구에는 유람선이 들어와서 관광객을 빌바오에 올려 보낸다.

빌바오와 주변 지역은 북으로는 비스케이 만灣을 보고 있고, 남으로는 산맥이 평풍처럼 쳐져 있어 자연풍광이 수려하고, '바스크 문화'라는 독자적인 정체성을 갖고 있다. 바스크 사람들은 자신들의 고유 언어인 바스크어語를 통상적으로 사용한다. 기차로 동쪽으로 두 시간 가면 스페인에서 가장 아름다운 도시라는 산세바스티안 시市가 있고, 두 도시 사이는 파란 바다와 은빛 비치로 이어져 있다. 피카소의 작품 소재로도 유명한 게르니카가 빌바오 부근에 있고, 약간 내륙으로 들어가면 조지타운 대학 등 수많은 대학을 세운 예수회를 창설한 이냐시오 데 로욜라San Ignatio de Loyola, 1491~1556가 살았던 성채가 성지聖地로 보전되어 있다.

빌바오 구겐하임 미술관 건너편에는 19세기 중반에 예수회가 설립한 유서 깊은 듀스토 대학이 자리 잡고 있어 초현대식 미술관과 좋은 조화를 이룬다. 도시 중심부에는 명품 상점이 즐비하고 조금 떨어진 구舊 도심에는 오래된 역사가 남아 있다. 빌바오에는 자연과 역사, 그리고 문화가 살아 숨 쉬고 있으며, 구겐하임 미술관은 그 일부인 것이다. 그런 점에서, 4대강에 댐을 세워서 인공호수를 만들면 여주, 함안, 달성 같은 지역이 별안간 빌바오가 되는 것처럼 홍보하는 것은 우스운 일이다.

홍수가 빈발하는 네르비온 강

바스크 산간지역에서 발원해서 빌바오 시를 거쳐 비스케이 만灣

으로 흘러가는 네르비온 강은 총길이가 72㎞로 길지 않은 강이다. 만조滿潮가 되면 빌바오를 가로질러 흐르는 네르비온 강의 수위가 높아진다. 19세기부터 작은 어선과 운송선이 빌바오 구舊시가까지 올라갔고, 그래서 구시가에 자연스럽게 부두가 조성됐다. 19세기 말에 빌바오에 강철과 조선 산업이 들어서자 강둑을 보강해서 보다 큰 배가 접안하도록 했다. 이렇게 해서 바닷가로부터 15㎞ 거리에 있는 빌바오에는 강둑을 따라 산업시설과 주거시설이 들어서게 됐다. 세월이 흐르자 좁은 강에 만들어진 부두는 제 기능을 할 수 없게 됐고, 드디어 조선소와 철강소가 문을 닫자 부두는 필요 없게 되었다.

네르비온 강은 과거에는 심각하게 오염되었지만 점차 맑아지고 있는 추세라고 한다. 빌바오는 도시 하천변에 있던 부두시설을 해안으로 보내고 공장이 있던 땅을 확보해서 도시를 리뉴얼한 것이다. 빌바오는 네르비온 강을 댐으로 막아 가두는 엉뚱한 짓은 결코 하지 않았다. 그러니까, 우리나라 4대강 사업처럼 강바닥을 파고 댐을 세워 물을 가두는 것과 빌바오는 아무런 관련이 없다.

네르비온 강은 짧기 때문에 상류 산간 지역에 비가 많이 오면 홍수가 일어날 수 있다. 빌바오는 기본적으로 강 하구에 건설된 도시라서 네르비온 강은 간만의 차이에 따라 바닷물이 올라오고 내려가고 하는 수위 변동이 있다. 바닷물이 들어오고 나가기 때문에 짠물 냄새가 나고 갈매기가 날아다니기도 한다. 지역 사람들은 네르비온 강은 강물이 아니라 바닷물이라고 한다.

1983년에 이 지역에서는 큰 홍수가 나서 빌바오의 구 도시 지대가 완전히 잠겼다. 오래 된 역사적 건물들이 파괴되고 인명피해마저 났다. 빌바오 사람들은 그 홍수를 어제 일처럼 생생하게 말하면서 진저리를 친다. 그런 대홍수는 드물지만 빌바오는 도로가 부분 침수되는 홍수가 자주 일어난다. 2008년에도 홍수가 나서 도시가 범람위기에 빠지기도 했다. 2009년에는 빌바오 외곽지역의 도로가 물에 잠기는 피해가 발생했다. 지난2010년 6월 중순에도 비가 많이 와서 빌바오가 범람할 위기에 처한 적이 있었는데, 다행히 비가 그쳐서 큰 피해는 입지 않았다.

요약하자면, 빌바오는 미국의 피츠버그에서와 같은 '도시 구조 조정'의 관점에서 보아야 한다. '구겐하임'이란 이름이 가진 가치와 그것을 상업화해서 한 푼도 들이지 않고 이름값을 받게 된 미국의 구겐하임 재단, 그것을 이용해서 자신들의 이미지를 업그레이드하고자 한 바스크 국민당과 파워 브로커들의 이해가 맞아떨어진 것이다. BBVA 같은 대은행이 빌바오에 근거하고 있는 데서도 알 수 있듯이 빌바오와 바스크의 경제적 능력은 상당한 것이다.

따라서 빌바오가 구겐하임 미술관 하나 때문에 '팔자를 고쳤다'고 생각한다면 무식한 소치이다. 물가에 건물을 세우면 주변 지역이 무조건 팔자를 고친다고 생각하는 것 자체가 무식의 발로이다. 200년에 한 번 오는 홍수에 대비하기 위해 4대강 사업을 한다면서 홍수에 취약한 빌바오를 모범 사례로 드는 것도 코미디이다.

폭우 피해로 드러난 '4대강'의 허구

4대강 본류는 정비가 거의 완료되었고,
홍수 피해는 주로 지류와 상류의 소하천에서 일어난다는 것은
2007년까지의 정부와 연구기관의 일관성이 있는 결론이었다.
이번 폭우에 의한 피해도 예외 없이 지류와 소하천에서 발생했다.

2010년 9월 26일

지난2010년 9월 21일 중부지방을 강타한 폭우로 많은 피해가 났는데, 남한강 지류에서 발생한 피해는 4대강 사업의 허구성을 보여주기에 충분하다. 24일자 경향신문과 25일자 한겨레신문에 의하면, 남한강 지류 곳곳에서 제방이 붕괴하고 농지가 침수되었고, 많은 돈을 들여 만든 자전거 길 등 인공시설도 곳곳이 유실되거나 파괴됐다고 한다. 지류인 언양천의 신진교 교각이 붕괴되어 내려앉는 사고가 발생했는데, 본류에서의 무리한 준설작업과 관련이 있을 것으로 추정되고 있다. 신진교 교각 붕괴에 대해선 여주군 관계 공무원들마저 4대강 사업과의 관련성을 부정하지 못하는 것으로 알려졌다.

　이번 폭우는 준설을 하고 보를 세우면 홍수를 예방한다는 주장도 허구임을 보여주었다. 4대강 본류는 정비가 거의 완료되었고, 홍수 피해는 주로 지류와 상류의 소하천에서 일어난다는 것은 2007년까지의 정부와 연구기관의 일관성이 있는 결론이었다. 이번 폭우에 의한 피해도 예외 없이 지류와 소하천에서 발생했다. 4대강에 들어가는 헛된 돈의 10%만이라도 지류와 도시하천 및 하수도 정비에 투입했더라면 서울 한복판이 잠기고 반 지하주택에 거주하는 주민들이 피해를 당하는 일만은 피할 수 있었을 것이다.

　남한강 지류에서 발생한 다리 교각 붕괴는 4대강 사업이 단순히 생태계를 파괴할 뿐만 아니라 우리의 안전마저 위협함을 보여주고 있어 예사롭게 지나칠 일이 아니다.

　정부는 4대강 곳곳에 '보'라는 이름의 괴상한 댐을 세우고 강바닥을 깊이 준설하면 홍수를 예방하고 물 부족을 해결한다고 둘러댔지만 그런 주장이 허구임이 이제 곳곳에서 드러나고 있다. 대구시는 구미 상류로 취수장을 이전해 달라고 하고, 부산시는 낙동강 취수를 포기하고 지리산에 댐을 새로 건설해서 물을 공급 받으려고 하고 있으니, 그 많은 보에 물을 가두어 놓아도 아무런 쓸모가 없음을 웅변으로 증명하는 셈이다.

　대구시와 부산시의 요구에 대해선 구미와 지리산 현지 주민들이 반대를 하고 있어 추진이 어려울 것으로 예측되고 있어 낙동강 곳곳에 세우고 있는 흉측한 보들이 완공되면 대구와 부산에선 물난리가 나지 않을까 걱정된다.

지난 2010년 8월 말에 심명필 4대강 사업단장이 "4대강 사업은 하천유지 용수 때문에 하는 것"이라고 발언한 부분에 대해서 새삼 주목할 필요가 있다. 정부는 4대강 사업의 목적이 홍수예방과 수자원 확보라고 주장했고, 또 그런 이유에서 국가재정법에 의한 예비타당성 조사를 생략하고 사업을 추진해 왔다. 정부는 4대강 사업이 홍수예방을 위한 것이라서 예비타당성 조사를 할 필요가 없다고 주장해 왔는데, 심 단장의 발언은 그런 주장의 토대를 스스로 허물어 버린 셈이다.

막바지에 이른 '4대강 소송'

'4대강'은 '진실과 허위'에 관한 사건이라는 것 역시
나의 변함없는 생각이다. 나는 결국에는 진실이 승리한다고
믿어 마지않으며, 한국의 사법부도 종국에는 진실의 편에
설 것임을 또한 믿어 마지않는다.

2010년 10월 4일

4대강 소송 1심 심리가 막바지에 접어들었다. 지난주에 서울행정법원에서 열린 한강 소송에서 재판부는 양측 당사자들에게 필요한 보충 자료를 조속히 제출하라고 했다. 낙동강 소송을 다루는 부산지방법원도 종결심리를 앞두고 있으며, 금강과 영산강의 사정도 다르지 않다. 2009년 늦가을에 소장을 제출했으니 이제 1심 판결이 나올 만도 하다.

법리적 측면에서 나는 국민소송단이 승소해야 마땅하다고 믿는다. 국민세금을 쏟아붓는 이 엄청난 4대강 사업을 하면서 예비타당성 조사도 하지 않았고, 우리나라의 중요한 하천정책을 심리하는 중앙하천관리위원회 본회의 심의도 거치지 않은 4대강 사업이

'합법'이라면 도무지 어떤 것이 '불법'인지 알 수가 없다.

요식행위에 그친 사전환경성 검토와 환경영향평가도 마찬가지이다. 우리나라에 환경영향평가 제도가 도입된 이래 이처럼 날림으로 환경영향평가를 한 적이 없다. 4대강 사업은 기본골격에서 명백하게 불법이기 때문에 보를 만들면 수질이 얼마나 나빠지느냐 하는 모델링 수치 같은 것은 지엽적인 이슈에 불과하다는 것이 나의 일관된 생각이다.

동강댐, 새만금, 그리고 천성산 터널 같은 사건은 "환경이냐 개발이냐"를 두고 벌어진 논쟁에서 유래한 것이지만 '4대강'은 '진실과 허위'에 관한 사건이라는 것 역시 나의 변함없는 생각이다. 나는 결국에는 진실이 승리한다고 믿어 마지않으며, 한국의 사법부도 종국에는 진실의 편에 설 것임을 또한 믿어 마지않는다.

미국에서 남북전쟁이 일어난 데는 여러 가지 원인이 있지만 연방대법원의 판결도 비극적인 내란을 촉발시키는 데 기여했다. 연방대법원은 "흑인 노예는 헌법에서 말하는 '사람'이 아니다"고 판시한 것이다. 당시 남부에선 노예들이 물건처럼 사고 팔리고 있었으며, 미국 헌법의 아버지들도 노예가 권리 주체라고 생각하지는 않았을 것이지만 당시 대법관들은 시대의 사명을 깨닫지 못했던 것이다.

반면 허드슨 강 사건에서 원고 측을 지지한 연방법원의 판결은 1970년대의 환경법 시대를 열었다. 나는 4대강 사건을 다루는 재판부가 역사적인 허드슨 강 판결을 교훈으로 삼아 주기를 부탁하고 싶다. 또한 우리나라에서도 과거에 정권의 강압에 의해 내려졌던 판결이 뒤늦게 번복되고 있음도 역사의 교훈으로 삼아주기를 부탁하고 싶다.

지난 1년 동안 이 소송을 맡아서 혼신의 노력을 한 국민소송단 소속 변호사들과 증인과 참고인으로 수고를 많이 한 운하반대교수모임 소속 교수들, 그리고 현장에서 많은 노력을 한 시민단체 관계자들의 노력은 결코 헛되지 않을 것이라고 나는 생각한다. 또한 기껏해야 1년 남짓이면 명命이 다할 정권 때문에 진실을 진실이라고 말하지 못하는 사람들이 후회하게 될 날이 머지않았다고 나는 확신한다.

'낙동강 소송'에서 국민소송단 패소

4대강 문제는 일단 민심의 바다로 넘어간 게 되겠습니다.
다만 이게 4대강 문제에 그치는 것이 아니라 법치를 무시하는 현 정권,
그리고 사법부가 여기에 굴복한 문제가 있기 때문에 그런 것을 규명하는 것도
이 4대강 소송에서 큰 의미가 있다고 생각합니다.

MBC 라디오 〈시선집중〉 2010년 12월 14일, 12월 15일 대담

손석희　어제 4대강 사업의 위법성을 알리는 한강, 낙동강 소송의 1심 결과를 두고 정부 측 변호사인 법무공단의 서규영 변호사의 의견을 들은 바 있습니다. 서 변호사는 행정청이 재량의 범위 내에서 하천공사 시행계획을 했기 때문에 4대강 사업은 적법하다는 판결이 내려졌다고 어제 얘기한 바 있습니다. 오늘은 패소한 측의 중앙대 법대 이상돈 교수를 연결하겠습니다. 국민소송단의 공동집행위원장을 맡고 계시고 운하 반대교수모임의 공동대표를 맡고 계십니다. 이상돈 교수님 나와 계시죠?

이상돈　네, 안녕하십니까?

손석희　사전에 양해를 구해야 되겠는데요. 앞의 문제들도 워낙 큰 문제들이었기 때문에 시간이 좀 늦어져서요. 어제 저희가 서규영 변호사하고 한 7, 8분 정도 인터뷰 한 걸로 알고 있는데 오늘 한 3분밖에 안 남았습니다. 혹시 가능하시다면 내일 마저 하셔도 되겠습니까?

이상돈　괜찮습니다.

손석희　예, 알겠습니다. 그러면 나눠서 한 7분 정도를 드리는 걸로 하겠습니다. 작년 11월 말에 처음 소송을 접수하기 전에 이번 소송이 이길 수밖에 없는 소송이라고 자신감을 보이셨는데, 저희하고 인터뷰에서, 그런데 지셨네요. 1심에서. 판결 결과에 대한 입장은 어떠십니까?

이상돈　저희로서는 납득이 가지 않는 판결입니다. 승복할 수 없는 판결입니다. 무엇보다 4대강 사업에 반대하시거나 비판적인 절대 다수 국민 여러분의 여망에 부응하지 못해서 죄송스럽게 생각합니다. 우선 보이지 않는 벽이 높다는 걸 느꼈습니다. 현 정권이 4대강 사업에 대해서 벌이는 엄청난 홍보, 또 언론장악으로 인한 편파보도 같은 그런 것도 영향이 크지 않았나 생각되고요. 또 하나는 재판부에 대한 외압 같은 것도 그 가능성을 전혀 배제할 순 없는 게 아닌가 합니다.

손석희　그것은 재판부에서 받아들이기엔 굉장히 자존심 상하는 얘기가 될 수 있는데요.

이상돈　네, 그렇습니다. 한강소송 담당 재판부가 법무부 간부와 부적절한 면담을 한 것은 일단 확인됐지 않았습니까? 그리고 낙동강 소송에서는 재판장이 10분인가 빨리 입장해서 판결하기 전에 참 의미 있는 말을 던진 것 같습니다. 저는 긴장해서 잘 알아듣지 못했는데요. 어떤 기자가 말하길 재판장이 "하도 귀찮게 해서 선고한다", 이런 말을 하고 재판했다는 겁니다. 그래서 과연 그 의미가 뭔가에 대해서 의심이 많이 가고 있습니다. 그런 여러 가지 이유가 있지 않았나 싶습니다.

손석희 그런데 "사법부는 적법성을 심사하지 사업의 적절성을 심사하진 않는다"는 판결문 내용은, 사실 법관들은 법조문대로 해석하는 경향이 있다고들 하지 않습니까? 그래서 그런 면에서는 "판결문 내용이 일리가 있는 것이 아니냐"는 반응도 있는데 여기에 대해서는 어떻게 생각하시는지요?

이상돈 새만금 같은 경우는 정부가 행정절차뿐 아니라 여론 수렴 등 필요한 절차를 다 충실하게 이행했습니다. 그런 경우는 적법 절차에 문제가 없으니까 거기에 근거해서 정부가 내린 공익재량의 결정, 즉 사업이 타당하다고 보는 것은 법원이 존중할 만합니다. 특별한 사안이 없는 한 말이지요. 그러나 4대강 경우는 그렇지가 않습니다. 절차적인 하자가 명백함에도 법원이 그런 판결했다는 데 대해선 수긍할 수 없습니다. 특히 법원이 국가재정법상의 절차를 정부가 안 한 것과 하천법상의 계획 절차를 위반한 것은 정부 측이 그런 위반 사실을 인정했음에도 그것이 단순히 권고사항에 불과하다고 이렇게 판단한 것은 그야말로 법치주의의 근간을 무너뜨린 것입니다. 쉽게 말하면 정부는 법을 안 지켜도 되고 국민은 법을 지켜야 한다는 그런 왜곡된 결과이기 때문에 그 부분은 우리가 승복할 수 없고 대법원까지 갖고 가서 반드시 번복시키려고 하고 있습니다.

손석희 예, 알겠습니다. 또 다른 질문 내용들이 물론 있는데요. 아까 말씀드린 대로 오늘 시간이 좀 늦어졌기 때문에 나머지 시간은 내일 드리도록 하겠습니다. 고맙습니다.

손석희 중앙대 법대 이상돈 교수를 어제 이어서 연결하겠습니다. 어제 워낙 짧은 시간밖에 할 수 없었기 때문에 그 전날 나왔던 정부 측 변호사와의 시간적 형평을 위해서라도 조금 더 인터뷰를 진행할 수밖에 없는 그런 상황이 됐습니다. 4대강 국민소송단의 공동집행위원장, 운하반대교수모임의 공동대표를 맡고 계신데 이미 보도가 나간 것처럼 낙동강 관련 소송에서 정부 측에 졌습니다. 거기에 대한 소견을 잠시 듣고 있습니다. 여보세요!

이상돈 네, 안녕하십니까?

손석희 예, 어제 인터뷰에서 납득이 가지 않는 판결이다, 재판부의 외압 가능성도 배제할 수 없다, 이런 말씀까지 하신 바가 있는데 절차적인 하자가 명백한데 위법이 아니라는 것은 납득할 수 없다, 이런 말씀도 하셨습니다. 그런데 절차적

하자라는 것이 예를 들면 환경영향평가 등의 부실 문제를 말씀하시는 건가요?

이상돈　특히 국가재정법상 예비타당성 조사를 안 한 것과 하천법이 정하고 있는 행정절차를 정부가 지키지 않은 것, 그 다음에 사전환경성검토 같은 것을 부실하게 한 것, 이런 것을 말하는 겁니다.

손석희　환경영향평가 같은 경우에는 물론 논란이 있었습니다. 그러니까 이걸 보다 짧은 시간 안에 간소하게 할 수 있도록 법을 바꿔가지고 한 것이 아니냐, 바꿔 놓은 법을 따랐다고 해서 다 정당한 것이냐, 이런 문제제기가 있었는데요, 같은 의견이신가 보죠?

이상돈　네, 그렇습니다.

손석희　"낙동강 살리기가 홍수예방과 수자원 확보라는 사업목적의 정당성은 인정된다, 이를 위한 사업수단의 유용성도 인정된다"라는 것이 재판부의 입장입니다. 여기에 대해서는 어떻게 보십니까?

이상돈　정확히 볼 것 같으면 재판부가 4대강 사업이 정당하다고 이렇게 확정적으로 판결한 것은 아니고요. 다만 그것이 정당하지 않다고 입증할 책임이 원고 측에 있는데 원고 측이 그것을 충분하게 입증하지 못했다, 이렇게 판결했다고 봐야 할 것 같습니다. 그렇다면 우리 원고 측에서는 그 점을 전혀 입증하지 못했느냐, 그렇지 않습니다. 우리도 할 만큼 다 했습니다. 제가 보기는 재판부가 진실을 외면했다고밖에 말할 수 없을 것 같네요. 아마도 거꾸로 판결하기엔 이 사건이 파장이 너무 커서 일개의 법관으로서는 상당히 부담을 느낀 게 아니냐, 아마 그래서 원고가 입증을 하지 못해서 못했다, 이렇게 편리하게 논리를 구사한 것 같습니다. 그런 경우는 왕왕 있습니다.

손석희 예, 그러니까 다시 말하면 이 4대강 사업이 진행될 경우에 환경 피해가 어느 정도 된다 라는 것을 원고 측에서는 나름대로 근거와 함께 제시했는데 그것이 받아들여지지 않았다, 그런데 할 만큼 했다고 말씀하신 것은 그렇다면 앞으로 보자면 이것을 항소하시든 아니면 다른 나머지 두 개 강에 대해서 소송하시든 결과가 그렇게 다르지 않을 거라는 말씀과 통할 수 있는데 그렇게 보신다는 말씀인가요?

이상돈 물론 할 만큼 했다는 것도 우리가 1심에서 제한된 시간 내에서 우리 나름대로 최선을 다했다는 것이고요. 또 이번 판결에서는 특히 우리가 불만족스럽게 생각하는 절차적인 공정성 문제, 이런 부분에 대해서는 사실상 논쟁이 없었는데 법원이 너무 일방적으로 판결했기 때문에 아무래도 고등법원에서는 그 점을 집중적으로 공략해야 하지 않을까 합니다.

손석희 그런데 아시는 것처럼 이게 2심까지 가게 되면 언제 결정이 최종적인 판결이 나오게 될지는 예측하기 어려운 것이고, 정부 측에서는 내년 장마 전까지는 주요공사는 다 완료

한다는 입장입니다. 그래서 재판 결과가 나와도 다 끝난 다음에 나올 가능성이 있는데 그것도 예상하십니까?

이상돈　사실상 4대강 사업을 법적인 절차, 또는 예산 통제를 통해서 견제할 수 있는 기회는 이미 다 물 건너갔습니다. 미국에서는 70% 공정률을 보이던 댐을 법원이 중단시킨 판결도 있습니다만, 4대강 문제는 일단 민심의 바다로 넘어간 게 되겠습니다. 다만 이게 4대강 문제에 그치는 것이 아니라 법치를 무시하는 현 정권, 그리고 사법부가 여기에 굴복한 문제가 있기 때문에 그런 것을 규명하는 것도 이 4대강 소송에서 큰 의미가 있다고 생각합니다. 저는 무엇보다도 이 4대강은 너무 무리한 것이기 때문에 MB정권과 운명을 같이 한다고 생각합니다.

손석희　알겠습니다. 이 정도에서 마쳐야 되겠습니다. 고맙습니다.

우리가 알던 여주가 아니다

이제 우리가 알던 '여주'는 더 이상 존재하지 않는다.
여주는 MB 정권의 저주가 가장 많이 미친 곳으로 기록될 것이다.
내년(2012년) 봄에 있을 총선에서 한나라당은 수도권에서 참패할 것이고,
그러면 여주 주민들은 무엇이 크게 잘못되었는지 깨닫게 될 것이다.
'여주'는 선거를 잘못하면 이렇게 되는 수가 있음을 보여주는 '산 교육장'이 될 것이다.

2011년 2월 22일

구제역은 4대강 공사가 한창인 경기도 여주도 강타했는데, 여주를 흘러가는 남한강 가까운 지점에 돼지 사체를 무더기로 적당히 매립했다고 해서 언론의 주목을 사고 있다. 나는 그런 보도를 접하고 현장도 확인할 겸 다시 여주를 찾았다.

구제역 가축 사체 매몰로 인한 환경문제는 이제 시작일 뿐이다. 지하수 오염과 토양 오염은 물론이고, 지표수 오염 문제도 발생할 수 있다. 농촌 곳곳에 상수도를 설치하는 데도 엄청난 예산이 들 것이다. 지금까지 정부가 농촌과 산간 마을에 상수도 보급을 할 줄 몰라서 안 한 것이 아니다. 예산이 너무 들어서 못했을 뿐이다. 자기 땅에 자기가 기르던 가축을 무더기로 매몰 처분해서 비릿하

고 매캐한 냄새가 나는 상황임에도 농민들이 그대로 살고 있다는 소식을 접하면 혼란스럽기만 하다. 그 정도는 문제가 아니라서 그런 것인지, 아니면 다른 방법이 없어 그대로 살 수밖에 없는 것인지 알 수가 없다.

조선일보가 의외로 구제역 돼지 매몰지점이 한강 상수원을 위협한다는 보도를 1면 기사와 사설로 연일 크게 쓴 탓인지, 정부에 부담을 주는 기사를 안 쓰는 동아일보도 이 문제를 다루었다. 여주 환경운동연합의 이항진 위원장은 조선일보 외에도 MBC, SBS가 여주를 취재차 다녀갔다고 귀띔을 해주었다.

여주에 와서 구제역이 발생한 곳을 찾아가기는 쉽지 않다. 그런 탓에 기자들은 현지 사정을 잘 아는 여주환경연합의 도움을 받은 것 같다. 하지만 어느 도로로 오든 여주에 들어오게 되면 보지 않을 수 없는 풍경이 있으니 4대강 공사를 빙자한 무지막지한 자연 파괴와 그 덕분에 생겨난 모래 산맥이다. 이런 것은 보고도 모르는 체하고 구제역 침출수만 열심히 찾아다니는 언론을 과연 언론이라고 부를 수 있는지, 정말 생각해 볼 일이다.

여주에는 보가 세 개나 건설 중에 있다. 한 개의 군에 세 개의 보가 설치되는 경우는 여주뿐이다. 따라서 여주만큼 4대강 파괴의 영향을 크게 받는 지자체는 없다. 여주는 남한강을 따라 생긴 농업지역이고, 아직도 농업이 주된 산업이다. 서울의 베드타운이 되기는 너무 멀어서 외지인도 거의 살고 있지 않고, 인구는 20년

째 그대로이다. 남한강과 섬강이 만나는 '흥원창', 넓은 천연의 하천 천변 습지인 바위늪구비, 강천마을 강변 등이 절경으로 뽑혔다. 그러나 이제는 이 모든 것이 흘러간 '전설'이 되고 말았다.

실로 엄청난 공사가 이루어지고 있는데, 하천을 폭파해서 퍼 올린 모래와 바위덩어리가 여주 곳곳에 거대한 산을 이루고 있다. 워낙 넓게 쌓아올려서 멀리서 보면 그다지 높아 보이지 않지만 가까이 가면 엄청난 높이임을 알게 된다. 높고 길게 쌓은 모래더미가 산맥을 이루고 있어서 이를 'MB 산맥'이라고 부른다고 한다. 그런 산맥이 하도 많아서 여주 전체가 'MB 산맥'으로 짓눌려 있는 형상인데, 그 모습을 보고 있으라면 사막 국가에 와 있는 느낌이다.

천연 습지가 있었던 강변은 포클레인으로 파서 깊어졌는데, 겨울철임에도 물이 고여서 초록색을 띠고 있었다. 강 주변에 수영장을 만든다고 공사가 한창인데, 도무지 누가 이런 수영장에 수영을 하러 올지 궁금하다. 강변 토지 소유자들과 장사하는 사람들은 알량한 관광 수입을 기대하고 있다는데, 한심하다는 생각이 들었다.

이제 우리가 알던 '여주'는 더 이상 존재하지 않는다. 여주는 MB 정권의 저주가 가장 많이 미친 곳으로 기록될 것이다. 내년 2012년 봄에 있을 총선에서 한나라당은 수도권에서 참패할 것이고, 그러면 여주 주민들은 무엇이 크게 잘못되었는지 깨닫게 될 것이다. '여주'는 선거를 잘못하면 이렇게 되는 수가 있음을 보여주는 '산 교육장'이 될 것이다.

제4장

지금
한국정치는…

"국민의 희생이 안타깝다"는 대통령

이번 사건은 어떠한 이유로도 정당화될 수 없는, 북한군에 의한 살인 행위이다.
자국민이 무참하게 살해됐는데, 대통령은 이를 '안타깝다'고 표현했으니
도무지 국어 사용법을 제대로 아는지 모르겠다. "관광객의 희생이 안타깝다"는 표현에는,
듣기에 따라선 북한 당국이나 금강산 사업을 하는 현대아산을 감싸는 뉘앙스마저 있다.

2008년 7월 12일, 14일

2008년 7월 11일 오전에 금강산 관광 중이던 여성이 북한군의 총격에 사망한 사건은 사건 자체도 보통 사안이 아니지만, 이에 대한 이명박 대통령과 우리 정부의 대응도 보통 문제가 아니다.

사망한 박왕자 씨가 허술한 펜스를 모르고 지나쳐서 북으로 약간 넘어갔다고 하더라도 북한군은 무장하지 않은 민간인, 그것도 여성을 조준 사격으로 사살했으니 참으로 기가 막힐 일이다. 이번 사건은 1983년 9월 1일에 일어난 대한항공 007편 격추 사건과 닮은 점이 많다. 당시 대한항공 007편 항공기가 항법상 실수로 소련 영공을 잠시 침범했다고 하더라도, 소련 공군기는 그것이 민간 항공기임을 뻔히 알고서도 격추시켜 승객 240명과 승무원 29명을

모두 죽게 했으니 천인공노天人共怒할 만행이라 아니할 수 없다.

대한항공 007편이 소련 공군기에 의해 격추되자 미국의 레이건 대통령은 긴급하게 안보회의를 열어 진상을 파악하고 대책을 논의했다. 9월 5일 레이건 대통령은 이 사건을 '대한항공 대학살'이라고 지칭하는 연설을 했다. 레이건은 소련의 행동이 '휴머니즘에 대한 범죄crime against humanity'이고, '야만적이며 비인간적인 잔학한 행위'라고 맹비난했다. 유엔 총회에선 유엔 주재 미국 대사이던 진 커크패트릭이 미국 정보기관이 획득한 소련 전투기 조종사와 소련 관제탑과의 교신 내용을 폭로하면서 소련을 신랄하게 비난했다.

이에 비하면 박왕자 씨가 피살된 후에 대한민국 대통령이 행한 발언은 그야말로 가관이다. 사건 당일 이명박 대통령은 관광객 피살을 보고받고도 태연하게 국회에 가서 "남북 간 전면적 대화를 하자"고 했고, 영문도 모르는 국회의원들은 박수를 쳤다. 그날 오후 이명박 대통령은 특보들에게 임명장을 주면서 "국민의 생명이 희생된 데 대해, 특히 관광객이 피격 사망한 데 대해 참으로 안타깝다"면서 비서실에 대해 "진상을 철저히 규명해서 적절한 조치를 취하라"고 지시했다조선일보 7월 12일자 기사. 이 발언이 문제라는 언론의 비난이 있자 다음 날 오전 이명박 대통령은 "있을 수도, 있어서도 안 될 일"이 생겼다면서, 비로소 북한을 비난하는 발언을 했다.

이명박 대통령의 11일자 발언은 어처구니없는 것이다. 이번 사건이 "국민의 생명이 희생됐다"고 볼 상황은 결코 아니다. 통상적으로 '희생'이라는 표현이 적절한 경우는, 더 큰 대의를 위해서 사람이 죽은 경우다. 테러리스트를 진압하는 과정에서 불가피하게 그들에 의해 잡혀 있던 인질이 사망했다면 인질이 '희생됐다'고 할 수 있다. '안타깝다'는 표현도 이번 사건에는 결코 적절하지 않다. 우리 국민이 인질로 잡혀 있다가 테러리스트에 의해 희생되었다면 그것은 분명히 '안타까운 일'이다. 9·11 테러 당시 뉴욕 시 소방대원 수백 명이 세계무역센터 건물에 진입했다가 건물이 붕괴해서 사망한 것은 참으로 '안타까운 일'이다.

그러나 이번 사건은 어떠한 이유로도 정당화될 수 없는, 북한군에 의한 살인 행위이다. 자국민이 무참하게 살해됐는데, 대통령은 이를 '안타깝다'고 표현했으니 도무지 국어 사용법을 제대로 아는지 모르겠다. 그렇다면 1983년 9월에 대한항공 007편이 소련 공군기에 의해 격추되어 승객 240명과 승무원 29명이 사망한 사건도, 1976년 여름에 비무장 지대에서 미군 장교 2명이 북한군의 도끼 만행에 의해 무참하게 살해된 사건도 모두 '안타까운 일'에 불과한 것인지, 그것을 알고 싶다. "특히 관광객이 피격 사망한 데 대해 참으로 안타깝다"고 한 부분도 이해하기 어렵다. 그나마 '안타까운 죽음'이 되기 위해선 관광객이 되어야 하는 것으로 들리니 말이다. "관광객의 희생이 안타깝다"는 표현에는, 듣기에 따라선 북한 당국이나 금강산 사업을 하는 현대아산을 감싸는 뉘앙스마저 있다.

비서실에 대해 "진상을 철저히 규명해서 적절한 조치를 취하라"고 지시한 부분도 납득하기 어렵다. 이번 사건이야말로 대통령의 결단이 필요한 사안인데, 비서실에 대해 "적절한 조치를 취하라"고 지시했다니 참으로 이상하게 들린다. 이런 상황에서 대통령은 사태를 신속하게 파악한 후에 단호한 발언을 하고, 조치를 취해야 하는 법이다. 우리나라에 국가와 국민의 안위를 책임지는 대통령과 정부가 존재하고 있는지, 그것이 궁금하다.

링컨, 힐러리, 그리고 박근혜 전 대표

힐러리 클린턴이 오바마 정권에서 국무장관을 맡는 모습이
아름답다면서 박근혜 전 대표의 '냉랭함'을 비난하는 것은
사정을 잘 모르거나 알면서도 의도적으로 박 전 대표를
흠집 내려는 의도가 있는 것이다.

2008년 11월 30일

미국 대통령에 당선된 버락 오바마가 경선에서 자기와 경합한 힐러리 클린턴 상원의원을 국무장관으로 기용하고, 링컨 대통령과 그의 각료들의 관계를 다룬 책이 국내에 번역 출판된 일을 계기로 박근혜 전 대표를 두고 많은 말이 오가고 있다. 어느 신문은 링컨과 힐러리의 예를 들어가면서 "박근혜 의원이 이 대통령을 도와야 한다"고 주장하는가 하면, 한 여당 의원은 "박근혜 의원이 협력을 하지 않아서 정부가 헤매고 있다"고 말했다.

홍준표 원내대표는 "정권이 어려울 때는 박 전 대표가 도와주는 것이 맞다"면서, "박 전 대표는 지난번 재보선에서 아무 역할을 안 했고, 오히려 수도권 규제완화를 두고 갈등이 일었을 때도

정부를 비난했다”고 비판했다. 한나라당의 다른 중진의원은 “정권이 어려울 때는 박 의원이 정부를 도와야 한다”고 주장했고, 또 다른 의원은 “박근혜 의원의 지지도는 기껏해야 10%밖에 안 된다”며 박 전 대표를 깎아내렸다. 이들이 ‘전 대표’란 통상적 표현을 두고 구태여 ‘의원’이라고 지칭한 것 자체가 어떤 뉘앙스를 풍기고 있다.

미국의 전기 작가 도리스 굿윈이 쓴 링컨의 용인술用人術에 관한 책이 번역되어 나와서 화제를 일으키자, 이에 편승해서 박 전 대표에게 이명박 정권에 “포용당하라”고 주문을 하기도 했다. 하지만 박 전 대표의 경우에 링컨을 들먹이는 것은 생뚱맞은 발상이다. 링컨이 경선에서 자기와 경합한 정치인들을 각료로 기용한 배경에는 링컨 자신이 워싱턴 정가政街에 기반이 없었던 것과 노예 문제를 두고 연방에서 이탈하려는 남부 주州와 전쟁을 하게 될 처지에 놓여 있었기 때문에 공화당이라도 뭉쳐야 할 상황이 있었다.

힐러리 클린턴이 오바마 정권에서 국무장관을 맡는 모습이 아름답다면서 박근혜 전 대표의 ‘냉랭함’을 비난하는 것은 사정을 잘 모르거나 알면서도 의도적으로 박 전 대표를 흠집 내려는 의도가 있는 것이다. 무엇보다 박 전 대표의 ‘냉랭함’을 비난하기에 앞서 짚어 보아야 할 중요한 전제前提가 하나 있다.

2008년 미국 대선 때 〈뉴욕타임스〉, CBS, NBC 등 미국의 진보 언론은 내놓고 민주당을 밀었다. 하지만 이들은 민주당 후보 경선에서 힐러리나 오바마 중 어느 한편을 특정적으로 지지하지는 않았다. 민주당 경선은 공정했고, 민주당 경선을 보도한 언론도 공정했다. 힐러리는 공정하게 치러진 경선에 패배한 것이다. 하지만, 2007년 한나라당 경선이 미국 민주당의 그것처럼 공정했다고 말할 수 있을까? 2007년 한나라당 경선에 관한 언론 보도와 여론 조사가 과연 공정했다고 말할 수 있을까?

힐러리가 대통령의 꿈을 갖고 있다면 국무장관을 맡는 것은 일종의 도박이다. 힐러리를 국무장관에 임명하는 것은 힐러리가 2012년에 대선 후보로 나올 것을 막기 위한 포석布石일 수도 있다. '국무장관 힐러리'는 힐러리 자신에게도 도박일뿐더러 미국의 대외정책에 있어서도 도박이 될 수 있다. '국무장관 힐러리'는 트루먼 행정부에서 국무장관을 지낸 제임스 번스 꼴이 되기 쉽다.

트루먼에 의해 국무장관에 임명된 제임스 번스는 원래 루스벨트에 의해 부통령으로 고려되었던 중량급 정치인이었다. 트루먼이 아닌 자기가 대통령이 되었어야 했다고 생각한 번스 장관은 매사에 독단적이었다. 미국의 대외정책에 혼선이 생겼고, 대통령과 불편한 관계가 된 번스 장관은 2년 만에 사임했다. 트루먼이 후임으로 조지 마셜 장군을 임명하자 비로소 트루먼 대통령-마셜 국무장관-애치슨 국무차관이라는 '환상의 외교라인'이 만들어져 서유럽의 공산화를 막을 수 있었다. 박근혜 전 대표를 두고 힐러리 클린턴에 비교해 가면서 이런 저런 말을 하는 것은 적절치 않다는 것이 나의 생각이다.

'**MB**의 모델' 두바이 드디어 무너지나

우리나라에서 대통령과 기자들이 함께 '두바이 찬양가'를 부르는 동안 두바이는 속으로 곪고 있었다. 2008년 11월 8일 두바이에서 문을 연, 600개의 상점과 올림픽 규모의 실내 아이스링크를 갖춘 세계에서 가장 큰 쇼핑몰은 '대붕괴(great implosion)'의 시작을 알리는 종소리였다.

2008년 12월 8일

한나라당 대통령 후보 경선이 무르익을 무렵인 2007년 4월 중순, 이명박 전 서울시장은 몇몇 계파 의원과 교수를 대동하고 두바이를 방문했다. 두바이가 추진하는 대형공사 현장을 방문하고 두바이 통치자 세이크 모하메드 빈 라시-막툼을 만나 환담했다. 이전 시장은 자기와 두바이의 빈 라시-막툼 통치자가 "세계적 CEO로 인정받는다는 공통점이 있다"고 말했다 조선일보 2007년 4월 12일 기사

그 후 우리나라엔 난데없는 두바이 붐이 불었다. 인천 송도 신도시도 '한국의 두바이'이고, 부산의 신항만 개발도 '한국의 두바이'라고 둘러댔다. 전라북도는 새만금을 '동북아의 두바이'로 만들겠다고 했고, 이명박 대통령은 지난 2008년 9월 23일 새만금 연구단

체 발족식에 보낸 축사에서 "새만금이 '동북아의 두바이'를 넘어 세계인이 감탄하는 메카로 성장하도록 해달라"고 부탁했다. 기업 인들의 두바이 탐방이 이어졌고, 〈월간조선〉은 대학생들을 상대로 두바이 인턴 프로그램을 운영했다. 하도 '두바이 두바이' 하니까 두바이가 되려면 그렇게 말로만 하는 게 아니라고 훈계하는 신문 칼럼이 등장했다. 2008년 8월 6일자 조선일보 사내칼럼 '두바이에 관한 오해'는 "두바이의 오늘은 30년간 일관된 외국 기업 유치정책, 인종적 문화적 다양성과 관용, 치밀한 국가 마케팅 전략이 있었기에 가능했다"고 점잖게 타일렀다.

그러나 우리나라에서 대통령과 기자들이 함께 '두바이 찬양가'를 부르는 동안 두바이는 속으로 곪고 있었다. 2008년 11월 8일 두바이에서 문을 연, 600개의 상점과 올림픽 규모의 실내 아이스 링크를 갖춘 세계에서 가장 큰 쇼핑몰은 '대붕괴great implosion'의 시작을 알리는 종소리였다.

두바이의 무리한 건설과 부동산 붐이 버블이라는 우려는 몇 년 전부터 있었다. 그런 말이 나올 때마다 잠시 부동산 가격과 주가가 떨어졌지만 반등하기를 반복했다. 특히 최근 몇 년 동안 석유 가격이 올라갔던 것이 버블에 대한 우려를 불식시켰고, 도널드 트럼프와 조르지오 아르마니 같은 세계적 투자자가 두바이에 호텔을 건설한 것도 두바이에 신뢰를 보태 주었다. 그러나 이제 두바이의 운명이 다한 것으로 보인다. 전 세계 금융위기에서 거품이 심한 두바이가 빠져나갈 수 없기 때문이다.

지난2008년 가을부터 영국 언론은 두바이의 거품에 대한 기사를 많이 실었다. 9월 29일자 〈더 타임스〉는 "전 세계적 유동성 위기로 인해 타격을 입은 두바이의 부동산 가격이 붕괴하는 것을 막기 위해 아랍에미리트 중앙은행이 73억 9000만 파운드130억 6000만 달러를 투입했지만, 주택 시장 침체 우려를 불식시키는 데는 실패했다"고 보도했다.

11월 21일자 〈가디언〉에는 스티브 로즈 기자의 두바이 현지 보도 기사가 실렸는데, 그는 "두바이 버블이 지금 막 터졌다The Dubai Bubble has burst."고 전하면서 "두바이가 짓고 있는 세계에서 가장 높은 건물 버즈 두바이의 주관사인 에마르Emaar를 위시한 모든 업체가 직원을 해고하고 있으며, 한때 500만 파운드를 나가던 팜 주메라이의 별장은 2달 전에 270만 파운드로 떨어지더니 이제는 180만 파운드로 추락했다. …… 두바이의 주가는 금년 초의 6315에서 2112로 추락했다. 에마르의 주가는 1년 전에 비해 79% 하락했다. …… 두바이는 이제 이미지만 남아 있을 뿐이다"고 했다.

11월 25일자 〈더 타임스〉는 "두바이 정부가 불안을 잠재우기 위해 두바이 정부의 채무가 100억 달러이고, 공영기업의 채무가 700억 달러이고, 국가 총생산에 대한 부채 비율이 148%라고 밝혔으며, 두바이 국민 한 사람이 4만 달러씩 외채를 지고 있는 셈이다"라고 보도했다. 이런 상황을 감안해서 "아랍에미리트의 중앙정부가 새로운 개발은행을 만들어 투자할 것이라고 밝혔다"고 이 신문은 전했다.

10월 27일자 〈이코노미스트〉도 현지 취재기사를 실었는데, "부동산 가격이 내년까지 80% 추락할 것이고, 개발회사의 주가도 80% 추락할 것"으로 내다보았다. 그러면서 "걸프 지역 전체가 '엔론'이라는 말이 나오고 있다"고 전했다.

11월 30일자 〈더 타임스〉는 '두바이에서 파티는 끝났다The Party's Over in Dubai'라는 기사를 내보냈다. 현지를 취재한 존 알리지 기자는 "신용경색이 걸프 지역을 경제 쓰나미로 덮쳤다"고 했다. 그러면서 "두바이는 모든 분야에서 1위가 되고자 했지만, 두바이는 '붐과 폭발boom and burst'에서 1위인 것을 내가 몰랐다"고 한 현지인의 말을 전했다. 기자는 "두바이라는 도시 국가 전체가 붕괴할 위험에 처했다"면서, "유일한 희망은 보수적으로 재정을 운영해 온 사우디아라비아와 아부다비가 구해주는 것이지만, 석유가격 폭락으로 적자 재정을 겪고 있는 이들 나라가 과연 어떤 조치를 할지는 기다려 보아야 하며, 그 구제책은 결코 공짜가 아닐 것"이라고 했다.

두바이의 허황된 돈 놀음에 현혹된 투자가들이 패가망신하게 됐지만 그것은 어디까지나 투자가들의 개인 사정이다. 반면 우리나라는 대통령을 비롯해서 여당 정치인, 사업가, 그리고 언론이 두바이를 배우자고 온통 아우성을 쳤다. 두바이가 운하를 판다면서 우리도 운하를 파야 한다고 했고, 두바이를 따라서 잠실에 초고층 건물을 세워야 한다고도 했다. 도무지 무모한 것인가, 아니면 무식한 것인가?

설득의 리더십이 필요하다

성공한 대통령으로 뽑히는 로널드 레이건 대통령은 '설득의 리더십'을 구현한 지도자였다. 레이건은 해박한 역사 지식과 유머로 가득한 말과 글로 국민의 마음을 움직여서 국정을 끌고 나갔다. 재직 당시에는 높은 인기를 누리지 못했지만 해리 트루먼 대통령이 보여준 리더십도 오늘날 우리에게 많은 교훈을 준다.

〈시사저널〉 2009년 1월 14일자

이명박 정권이 들어선 지 1년이 되어 가지만, 정권은 불안할뿐더러 인기도 없다. 여러 가지 요인이 있을 것이다. 이명박 대통령은 2007년 대선 때 2위와 큰 표 차이로 당선되었지만, 투표율이 저조한 탓에 전체 유권자의 30% 지지를 받는 데 그쳤다. 이 대통령과 그 주변 사람들은 이러한 표심票心을 자기들에게 유리하게만 해석했다. 2등과 표차가 컸다는 점만 생각했고, 전체 유권자의 지지율이 낮았다는 점은 무시했다.

이러한 '오판'은 '오만'으로 흘렀고, 그런 결과로 인수위원회 시절부터 잡음이 많았다. 정권이 들어서기도 전에 서둘러 단행한 정부 부처 통합도 적지 않은 부작용을 일으켰다. 총선 때에는 박근

혜 전 대표 계열을 공천에서 대거 탈락시켜 '친박연대'라는 급조
된 정당의 등장을 초래했다. 한나라당이 총선에서 압승했다고는
하나 여론이 정권에 대해 호의적이지 않은 징후는 많았다. 이재
오, 이방호 등 MB 핵심 멤버가 낙선했고, 강재섭 당시 당 대표는
아예 출마를 포기했다. 대통령의 성급한 미국 방문은 쇠고기 파동
을 일으켰고, 급기야는 '촛불'이라는 전대미문前代未聞의 사태를 초
래했다.

　이명박 정권은 그 후에도 실책을 거듭했다. 헌법재판소 판결을
기다려서 처리하면 될 종합부동산세 개편 문제를 성급히 꺼내서
'강남 부자당'이라는 비난을 자초했다. 미국에서 시작된 금융 위기
에 성급하게 대처하고, 무책임한 발언을 해서 위기를 키웠다. 대운
하에 대해서도 끊임없이 말을 바꾸어서 불신을 키웠다. 방송 관련
법과 사이버모욕법, 불법집회집단소송법 등 논쟁이 많은 법안들을
무리하게 통과시키려다 민주당의 의사당 점거 농성 사태를 초래했
고, 결국 박근혜 전 대표의 말 한마디에 주저앉고 말았다.

　이러한 사태는 정권의 '오만'이 초래한 것이다. '오만'은 '신뢰'
를 붕괴시키기 마련이고, 한 번 '신뢰'를 잃어버린 정권은 리더십
을 발휘할 수 없다. 그래서 이 정권은 위기에 봉착해 있는 것이다.
더 큰 문제는 당사자들이 위기를 인정하지 않고 오히려 이를 다른
것에 전가轉嫁하려는 데 있다. 비판을 수용하기는커녕 오히려 자기
들 지지 세력 안에 갇혀 지내고 있는 것이다. 총선에서 심판을 받
은 이재오 전 의원의 복귀설을 퍼뜨리는 등 민심과는 관계없는 일

만 하고 있다.

방송 관련법 등 첨예한 논쟁이 있는 쟁점 법안을 다른 민생 법안과 함께 일괄적으로 통과시키겠다고 나서면서 공청회를 열거나 전문가들의 의견을 수렴하는 노력도 하지 않았다. 야당과 국민을 설득하려는 노력도 전혀 하지 않은 것이다. 그러면서 한나라당 원내대표가 겨우 한다는 말이 "국회는 다수결로 움직인다"라는 것이었다.

'오만'이 얼마나 위험한가는 미국이 실패한 베트남 전쟁과 이라크 전쟁의 경우가 잘 보여준다. 베트남 전쟁은 린든 존슨 행정부의 '오만'이 초래한 것이고, 이라크 전쟁은 조지 부시 행정부의 '오만'이 초래했다. 반면, 성공한 대통령으로 뽑히는 로널드 레이건 대통령은 '설득의 리더십'을 구현한 지도자였다. 레이건은 자기와 견해가 다른 민주당 정치인이나 진보적 언론을 결코 적대시하지 않았다. 그는 해박한 역사 지식과 유머로 가득한 말과 글로 국민의 마음을 움직여서 국정을 끌고 나갔다. 재직 당시에는 높은 인기를 누리지 못했지만 해리 트루먼 대통령이 보여준 리더십도 오늘날 우리에게 많은 교훈을 준다.

미주리의 시골 출신으로 대학도 나오지 못한 트루먼은 훌륭한 인물들을 각료로 발탁해서 그들과 함께 국정을 이끌어갔다. 딘 애치슨, 조지 마셜, 애버럴 해리먼 등 학식과 경험이 출중한 인물들을 중용해서 냉전 체제로 급변하는 당시 위기에 적절하게 대처했다. 딘 애치슨 국무장관이 파리에서 어려운 회의를 성공적으로 이끌고 귀국하자 트루먼 대통령은 공항으로 애치슨 장관을 마중 나가기도 했다. 일본에 대한 원자폭탄 투하, 한국전쟁 참전, 맥아더 파면 등 역사를 바꾼 중요한 결정을 많이 내린 트루먼은 겸허하지만 용기 있는 지도자였다. 오늘날 우리에게는 트루먼처럼 겸허하고, 레이건처럼 설득을 잘 하는 대통령이 필요하다.

"납세 없이
대표 없다"

우리가 정치와 행정에 관심을 갖는 것은 우리가 단순히 국민이기 때문만은 아니다.
'세금을 내는 주인'이기 때문에 관심을 갖는 것이다. 당당하게 세금을 내는 국민이야말로 당당하게 투표하고,
정부에 대해 주권자로서 요구를 할 수 있는 것이다. 저소득층은 소득세를 거의 내지 않는다 하더라도
이들 역시 부가가치세, 특별소비세 등 각종 간접세를 납부하고 있다.

2009년 2월 2일

"대표 없이 과세 없다No Taxation without Representation"는 말은 중학생 정도면 들어서 알고 있는 익숙한 슬로건이다. "국민이 자신들의 대표자를 뽑아서 의회에 보내지 않으면 세금을 부과당할 수 없다"는 말이다. 18세기 중반에 영국 의회가 북미 식민지에 세금을 부과하자 식민지에 정착한 영국인들이 자신들은 영국 의회 의원을 뽑는 투표권이 없으니까 영국 정부에 세금을 낼 수는 없다고 이렇게 주장했다.

당시 영국 본국에서는 "식민지에 사는 영국인들은 영국 의회에 '관념적으로 대표되어 있다virtual representation'는 주장이 있었는데, 이에 대해 신대륙에 정착한 영국인들이 항거한 것이다. 미국 독립

운동은 식민 본국인 영국의 부당한 과세권에 대한 항거로 시작했기 때문에, 이 슬로건이 갖는 의미는 중요하다.

"대표 없이 과세 없다"는 말의 순서를 바꾸면 "납세 없이 대표 없다No Representation without Taxation"가 되는데, 현대적 상황에서는 이 슬로건이 오히려 중요하다. 국민들이 세금을 내지 않는 나라들은 한결같이 '문제 국가들'이기 때문이다. 국민들이 세금을 내지 않는 나라는 두 종류가 있다.

첫째는, 소말리아 등 아프리카에서 볼 수 있는 '실패한 국가들failed states'의 경우이다. 이런 나라는 유엔과 외국의 지원으로 국민들이 기아饑餓를 간신히 면하는 한심한 상태에 있어, 세금을 내는 '국민'이란 주권자가 존재하지 않는다. 냉전 종식 후에 이런 나라들이 자꾸만 늘어나고 있어 지구 차원의 안보global security를 위협할 수 있다는 관측마저 나오고 있다.

두 번째는 천연자원 덕분에 정부가 구태여 국민들에게 세금을 부과할 필요가 없는 경우이다. 사우디아라비아, 쿠웨이트, 아랍에미리트 등 산유産油국가들이 그러하다. 남태평양의 솔로몬 군도나 나우루 같은 나라도 목재나 광물자원을 외국에 팔아서 세금을 걷지 않고도 나라 살림을 할 수가 있었다. 이런 나라에서는 국가가 국민들의 모든 수요를 충족해 준다. 주택에서 교육, 의료까지 모든 것을 해결해 주기 때문에 국민들은 열심히 일할 필요가 없다.

이런 나라에선 국민들이 세금을 내지 않기 때문에 공공문제에 대해 관심이 없다. 유일한 관심은 그들에게 주어지는 혜택이 줄어들지는 않는가 하는 것이다. 따라서 이런 나라에서 민주주의를 기대하기는 어렵다. 이처럼 산유국産油國에서 민주주의가 이루어지지 않는 것을 두고 얼마 전에 타계한 새무엘 헌틴텅 교수는 "납세 없이 대표 없다"면서, "산유국들이 '석유의 저주Curse of Oil'에 걸려 있다"고 했다.

이런 이야기를 하는 것은 외국에 사는 우리나라 국민들에 대해 투표권을 주기로 여야與野가 합의했다는 소식에 입맛이 쓰기 때문이다. 외국에 거주하거나 체류하고 있는 외교관, 상사 주재원, 유학생, 군인 그리고 이들의 가족처럼 국내에 주민등록을 갖고 있고 세금과 건강보험료 국민연금 등 각종 사회보험료를 우리 정부에 내는 사람들은 선거 때에 부재자 투표를 할 수 있도록 보장해 주어야 한다. 하지만 영주권을 갖고 현지에 뿌리를 내리고 살면서 소득세 사회보장세 등 모든 세금을 현지 정부에 납부하고 국내에는 주민등록이 말소되어 있는 사람들에게 대한민국의 선거에서 투표할 수 있는 권리를 보장하는 것은 전혀 다른 문제다.

우리가 정치와 행정에 관심을 갖는 것은 우리가 단순히 국민이기 때문만은 아니다. 우리는 '세금을 내는 주인'이기 때문에 관심을 갖는 것이다. 또한 국내에 살고 있는 우리 남성은 병역의무를 이행한다. 여성도 자신의 아들, 남편, 오빠, 동생이 병역의무를 이행하는 고통과 명예를 향유한다. 우리나라는 다른 제3세계 국가들과 달리 산업화를 통해서 중산층이 두터워졌고, 그로 인해 세금을 내는 계층이 많아졌다. 이런 계층이 두텁기 때문에 우리는 민주주의를 달성할 수 있었다. 당당하게 세금을 내는 국민이야말로 당당하게 투표하고, 정부에 대해 주권자로서 요구를 할 수 있는 것이다. 저소득층에 대한 감세 조치 덕분에 저소득층은 소득세를 거의 내지 않는다 하더라도 이들 역시 부가가치세, 특별소비세 등 각종 간접세를 납부하고 있다.

반면 해외에 거주하는 영주권자들은 비록 그들의 국적이 우리나라라고 하더라도 소득세, 부가가치세, 사회보장세 등 모든 세금을 현지 정부에 낸다. 이들은 대한민국의 국방을 짊어질 의무도 갖고 있지 않다. 그들이 아무리 문화적으로, 정신적으로 한국인이라고 할지라도 그들이 모국에 세금을 내지 않는 한, 이들이 본국 정치에 참여하는 명분은 희박하다. 대부분의 경우 이들은 자기 의사로 보다 나은 삶을 찾아 외국으로 나간 사람들이다. 특별한 경우도 있겠지만, 이들은 대한민국에 대한 납세의무와 병역의무를 스스로 포기한 사람들이다. 따라서 이들이 대한민국에 거주하고 있는 사람들과 똑같이 투표권을 행사하겠다고 들면 심각한 갈등이 발생할 것이다.

지난 10여 년 동안 '세계화'를 내걸고 이중국적을 인정하고 심지어 재외국민에게 정치적 권리를 인정하자는 등 무지개 같은 이야기가 많았다. 그러나 이제 우리는 냉철하게 원칙을 살펴야 할

것이다. 대한민국에서의 투표는 대한민국 정부에 세금을 내고, 대
한민국에서 국방 의무를 다하거나 할 각오가 되어 있는 국민들의
특권이고 의무다.

'인사 청문'이란 이름의 '슬픈 코미디'

지난 주 원세훈 국정원장 후보와 현인택 통일부장관 후보에 대한
청문회는 많은 국민들로 하여금 "이런 인사 청문회가
과연 필요한가?" 하고 생각하게 만들었을 것이다.
특히 현인택 통일부장관 후보에 대한 청문회는 한 편의 코미디였다.

2009년 2월 15일

국정원장, 장관 등 고위직은 임명에 앞서 인사 청문을 거치도록 되어 있다. 국무총리 임명의 경우와는 달리 이들에 대해선 청문은 해야 하지만 인준은 필요치 않다. 인준 표결이 없는 장관의 경우라도 청문 과정에서 지명자에게 문제가 있음이 밝혀져서 좋지 않은 여론이 생기고, 이에 따라 임명권자가 지명을 철회한다면 인준이 없는 청문이라고 하더라도 의미가 있다. 그러나 임명권자가 "너희들은 떠들어라, 나는 내 길을 간다"는 식으로 나간다면 인사 청문은 있으나마나 하다.

김대중 정권에선 장상 전 국회의원이, 노무현 정권에선 장대환 매일경제 사장이 인사 청문에서 드러난 사실로 총리 지명에서 낙

마落馬를 했다. 한나라당은 두 사람의 부동산 보유와 위장전입 문제를 물고 늘어졌고, 두 사람은 사퇴하고 말았다. 장대환 사장은 단순히 아이들 교육과 관련된 위장전입 문제로 낙마했으니, 지금 생각하면 '문제'라고 할 수도 없는 것이었다.

지난 주 원세훈 국정원장 후보와 현인택 통일부장관 후보에 대한 청문회는 많은 국민들로 하여금 '이런 인사 청문회가 과연 필요한가?' 하고 생각하게 만들었을 것이다. 특히 현인택 통일부장관 후보에 대한 청문회는 한 편의 코미디였다. 현 후보자는 어떤 질문에 대해서도 답변다운 답변을 하지 못했다. 부동산 탈법 증여 의혹을 묻는 의원에 대해 밑도 끝도 없이 "아니다"고 답했다. 증여가 아니면 왜 아니고, 그렇다면 어떻게 해서 그런 재산이 자신 명의로 되었는가에 대한 설명이 있어야 하는데 그런 것이 전혀 없었다. 다른 의원이 "오토바이를 타느냐?"고 물어본 데 대해서도, 현 후보자는 "안 탄다"고만 답했다. 그러면 헬멧을 쓰지 않고 오토바이를 타는 경우에 주로 발부된다는 안전장구 미착용 범칙금이 어떻게 해서 자기에게 부과됐는지에 대해 해명이 있어야 할 것이 아닌가.

현 후보자는 자신이 대북정책에 강경해서 통일부장관으로 부적합하다는 비판을 생각해서인지 도무지 자기 소신을 밝히지도 못했다. 이를 보다 못한 송영선 의원이 친절하게 훈수를 두기에 이르렀고, 현 후보자는 맥없이 고개를 끄덕거렸다. '강남 우파의 초라한 초상肖像'이라고나 할까.

교수 출신인 박선영 의원은 현 후보자의 교수 승급 논문까지 찾아내서 자기 표절을 따져 물었다. 현 후보자는 그것이 문제가 없다고 답했지만 그것 역시 제대로 된 답변이라고 할 수 없었다. 1990년대 중반에는 우리 학계에 연구 윤리가 제대로 서있지 않았다고 답하는 것이 오히려 솔직했을 것이다.

박선영 의원이 잘 알지 못했던 것은 남이 번역한 책을 제대로 감수도 하지 않고 자기가 번역했다고 출판하는 행위도 '논문 재활용' 못지않게 비윤리적이며, 그 점에서 국회 외교통일위원회가 자유롭지 않다는 사실이다.

2005년 12월, 한국경제신문은 당시 번역되어 나온 《더 라이트 네이션》이란 책에 대한 서평 기고를 나에게 부탁했다. 미국의 보수주의 정치에 대해서 나만큼 아는 사람이 없다고 생각해서 그랬을 것이다. 나는 그 책의 영어 원전原典은 읽지 않았지만 미국 신문에 난 북 리뷰를 통해 내용은 대충 짐작하고 있었다. 번역된 책을 여는 순간 나는 깜짝 놀랐다. 번역이 너무 엉터리였다. 문제는 그 역자가 한나라당의 '미국통通'이며, 현 후보자에 대한 청문회를 진행한 외교통일위원회의 위원장인 박진 의원이라는 데 있다.

박진 의원은 워싱턴에 갈 때면 덜레스 공항을 통해 입국했을 것이다. 덜레스 공항은 아이젠하워 행정부에서 국무장관을 지낸 존 포스터 덜레스를 추모하기 위해서 그렇게 이름을 지었다. 그런데 《더 라이트 네이션》에는 여기저기에 '덜레스'가 '둘스'로 번역되어 있다. 그 외에도 틀리거나 우습게 번역한 곳이 즐비하다. 예를 들면 '웨스트버지니아'가 '서부 버지니아'로, '경호실 특수요원'이 '비밀 검찰부 특수부대', '마운트홀리요크 대학'이 '홀리요크 산'으로 번역되어 웃지 않을 수 없었다. 양복바지를 뜻하는 '팬츠'는 속내의를 뜻하는 '팬티'로 되어 있고, 시카고 대학을 중심으로 형성된 자유주의 경제학자를 의미하는 '시카고학파 학자the Chicago Boys'는 '시카고 소년들'로 되어 있었다. 당시 한나라당 의원들이 이런 엉터리 번역 책을 갖고 세미나 같은 것을 했다고 해서 나는 그때 "참으로 한심하다"고 생각했었다.

이렇게 잘못된 부분이 많은 책은 서점에 내놓아서는 안 되는 것이다. 나는 그래서 이 책은 박진 의원이 번역했다고 보기 어렵다는 생각이다. 초역을 다른 사람이 했더라도 번역된 원고를 제대로 읽어 보기라고 했으면 이런 엉터리 책은 나오지 않았을 것이다. 자기가 과거에 쓴 논문을 재활용하는 것이나, 자기가 하지도 않은 번역 책에 자기를 '역자'라고 올리는 것이나 비윤리적이기는 마찬가지다. 물론 우리 사회의 윤리 기준이 미국 같은 선진국에 비해 미흡하기 때문에 미국에서와 같은 책임을 묻기는 어려울 것이다.

하지만 우리가 생각해 보아야 할 문제가 있다. 몇 년 전에 한 방송인이 자기가 번역하지 않은 책을 자기가 번역했다고 이름을 올렸다가 그것이 문제가 되어서 방송계를 떠났다는 사실이다. 그렇다면 방송인에 적용되는 윤리 기준이 국회의원과 장관에 적용된 기준보다 더 높다는 말이 된다. 지난주에 있었던 인사 청문회는

윤리기준이 실종된 현 정권의 모습을 적나라하게 보여준 '슬픈 코
미디'였다.

'보수 동반 몰락'의 지름길

'보수'가 공멸하는 확실한 길은 'MB 호(號)'에 함께 올라타고 타이타닉처럼 장렬하게 침몰하는 것이다.
MB 정권이 국민신뢰를 회복할 가능성은 코끼리가 바늘구멍을 통과하는 것보다 더 어렵다.
2007년 한나라당 경선과 대선 과정에서 제기됐던 숱한 의혹은 지금도 많은 국민의 마음속에 자리 잡고 있다.
거기에 지난 1년간의 오만과 독선으로 점철된 실정(失政)이 덮쳤으니, 더 이상 기대할 것이 없다.

2009년 5월 12일

요즘 이른바 '보수신문'의 지면을 보면 어지러울 정도다. 5월 11일자 중앙일보 김진 논설위원이 쓴 사내칼럼 '갯바위 박근혜를 잡으려면'은 공개석상에선 말로도 해선 안 될 표현으로 박근혜 전 대표를 폄하해서 지칭했다. 박 전 대표를 다른 사람들이 'xx' 'xx' 라고 불렀다고 하면서 "이런 접근법은 실패할 가능성이 크다"고 힐난했다. 이런 표현은 박 전 대표를 생각해주는 것이 아니라 폄하하는 것임은 누구나 알 것이다. 비판할 일이 있으면 정당하게 비판하면 될 것인데, 그렇지 않고 남자들이 술집이나 밥집에서 저속하게 부르는 말을 신문지상에 쓰는 속셈은 뻔한 것이다.

이 칼럼은 '장자연 리스트'가 '보수 리스트'임을 자복(自服)하면서,

그러니 "그것을 알 필요가 없다"고 일갈—喝했던 3월 24일자 사내 칼럼 '박연차 리스트 v. 장자연 리스트'와 더불어 중앙일보가 남긴 '불후不朽의 칼럼'으로 남을 만하다.

조선일보에는 이명박 대통령과 박근혜 전 대표가 화합하지 못하는 상태가 지속되면 2012년엔 '좌파 정권'이 들어설 것이라는 '보수 공멸론共滅論'마저 등장하고 있다. 이런 주장이 맞는다면 민주당이 기고만장해 있어야 하는데, 정작 민주당에선 정당 정책을 보다 오른쪽으로 선회해야 한다는 주장도 나오고 있다. 그렇다면 설마하니 민노당과 진보신당이 집권하게 됐다는 말인지, 이해하기 어렵다.

내가 볼 때는 '보수'가 공멸하는 확실한 길은 'MB 호號'에 함께 올라타고 타이타닉처럼 장렬하게 침몰하는 것이다. MB 정권이 국민신뢰를 회복할 가능성은 코끼리가 바늘구멍을 통과하는 것보다 더 어렵다. 지금 이 정권이 겪고 있는 '불신의 뿌리'는 깊다. 2007년 한나라당 경선과 대선 과정에서 제기됐던 숱한 의혹은 지금도 많은 국민의 마음속에 자리 잡고 있다. 거기에 지난 1년간의 오만과 독선으로 점철된 실정失政이 덮쳤으니, 더 이상 기대할 것이 없다.

지금과 같은 국정체제 하에서 여당 대표나 국무총리는 '심부름꾼Errand Boy'에 불과하다. 박 전 대표는 탄핵 역풍 속에서 존망存亡의 위기에 처했던 한나라당을 컨테이너 당사黨舍에서 일으켰다. 보기에는 좋지만 먹으면 시기만 한 레몬 같은 여당 대표와 달리, 야당 대표는 명실상부_{名實相符}한 당 대표다. 그런 야당 대표를 지낸 박 전 대표에게 여당 대표를 맡아야 하니 뭐니 하며 투정을 부리는 것은 일종의 모욕이다.

국정에 대한 불만도는 위험스러울 정도로 높지만, 그 원인이 보수니 진보니 하는 이념에 근거한 것은 아니라고 생각된다. 이런 불만의 기저_{基底}에는 '구_舊 정치_{Old Politics}'에 대한 불신과 식상_{食傷}이 자리 잡고 있는 것 같다. 대다수 국민은 노무현도 아니고 이명박도 아닌, '원칙과 절차를 존중하는 제3의 정치'를 갈구하고 있는데, 그 공백을 박근혜 전 대표가 채우지 않았나 한다. 그렇지 않고서는 박 전 대표가 누리고 있는 높은 지지도를 설명할 방도가 없다.

우리는 여기서 이웃나라 일본에서 일어나고 있는 상황을 주시해야 할 것이다. 반세기 넘게 지속된 일본 자민당의 권력 독점이 드디어 막_幕을 내리고 있기 때문이다. 일본의 전통 야당이던 사회당은 몰락해 버렸지만, '구_舊 정치'에 식상한 사람들이 모여서 만든 모자이크 같은 민주당이 지난 2007년 참의원 선거에서 자민당을 누른 데 이어 중의원 선거에서도 승리할 가능성이 많기 때문이다. 돌이켜보면 고이즈미라는 '이단자_{maverick}'가 없었더라면 자민당은 벌써 정권을 내주었을 것이다. 자민당 총리 같지 않은 자민당 총리 덕분에 자민당은 2005년 총선에서 압승했던 것이다. 고이즈미가 자민당의 구태의연한 정치의 몰락을 지연시켰다면 우리나라에선 MB가 그것의 몰락을 촉진시키고 있다고나 할까.

기로에 선 박근혜 전 대표

지금까지 박 전 대표가 누려온 높은 지지도는
친이 세력의 실패에 따른 반사적 이익 같은 측면이 있었다.
그렇다면 이제는 박 전 대표가 자신의 것을 내놓아야 할 때가 되었다고 생각된다.
미디어 법안 처리와 MBC와 YTN 사태, 그리고 4대강 사업 등 현 정권의
'아킬레스 건(腱)' 같은 사안에 대해 계속 침묵하는 것도 한계가 있다.

2009년 8월 5일

박근혜 전 대표가 미디어법의 여파로 지지도가 하락하자, 기다렸다는 듯이 인신공격에 가까운 비판이 박 전 대표에게 가해지고 있다. 이런 비판으로 인해 박 전 대표가 위기에 처했다고 말할 수는 없겠지만, 어떠한 선택을 해야 할 시점에 다가서는 것 같은 느낌이 든다. 박 전 대표가 기로岐路에 서 있다는 말이다.

박 전 대표를 마음껏 조롱한 동아일보의 김순덕 논설위원의 2009년 8월 3일자 칼럼 '근혜 님의 신탁神託통치'가 지면에 나올 수 있다는 사실, 그 자체가 박 전 대표의 위상이 변했음을 보여 주는 증거일 것이다. 6공화국 초기의 실세라고 불렸던 박철언 씨도 그를 노골적으로 비판하는 기명 칼럼이 조선일보에 실린 후에 영

향력이 급속히 줄어들었다. 대중적 지지기반이 탄탄한 박 전 대표를 박철언 씨와 동일선상에서 말할 수는 없지만, 적어도 차기 대통령으로 손꼽히는 박 전 대표에 대해 이런 칼럼을 썼다는 사실 자체가 중요하다.

박 전 대표 측은 아직도 건재한 지지도를 들어서 "그까짓 칼럼쯤이야" 하고 무시할 수도 있을 것이다. 미디어법을 둘러싸고 주변 인물들이 보여준 혼란상을 생각한다면, 박 전 대표의 주변에는 안이한 생각을 하는 사람들이 포진하고 있는 것 같다. 이른바 보수신문의 영향력이 전과 같지는 않다고 하지만, 이런 칼럼을 안이하게 보아서는 안 된다. 무엇보다 대선을 몇 년씩이나 앞둔 시점의 지지도라는 것이 별 의미가 없음을 알아야 한다. 대통령 선거가 있기 3년 전에 노무현과 버락 오바마가 대통령이 될 것이라고 생각한 사람은 별로 없었다. 빌 클린턴과 조지 W. 부시, 그리고 사르코지의 경우도 마찬가지였다.

김순덕 위원이 쓴 칼럼의 요지는 박 전 대표가 MB 정권에 무조건 협력하고, 또 이른바 수구좌파 세력과의 싸움에도 동참하라는 것이다. 또한 오늘날 집권여당이 이 모양 이 꼴이 된 데는 박 전 대표의 비협조가 원인이라는 것이다. 김순덕 위원은 지난 2월 20일자 칼럼에서도 그런 논지를 폈다. "국민이 더 지쳐 정부 여당과 우파에 완전히 등을 돌리기 전에 박근혜는 대통령을 할 만한 능력을 보여 주어야 한다"는 것이다.

MB 정권의 오만과 독선, 독주와 위선, 도덕과 윤리의 실종 등에 대해선 한 마디 못하면서 툭하면 "박 전 대표가 MB를 돕지 않아서 이 모양 이 꼴이 됐다"고 하소연하는 꼴은 정말 한심하다. 사실을 말하자면, 박 전 대표가 누리고 있는 높은 지지도는 MB와의 차별성에서 비롯된 것이다. 박 전 대표 지지자들은 2007년의 한나라당 후보 경선의 공정성에 대해 의심을 품고 있으며, 그것이 박 전 대표에 대한 견고한 지지로 이어져 있는 것은 엄연한 사실이다. 미디어법, 용산참사 등 현안 문제에 대해 박 전 대표가 보여 준 독자적 입장으로 인해 고정적 지지계층 밖으로부터도 상당한 지지를 받았던 것도 사실이다. 미디어법 사태 후에 지지도가 떨어진 것은 그러한 사정을 잘 보여 준다.

지금까지 박 전 대표가 누려온 높은 지지도는 친이 세력의 실패에 따른 반사적 이익 같은 측면이 있었다. 그렇다면 이제는 박 전 대표가 자신의 것을 내놓아야 할 때가 되었다고 생각된다. 미디어 법안 처리와 MBC와 YTN 사태, 그리고 4대강 사업 등 현 정권의 '아킬레스 건腱' 같은 사안에 대해 계속 침묵하는 것도 한계가 있다.

김순덕 위원은 박 전 대표가 이런 사안에 대해 현 정권과 의견을 달리하면 박 전 대표도 '수구좌파'라는 식으로 몰아세우고 있으니, 얼마 전에 박 전 대표 사무실 앞에서 "박근혜는 북한으로 가라"고 플래카드를 들고 시위를 했던 극우집단과 다를 것이 없다. 그런 '협박'에 굴복해서 친親 MB의 길을 가는 것도 박 전 대표의 선택이고, 다른 길을 가는 것도 박 전 대표의 선택이다. 하지만 이제는 박 전 대표가 어떠한 선택을 해야 할 시점에 와 있는 것도 현실이라고 하겠다.

　김순덕 위원은 박 전 대표에게 현 정권을 도우라면서, 엘리자베스 1세Eliqabeth I, 1533~1603가 선왕 메리 1세Mary I, 1516~58의 장례를 가톨릭 의식으로 치르게 한 것을 들었다. 하지만 자식을 두지 못한 가톨릭 신자였던 메리 1세는 운명殞命하기에 앞서 엘리자베스를 후계자로 지명했으니, 장례의식을 화합을 도모한 행위로 보는 것은 한계가 있다. 엘리자베스가 잉글랜드의 왕이 된 후에도 종교 간 대립과 스코틀랜드와의 관계는 큰 문제였다.

　박 전 대표가 엘리자베스 1세로부터 배워야 할 진정한 교훈은, 이복異腹 사촌이며 가톨릭 신자인 스코틀랜드의 메리 여왕Mary Queen of Scots, 1542~87을 19년 동안이나 연금하고 끝내는 참수형에 처하게 해야만 했던 권력 정치의 비정함일 것이다.

난데없는
'분권형 대통령제'
개헌론

'분권형 대통령제'라는 '2원적 집정부제(執政府制)'는 대통령제와
의원내각제의 결점만 모아 놓은 '실패한 정부 구조'이다.
어느 형태의 정부 구조도 완전하지 않지만,
2원적 집정부제는 가장 불완전한 정부구조이다.
2009년 7월 20일

노무현 대통령이 단임제 대통령이 문제가 많다면서 4년 중임제 대통령제로 개헌을 하자고 제안했었다. 당시 한나라당은 아예 대응도 하지 않았다. 일각에서는 개헌논의가 나오면 영토조항인 헌법 제3조를 손보려고 할 것이라는 '음모론'까지 나돌았다. 지나친 비약이라고 할 수도 있겠지만, 집권세력이 느닷없이 개헌을 하자고 나오는 것은 정상이 아니다.

원칙적으로 말한다면 대통령제는 5년 단임제보다는 4년 중임제가 바람직하다고 할 수 있다. 그러나 5년 단임제에도 단점이 있듯이 4년 중임제에도 단점이 있다. 무엇보다 개헌, 특히 정부 형태를 바꾸는 개헌은 정치적 변혁 같은 특별한 경우에 국민적 공감

대가 있어야 하는 것이다. "대통령이 단임이라서 될 것도 안 된다"고 보는 시각도 엉뚱한 것이다. 노무현 정부나 현 정부에서의 국정 실패가 단임제에 원인이 있다고 보는 사람은 없을 것이다. 노무현 대통령이 연임제 개헌을 하자고 했을 당시에 야인이던 이회창 총재도 그런 내용의 인터뷰를 했고, 나 역시 그런 내용의 시론을 2007년 2월 초에 동아일보에 썼다.

이번에 김형오 국회의장이 '분권형 대통령제'를 도입하기 위한 개헌을 하자고 주장한 것도 노무현 대통령의 중임제 개헌 제의 못지않게 엉뚱하다. 국회법에 의해 국회의장은 국회를 대표하며 의사를 진행하고 국회사무를 관장하도록 규정되어 있는데, 의장이 정치적으로 민감한 개헌 문제를 꺼낸 것은 무슨 이유인지 알 수 없다. 국회의장은 정치적 중립을 지켜야 하기 때문에 정치적 이슈인 개헌론에 대해 말을 해서는 안 되는 것이다.

김 의장이 아는지 모르는지는 알 수 없지만, '분권형 대통령제'는 '실패한 정부 구조'이다. 대학에서 헌법을 공부한 사람이라면 '분권형 대통령제'라는 '2원적 집정부제執政府制'는 대통령제와 의원내각제의 결점만 모아 놓은 것임을 잘 알 것이다. 실제로 2원적 집정부제와 비례대표제를 도입한 바이마르 헌법은 기능 마비가 되어서 나치의 등장을 초래했다. 이를 두고 정치학자이며 비교헌법학자인 칼 뢰벤스타인은 대통령제와 유럽식 의회주의의 결합을 '죽음의 키스'라고 표현했다.

오늘날 대통령제와 의원내각제를 결부한 정부 구조로는 프랑스가 대표적인데, 뢰벤스타인은 프랑스 5공화국 헌법 ^{현행 헌법}은 '드골에 대한 맞춤양복'이라고 표현했다. 드골이 물러난 지도 40년이 되었지만 5공화국의 정부 체제는 그대로 유지되고 있고, 다만 근래에 대통령의 임기를 7년에서 5년으로 단축했을 뿐이다. 그간 프랑스에서는 좌파 대통령에 우파 내각, 그리고 우파 대통령에 좌파 내각이란 불안한 '동거 정부^{同居政府}'가 오랫동안 지속되어 왔다. 어느 형태의 정부 구조도 완전하지 않지만, 2원적 집정부제는 가장 불완전한 정부구조인 셈이다.

국회의장이 '2원적 집정부제'를 '분권형 대통령제'라고 둘러서 말한 것은 현재와 같은 대통령의 권력 장악과 일방적 국정 운영이 문제임을 국회의장 스스로 인정한 꼴이어서 대단히 흥미롭다. 사실 현 정부의 문제는 제도의 문제가 아니다. 국민과 여론을 무시하는 대통령의 '독주^{獨走}' 때문에 문제가 있는 것이다. 또한 170석이 넘는 의석을 갖고 있는 한나라당은 자신들이 야당일 적에 견지했던 원칙을 철저하게 뒤집어 버렸기 때문에 다수당으로서 대접받지 못하는 것이다.

검찰총장 청문회를 보면, 천성관 씨를 지명한 청와대나 천 씨를 두둔한 한나라당 대표와 의원들이 정상적인 사람들인지 의심스러울 정도다. 김형오 국회의장은 난데없이 개헌 타령을 하기보다는 국회가 청와대의 일방적 국정 운영의 꼭두각시가 되지 않도록 하는 데 조금이나마 힘을 보태야 할 것이다.

엉뚱한 선거제도 개편론

'선거구제 개혁'은 미디어법 변칙 통과, 막무가내 식 4대강 사업 등으로 수세에 몰린 정국을 풀기 위한 국면전환용 정략이라고 할 것이다. 영화 '웩 더 독'에서 스캔들에 몰린 대통령이 전쟁위기를 조성하는 것처럼, 국민들의 관심을 다른 곳으로 유도하려는 시도일 가능성이 많다.

2009년 8월 17일, 8월 27일

미디어법 파동과 쌍용자동차 분규에 재정적자와 4대강 사업 논란 등 많은 문제가 동시다발적으로 발생하고 있는 와중에 선거구제를 개편하고 헌법을 개정하자는 주장이 나오고 있으니 어처구니가 없다. 이명박 대통령이 지역주의를 타파하기 위해 행정 구역과 선거구제를 개편하자고 한 것이다.

광역과 기초로 중첩된 지방자치와 영세한 행정 단위 등 우리의 행정 구역은 문제가 많다. 그러나 중대선거구제를 도입하자고 주장한 부분은 그 의도와 현실성 측면에서 의심을 하지 않을 수 없다. 특히 지역주의를 타파하기 위해 선거구제를 개편하자는 주장은 엉뚱하게 들린다. "여당이 손해를 보더라도 추진해야 한다"는

MB의 선거구제 개혁안에 대해 현역 의원들이 긍정적 반응을 보이는 데 대해선 쓴웃음을 짓지 않을 수 없다.

우리나라 정치가 안고 있는 큰 문제 중의 하나가 지역주의임은 틀림없다. 그러나 지금 시점에서 과연 지역주의가 한국정치의 고질병이라고 할 만한 특별한 이유가 있는지는 의심스럽다. 현 정부가 난국에 처해 있는 이유는 일방통행 식 밀어붙이기 국정운영 때문이지 지역주의 때문은 아니다. 현 정부 들어서 발생한 많은 문제 중 과연 지역주의와 관련된 것이 무엇이 있는지 알 수 없다. 현 정권에 대한 지지도가 낮은 것이 지역주의와 관련이 없음은 누구나 알 것이다.

그렇다면 '선거구제 개혁'은 미디어법 변칙 통과, 막무가내 식式 4대강 사업 등으로 수세守勢에 몰린 정국을 풀기 위한 국면전환용 정략이라고 할 것이다. 영화 '왝 더 독Wag the Dog'에서 스캔들에 몰린 대통령이 전쟁위기를 조성하는 것처럼, 국민들의 관심을 다른 곳으로 유도하려는 시도일 가능성이 많다.

2009년 8월 27일자 조선일보는 1면 머리기사로 이에 대한 국회의원들의 여론을 비중 있게 실었다. 국회의원 183명을 상대로 한 여론조사에 의하면 51.4%에 달하는 94명이 중대선거구제에 찬성했는데, 정당별 찬성률은 한나라당이 47.1%, 민주당이 70.7%라고 한다. 지역별로 당의 득표율에 따라 비례대표를 배분하는 권역별 비례대표제 도입에 대해선 66.6%에 달하는 122명이 찬성했다고 한다. 여론 조사를 수행한 김형준 교수명지대는 "여야 공히 정치개혁의 필요성에 대한 공감대가 형성돼 있다는 사실이 확인된 셈"이라고 했다.

하지만 여야 의원들 사이에 '정치개혁의 공감대'가 형성돼 있는 것이 아니라 '자기 생존의 공감대'가 형성돼 있다고 보는 것이 타당하다. 중대선거구란 선거구를 광역으로 해서 한 선거구에서 2명중선거구, 또는 3~5명대선거구의 의원을 뽑는 제도이다. 이렇게 하면 선거구별로 비례대표를 하는 셈이라서 사표死票, wasting votes가 줄어들어 국회의 국민 대표성은 증가하게 된다.

그러나 중대선거구는 선거가 갖는 '심판'이란 기능을 희석시키는 중대한 부작용이 있다. 우리나라의 경우는 4공화국과 5공화국 시절에 중선거구를 택해서 여야 동반당선을 가능하게 했다. 대통령 간선제와 중선거구제는 권위주의적 정부를 포장하기 위한 '화장化粧'이었다. 김영삼과 김대중이란 걸출한 정치인이 야권에 있었기 때문에 그것을 타파할 수 있었음은 우리가 너무나 잘 알고 있다.

그런데, 이제 와서 소선거구제가 문제가 많다면서 이를 중대선거구제로 바꾸자고 하니 황당하다. 중대선거구제를 도입하자는 표면적 명분은 '사표 방지'이지만 내심은 '여야 동반 당선'이란 달콤한 마약이다. 만일에 중대선거구제를 도입하면 민주당 후보는 호남은 물론이고 수도권, 경남·부산에서 당선이 거의 보증될 것이며, 한나라당 후보는 경북·대구, 경남·부산, 수도권, 강원 등지에서 당선이 보장될 것이다. 그렇게 되면 공천권을 거머쥔 집단의 권세가 얼마나 기승을 부릴지는 충분히 상상할 수 있다.

권역별 비례대표제에도 문제가 있기는 마찬가지다. 원래 비례대표제는 전국적인 인물이나 전문가를 국회에 진입시키기 위한 제도이다. 하지만 요즘 비례대표 의원들은 듣지도 보지도 못한 사람들이 태반이다. 어떠한 합리적 이유로도 설명이 되지 않는 의원들이 비례대표 의원이라고 명함을 내미는 경우가 흔하다. 이런 상황에서 권역별 비례대표제를 도입한다면 상황은 더욱 나빠질 것이다. 한 선거구에서 3~5명을 뽑는 대형선거구제를 채택하면 그것 자체가 권역 비례대표제이기 때문에 비례대표 선거를 2중으로 하는 격格이다.

현재의 소선거구제가 지역주의를 조장하기 때문에 중대선거구제를 해야 한다고 주장하는 사람은 4공화국과 5공화국 시절의 국회를 되돌아보아야 한다. 호남에서도 여당의원들이 동반 당선되었지만 그들이 지역주의를 해소하지는 못했다. 물론 지역주의는 우리 정치에 있어 큰 문제이지만 선거제도를 바꾼다고 해서 그것이 해소되지는 않는다.

지역주의는 오직 시간이 해결할 뿐이다. 미국 남부가 남북전쟁 당시의 점령군이었던 공화당을 선거에서 지지하기 시작한 것은 한 세기가 지나서였다. 소선거구제 선거에서 지역주의가 깨져야만 진정으로 지역주의가 해소되는 것이다.

소선거구제 선거는 '잔인한 게임'이다. 하지만 이런 '잔인한 게임'을 통해 유권자들은 '심판'을 하는 것이며, 그런 '심판'을 거쳐 다수당이 된 정당이 '소명'召命, mandate을 부여받는 것이다. 중대선거구제를 실시하면 새로운 정당이 원내에 진입할 수 있는 가능성이 커지기는 하나, '선거 혁명'이 불가능하다는 점을 알아야 한다. 중대선거구제는 현실안주형 정치를 고착화할 것이며, 잘못하면 과거 독일 바이마르 공화국에서와 같은 '혼돈의 정치'를 초래할 가능성이 크다.

청와대발發 선거구제 개혁 주장은 '다가오는 심판에 대한 두려움'을 표출한 것이다.

정운찬 전 총장과
박근혜 전 대표

이명박 정권의 '아킬레스건'인 4대강 사업은 정운찬 총리로선 한마디도 할 수 없는 사안이지만,
박 전 대표는 여기서 차별화를 할 수 있다. 민주주의와 법치주의를 무시하고, 환경과 국토를 유린하고,
국가재정을 파탄에 빠뜨리고 멀쩡한 공기업을 부도위기로 몰아넣는
'참 나쁜 정책'인 4대강 사업을 박 전 대표가 수용하기는 어려울 것이다.
그래서 나는 '정운찬 총리'가 박 전 대표에게 '기회'가 될 수 있다고 본다.
2009년 9월 6일

이명박 대통령이 정운찬 전 서울대 총장을 국무총리 후보로 지명했다. 민주당 등 야당은 신랄한 비판의 소리를 냈고, 경향 등 진보신문은 비판적이면서도 평소의 소신을 펴줄 것을 부탁했다. 반면 보수신문들은 "총리의 임무는 대통령에 대한 협력임"을 강조하면서 "총리로서 본연의 임무에 충실하라"는 사설을 내보냈다.

보수신문은 또한 정 전 총장의 총리 후보 지명을 박근혜 전 대표에 대한 악재惡材로 부각시키는 기사를 내보냈다. 진보신문이 배신감을 표출하면서도 평소의 소신을 펴달라고 부탁했다면, 보수신문은 정부 내 불협화음을 경계하고 박 전 대표에 대한 불편한 심기를 또다시 드러냈다.

케인즈 학파 경제학자인 정운찬 총장을 진보와 보수라는 스펙트럼으로 구태여 구분한다면 아무래도 온건한 진보, 또는 중도적 진보라고 할 수밖에 없다. 정 총장은 경제 등 내정에 대해서는 자신의 의견을 자주 피력했지만 대북정책 등에 대한 그의 의견은 찾아보기 어렵다. 어느 정도 정확한 이야기인지는 알 수 없지만, 2002년에 정운찬 교수가 서울대 총장으로 선출된 데는 "그래도 정운찬 정도는 되어야 정부에 맞설 수 있다"는 공감대가 교수들 사이에 퍼졌기 때문이라고 한다.

2002년 대선에서 한나라당이 또 질 것 같은 분위기가 팽배하자 다음 번 정권은 서울대를 폐교하거나 대학원급 한림원 정도로 만들지 않겠나 하는 추측이 많았다. 실제로 '서울대 망국론'이 일부 언론과 정부 주변에서 회자膾炙되었으니, 정운찬 총장의 가장 큰 업적은 서울대를 지킨 것이다. 그런 연유로 정 총장은 '대통령에 항명한 국립대 총장'이란 '화려한 타이틀'을 갖게 되었다.

서울대 총장으로서 정운찬 씨의 또 다른 업적은 황우석 사건을 처리한 것이다. 황우석 교수의 연구 조작 의혹을 파헤친 매체는 MBC다. MBC 〈PD 수첩〉의 기획취재는 결국 진실로 밝혀졌고, 정 총장은 황우석 교수를 징계 해직하는 일을 마무리했다. 황우석 사건을 파헤친 MBC의 기획 특종은 88년 서울 올림픽에서 벤 존슨의 약물 복용을 폭로한 조선일보의 특종과 더불어 언론사에 길이 남을 사건이었다.

MBC 〈PD 수첩〉이 황우석을 파헤치는 보도를 할 때 조선일보는 그것이 일종의 '음해'라는 논조의 기사와 사내칼럼을 내보냈다. 별다른 대권 주자가 없었던 당시 여당이던 민주당이 총장 임기를 끝낸 정운찬 씨를 대권 후보로 영입하고자 할 때 보수신문들이 비판적 사설을 내보낸 것은 황우석 사건과도 관련이 있을 것이다.

이명박 대통령과 정운찬 총리가 김영삼 대통령과 이회창 총리 같은 관계가 될 것이라는 관측도 있을 만하다. 하지만 그런 일은 발생하지 않을 것이다. 정운찬 총장이 이명박 정권의 속성과 본질을 모를 리가 없기 때문이다. '독주 정권'이란 말을 듣는 MB 정권의 속성을 모르고 총리직을 맡았다면 그는 매우 아둔한 사람이다.

이회창 씨가 '대통령감'으로 갑자기 부각한 계기는 총리직 사퇴였다. 총리로서 이회창은 민주진영의 지지를 얻기도 했다. 환경단체가 반대하던 우이령 도로 개설을 그만 두라고 지시해서 '환경총리'로 불리기도 했다. 총리를 그만 둔 이회창을 대선후보로 만든 집단은 당시 여당 내의 개혁세력이었다. 당시 야권에는 김대중이란 거목巨木이 버티고 있었지만, 여권 내에 김대중에 필적할 만한 인물은 이회창이 유일했다. 그래서 김영삼 대통령과 일정한 선線을 그은 이회창은 대권 후보가 될 수 있었다.

하지만 지금은 그때와는 사정이 다르다. 한나라당에는 박근혜 전 대표 외에도 잠재 후보가 여럿 있기 때문에 정운찬 씨가 총리를 그만 둔다면 이회창이 아닌 고건 전 총리의 길을 갈 것이다.

몇몇 보수신문은 정운찬 씨가 총리가 되어 "대권 구도가 소용

돌이 친다"고 썼다. "더 이상 박근혜 대세론은 없다"는 식이다. 하지만 만일에 정운찬 씨가 대통령이 된다면 정치학 교과서를 고쳐 쓸 상황이 발생할 것이다. 대통령은 선거를 거치는 공직을 경험한 사람이 하기 마련이기 때문이다. 선거라는 '민심의 바다'를 헤엄쳐 본 사람만이 대통령이 될 수 있다는 것이다.

1952년 대선을 앞두고 공화당과 민주당 양쪽으로부터 대선 후보 제의를 받아 공화당을 택해 당선된 아이젠하워의 경우는 극히 드문 예외에 속한다. 1991년 걸프 전쟁으로 두각을 나타냈던 콜린 파월은 공화당 대통령 후보로, 나토군 사령관으로 코소보 전쟁을 지휘했던 웨슬리 클라크는 민주당 대통령 후보로 높은 지지를 받았지만 결국에는 분위기만 잡다가 그만 두었다. 대학총장→국무총리→대통령이란 '환상적인 행로行路'는 존재하지 않는 법이다.

우리나라 총리를 '2인자'라고 할 수 있는지도 의문이지만 부통령이든 총리든 2인자가 대통령직을 계승하기는 독재국가가 아닌 다음에야 보통 어려운 것이 아니다. 20세기에 미국에서 부통령이 직접 대통령으로 당선된 경우는 조지 H. W. 부시뿐이다. 로널드 레이건 대통령이 국민들한테 워낙 인기가 좋아서 그것이 가능했다. 지금 이명박 대통령처럼 국민들한테 인기 없는 대통령도 찾아보기 어려운데, 그런 정부에서 2인자가 대통령이 될 확률은 '코끼리가 바늘구멍에 들어갈 확률'과 같다.

정운찬 총장이 총리로 지명됨에 따라 박근혜 전 대표가 '위기'에 처했다고 보는 시각이 많다. 하지만 나는 그런 시각에 동의하지 않는다. 오히려 '기회'일 수 있기 때문이다. 이명박 대통령은 충청을 껴안는 모습을 보이기 위해서 정운찬 총장을 총리후보로 지명했을 수도 있지만, 그것은 역효과를 내는 것으로 보인다. 왔다 갔다 하면서 청와대에 사실상 협력해 왔던 이회창 총재를 열받게 했으니, 잠재적 우군을 없앤 꼴이다. 이 총재의 영향력이 줄어들고 충청이 혼란에 빠져든 현재의 상황은 충청이 두 번째 고향인 박 전 대표에게 어부지리漁父之利로 작용할 것이다.

정운찬 총장을 총리로 지명함으로써 이명박 정부가 '중도'를 공식적으로 천명한 부분도 주목할 부분이다. 현정은 회장의 방북이 보여 주는 바와 같이, 정부의 대북정책에도 변화가 있을 것으로 보인다. 이 대통령의 심복이라는 중도실용주의자들은 그저 그런 유화주의자들이다. 또 이명박 대통령은 태생적으로 현대-아산에 불리한 조치를 절대로 취하지 못한다. 이제 실질적으로 햇볕정책을 답습할 일만 남은 이명박 정권은 정운찬 씨를 총리로 지명함으로써 극단적 보수 세력과 선線을 그었다. 사실 이명박 정부는 물론이고 보수신문도 원래는 보수단체를 백안시했었다. 그러다가 촛불 사태가 일어나자 위협을 느낀 정권과 보수신문이 보수단체를 은연 중 이용했던 측면이 없지 않았다.

2007년 경선 때 보여 준 바와 같이, '안보보수 세력'은 박근혜 전 대표를 지지했었다. 이재오 같은 '운동권 출신'이 포진하고 있던 이명박 진영을 불신했던 것이다. 이명박 정권은 들어서자마자 촛불사태라는 전에 없던 위기를 맞았고, 무언가 '속죄양贖罪羊'이 필요했던 정권과 보수언론은 이를 '배후 세력'의 탓으로 돌렸다. 그러나 박근혜 전 대표는 여권과 보수언론의 이러한 주장에 동조하지 않았다. 미디어법, 용산사태 등에서 박 전 대표가 '민심'의 편에 서자 박 전 대표를 '좌파'로 몰아세우기도 했다. 이런 상황을 뒤로하고 이명박 대통령이 '중도'를 표방하고 나섰으니 폭넓은 '보수 민심'이 박근혜 전 대표로 돌아올 가능성이 커졌다.

이명박 정권의 '아킬레스건腱'인 4대강 사업은 정운찬 총리로선 말 한마디도 할 수 없는 사안이지만, 박 전 대표는 여기서 차별화를 할 수 있다. 민주주의와 법치주의를 무시하고, 환경과 국토를 유린하고, 국가재정을 파탄에 빠뜨리고 멀쩡한 공기업을 부도위기로 몰아넣는 '참 나쁜 정책'인 4대강 사업을 박 전 대표가 수용하기는 어려울 것이다. 만일에 박 전 대표가 강 본류에 댐을 주렁주렁 세우는 4대강 사업에 동조한다면 그것은 MB가 파놓은 함정에 빠지는 것이다. 그래서 나는 '정운찬 총리'가 박 전 대표에게 '기회'가 될 수 있다고 본다.

군 경험 없는 국가 지도자

정부 고위층에 병역면제자가 많은 정부는 군사력을 사용해야 할 경우와
군사력 사용을 자제해야 할 경우를 제대로 판단하지 못할 수 있으며,
그로 인해 큰 비극을 초래할 수 있기 때문에 우려하지 않을 수 없다.
고위정책담당자들의 병역면제는 단순히 도덕성의 문제가 아니라
'잠재적 국가안보 위해(危害) 요소'인 것이다.

2009년 9월 14일

정운찬 총리 지명자가 병역 연기를 계속하다가 결국에 고령高齡을 이유로 병역을 면제받았음이 드러났다. 정 지명자가 국회 동의를 받으면 현 정권의 대통령과 국무총리, 그리고 국정원장이 모두 병역면제자가 되는 셈이다. 정 지명자의 국회 인준을 다룰 여당의 안상수 원내대표도 병역면제자이니, 현 정권은 '병역면제정권'이라고 해도 지나친 말이 아니다.

미국의 빌 클린턴 전 대통령도 병역면제자이고, 오바마 대통령은 징병제가 철폐된 후에 성년이 되었으니 병역은 더 이상 국가 지도자의 요건도 아니고 덕목도 아니라고 생각할 수 있다. 이명박 대통령이나 정운찬 총리 지명자는 클린턴과 오바마를 떠올리면서

자신들의 병역면제가 별 일이 아니라고 생각할 수도 있을 것이다. 그러나 미국과 달리 우리는 병역을 국민의 기본의무로 두고 있으며, 아직도 북한과 군사적으로 대치하고 있다는 점에서 모병제를 시행하고 있는 미국과 같이 생각할 수는 없다.

우리나라에선 아직도 신념에 근거한 병역거부를 인정하지 않고 있어 많은 젊은이들이 스스로 영어囹圄의 몸이 되는 상황이니, 정부 고위직의 병역면제는 가볍게 생각할 문제가 아니다. 게다가 이명박 대통령, 정운찬 국무총리 지명자, 원세훈 국정원장, 그리고 안상수 한나라당 원내대표의 병역면제 사유는 쉽게 납득하기 어려운 면을 갖고 있어서 더 큰 문제가 아닐 수 없다.

대통령은 행정부의 수반일뿐더러 국군 통수권자이기도 하다. 미국 헌법은 대통령이 미군 총사령관임을 분명히 밝혀두고 있다. 제2차 세계대전 당시 해군 조종사로 혁혁한 전과戰果를 올린 바 있는 조지 H. W. 부시 대통령은 1993년 초에 병역을 하지 않은 빌 클린턴에게 대통령직을 넘겨줄 때 "대통령은 경우에 따라 군사력을 적절하게 사용할 줄 알아야 한다"고 말했다. 베트남 전쟁이 한창일 때에 대학생 병역연기 제도를 교묘하게 이용해서 군 복무를 회피한 빌 클린턴이 미군 총사령관이 되는 상황을 걱정했던 것이다.

조지 H. W. 부시의 걱정은 공연한 것이 아니었다. 클린턴은 내란에 휘말려 있던 소말리아에 경솔하게 지상군을 파견해서 큰 피해를 입었고, 반면에 탄자니아와 케냐의 미국 대사관이 폭파되었을 때엔 토마호크 미사일 수십 발을 엉뚱한 곳에 쏘는 데 그쳤다. 클린턴 행정부의 이러한 실패는 클린턴의 '군대 콤플렉스'가 적잖게 작용했던 것으로 평가된다. 실제로 클린턴 대통령은 군 관련 행사에 참석하는 것을 가장 싫어했다. 재임 중 노르망디 상륙작전 50주년 기념식에 참석해야 하는 등 병역을 회피한 대통령으로선 곤혹스러운 경우가 한두 번이 아니었다. 자연히 클린턴 행정부 백악관에는 군軍과 안보를 경시하는 풍조가 팽배해 있었다.

이라크 전쟁을 일으킨 조지 W. 부시 대통령과 그 측근들은 클린턴과는 정반대의 모습을 보여 주었다. 부시는 주 방위군으로 병역을 이행했지만, 전쟁을 주도한 체니 부통령과 네오콘 그룹은 대부분 병역을 이행하지 않은 전략 이론가들이었다. 체니는 베트남 전쟁이 한창일 당시에 몇 차례 징집 연기를 통해 고령으로 병역을 면제받았다. 반면, 이라크 전쟁에 비판적이었던 에릭 신세키 당시 육군참모총장과 안토니 지니 전 중부군 사령관은 베트남 전쟁에 참전해서 부상을 당한 참전용사들이었다. 베트남 전쟁에서 조종사로 활약하다가 피격되어 포로생활을 한 존 매케인 상원의원도 이라크를 침공하기 위해선 충분한 병력을 보내야 한다면서 신중론을 폈다. 전쟁에 직접 참여했던 사람들이 전쟁의 심각성을 잘 알고 있음을 보여준다.

드골 대통령과 아이젠하워 대통령의 경우도 전쟁을 경험한 군 출신 지도자들이 전쟁의 한계와 비극을 잘 알고 있음을 보여준다. 드골은 알제리 전쟁에서 프랑스가 승리할 수 없음을 알아차리고 철군을 명령했다. 제2차 세계대전 중 연합군 총사령관을 지낸 아이젠하워 대통령이 베트남에 개입하지 않은 것도 마찬가지 이유에서였다. 프랑스가 베트남에서 패배하고 물러나자 미국 안의 반공세력은 미국이 개입해야 한다면서 아이젠하워 행정부에 압력을 넣었다.

아이젠하워 대통령은 제2차 세계대전 당시에 82공수 사단장을 지냈고, 한국전쟁 당시에는 8군 사령관과 유엔군 사령관을 지낸 매튜 리지웨이 장군을 베트남에 보내서 미군 파병의 타당성을 조사하도록 했다. 리지웨이 장군은 미군을 베트남에 파병할 이유가 없다고 아이젠하워 대통령에게 보고했다. 전쟁은 최후 수단이어야 한다고 생각한 아이젠하워는 반공 십자군들의 압력을 물리치고 베트남에 미군을 보내지 않았다. 반면, 케네디와 존슨 행정부의 맥나마라 국방장관, 맥조지 번디 안보보좌관 등 민간 보좌관들은 베트남에 성급하게 개입했을 뿐 아니라, 전쟁을 비용 대 효과 분석 같은 경영 마인드로 접근해서 엄청난 비극을 초래했다.

정부 고위층에 병역면제자가 많은 정부는 군사력을 사용해야 할 경우와 군사력 사용을 자제해야 할 경우를 제대로 판단하지 못할 수 있으며, 그로 인해 큰 비극을 초래할 수 있기 때문에 우려하지 않을 수 없다. 고위정책담당자들의 병역면제는 단순히 도덕성의 문제가 아니라 '잠재적 국가안보 위해危害 요소'인 것이다.

'박근혜 공포 증후군'

박 전 대표가 현 집권세력과 그 주변에게 '골칫거리'를 넘어서 '공포'로 여겨지는 이유는 단순하다.
박 전 대표는 빚이 없기 때문이다. 빚진 데가 없기 때문에 자유로운 행보를 할 수 있고,
그렇기 때문에 집권을 하는 경우에 '원칙'을 세울 수 있을 것이며,
그래서 그들은 부담스러워하는 것이다.

2010년 2월 16일

세종시를 둘러싼 청와대와 박근혜 전 대표의 관계가 심상치 않다. 예고된 일이라서 크게 놀랄 일은 아니지만, 박 전 대표에 대한 신경질적 반응의 강도가 갈수록 높아지고 있는 현상에 주목해야 할 것이다. 박 전 대표에 대한 반응은 단순한 반감反感을 넘어서 이제는 '공포 증후군fear syndrome'으로 발전하고 있지 않은가 한다.

청와대에서 구태여 '박근혜 의원'이라고 지칭해 가면서 박 전 대표를 폄하하려고 드는 것이나, 강남 교회의 김성광 목사가 박 전 대표에 대해 거친 용어를 들어가며 공격을 하는 것도 그런 증후군의 한 현상일 것이다. 박 전 대표를 우는 닭에 비유하면서 "잡아먹자"고 한 김성광 목사의 2009년 12월 발언은 일종의 '저주 연

설^{hate speech}’이다. 종교적 직책을 갖고 있는 사람의 ‘저주 연설’은 실제로 그런 사태를 유발할 수 있다는 점에서 주의를 요한다. 광적_{狂的}인 추종자가 독단적으로 그런 일을 벌일 수 있기 때문인데, 그런 예는 적지 않다.

한 쪽에서는 ‘저주의 언어’를 퍼붓고 있지만 또 한 쪽에서는 잊어버릴 만하면 박 전 대표에게 이명박 대통령을 도우라는 어색한 주문을 하고 있다. “MB는 세종시를 포기하고, 박 전 대표는 MB에 협력하라”고 주문했던 조선일보의 사내칼럼과 사설이 대표적인 경우다. 2월 13일자 동아일보 사설 ‘이-박, 나라 장래 함께 생각하며 상생의 길을 찾아야’도 그런 식이다.

2월 13일자 동아일보 사설은 “MB와 박 전 대표 사이의 불신은 여권 분열과 국정파탄으로 이어진다”면서 “북핵 문제의 해결을 위해서 손을 잡으라”고 당부했다. 북핵을 해결하기 위해서 박 전 대표가 세종시 문제를 양보하라는 말이니, 도무지 북핵과 세종시 사이에 무슨 관계가 있는지 알 수 없는 노릇이다. 이런 것을 두고 “자다가 봉창 두드리는 소리”라고 하던가.

세종시 수정을 유난히 강조해 온 동아일보의 이 사설은 MB와 박 전 대표에게 상생을 권했지만 실질적으론 북핵을 들어서 박 전 대표에게 양보를 주문한 것이다. 조선일보는 MB에게 세종시 수정을 포기하라고 주문하고 박 전 대표에게 국정협력을 주문한 데 비해, 동아일보는 북핵을 거론하면서 박 전 대표에게 무조건 양보하라고 주문한 것이다. MB를 향한 동아일보의 끝없는 ‘애틋한 사랑'을 다시 한 번 확인할 수 있는 대목이다.

김성광 목사에서 조선일보와 동아일보에 이르기까지 박 전 대표는 '골칫거리'가 되고 말았다. 이들은 기회만 있으면 다음 대선도 보수 대 진보로 치러진다면서 '보수 단합'을 외치면서 박 전 대표에게 MB를 도우라고 때로는 달래고 때로는 압박하고 있다. 하지만 다음 대선이 보수 대 진보로 치러진다고 보는 것은 그들의 착시錯視에 불과하다. 다음 총선과 대선의 테마는 처음부터 끝까지 'MB 심판'이 될 것은 불을 보듯 뻔하다. MB를 옹호하는 후보는 확실히 패배하게 되어 있는 것이 다음 총선이고 대선이다.

여론조사를 완전히 신뢰할 수는 없지만 미디어법, 4대강 사업, 세종시 수정, 〈PD 수첩〉 판결 같은 국정 사안에 대한 여론조사는 한결같이 60% 이상이 현 정권에 대해 부정적임을 보여 주고 있다. 20~30대에 국한해서 여론조사를 한다면 70% 이상이 현 정권이 집착해온 미디어법, 4대강 사업, 세종시 수정, 〈PD 수첩〉 기소에 대해 부정적일 것이다. 이런 민심의 소재를 무시하고 '보수 분열'을 읊조리는 것은 허망한 일이다. 더구나 4대강, 미디어법 등은 차기 정권에서 국정조사를 해야 할 '게이트' 감이 아니던가.

무엇보다 요즘 들어 한국의 '보수'는 가스통과 김성광 식式 막말, 그리고 병역면제로 대표되고 있지 않던가. 중앙일보는 더 나아가서 '장자연 리스트'가 '보수 리스트'임을 솔직하게 인정하고 있는 판국이니 그들이 말하는 '보수 단합'이 도무지 무엇을 의미하겠는가. 물론 박 전 대표의 정치적 이념은 기본적으로는 '보수'일 것이다. 하지만 박 전 대표의 '보수'는 '가스통-막말-병역면제-장자연 리스트 식式 보수'는 아닐 것이다.

박 전 대표가 현 집권세력과 그 주변에게 '골칫거리'를 넘어서 '공포'로 여겨지는 이유는 단순하다. 박 전 대표는 빚이 없기 때문이다. 빚진 데가 없기 때문에 자유로운 행보를 할 수 있고, 그렇기 때문에 집권을 하는 경우에 '원칙'을 세울 수 있을 것이며, 그래서 그들은 부담스러워하는 것이다.

레이건이 닉슨과 손을 잡았다면

박근혜 전 대표한테 이명박 대통령과 손을 잡고 정권을 재창출하라고 주문하는 것은
레이건에게 닉슨과 손잡고 워터게이트의 책임을 승계하라고 주문하는 형상이다.
박근혜 전 대표가 대통령이 되기 위한 조건은
'MB와의 결별 플러스 알파'라고 할 것이다.

2010년 7월 12일

"보수는 분열로 망한다"는 이야기가 이따금 나오곤 한다. 박근혜 전 대표가 이명박 정부와 협력해야만 '보수 정권'을 재창출할 수 있다는 이야기인데, 잊을 만하면 한나라당 일각과 이른바 보수 신문의 사내칼럼에서 등장하곤 한다. 그런 신파조新派調의 흘러간 유행가를 들으면 나는 웃고 만다.

한 정당에 속해 있다면 웬만해서는 당론을 따라야 함은 당연하다. 그런데, 오늘날 한나라당에는 '당론'이란 것이 없다. 있는 것은 청와대의 지시뿐이다. 그나마 똑바로 된 지시란 찾아보기도 어렵다. 게다가 요즘 돌아가는 모습을 보면, 사조직私組織들이 나라를 좌지우지左之右之하는 것 같다. 지금 벌어지고 있는 폭로 게임의 양

상은 마피아 패밀리 간의 사생결단을 방불케 하고 있으니 참으로 한심하다. 그런 한나라당을 과연 정당이라고 부를 수 있을지가 의심스럽다.

정권을 재창출하기는 쉽지 않다. 선거는 기본적으로 국민들이 심판을 하는 메커니즘이라서 웬만큼 잘하지 않고서는 심판을 통과할 수 없다. 물러가는 정권이 비리와 무능, 독선과 아집, 그리고 스캔들로 얼룩져 있다면 집권정당이 선거에서 승리하기는 낙타가 바늘구멍에 들어가기보다 더 어렵다. 이명박 정권이 바로 이런 경우다. 이런 현실에 눈을 감고 '보수 연합'을 외치는 것은 우스운 일이다. '보수 연합'이 아니라 '공멸共滅 연합'이 될 것이기 때문이다. 한나라당이 진정으로 정권 재창출을 희망한다면 닉슨과 레이건의 경우를 교훈으로 삼아야 할 것이다.

1974년에 닉슨 대통령이 워터게이트 사건으로 사임하자 그해 11월에 치러진 중간선거에서 공화당은 참패했다. 하원에서 공화당은 무려 48석을 잃어서 민주당 291석, 공화당 144석이 되었다. 민주당이 전체 의석의 2/3를 넘어선 것이다. 전체 의석의 1/3만 교체하는 상원의원 선거에서 공화당은 3석을 잃어서 상원은 민주당 61석, 공화당 38석이 되었다. 이런 의식 분포는 1976년 선거에서도 그대로 유지되었다. 1976년 대선에선 현직 대통령 제럴드 포드가 알려지지 않은 정치인 지미 카터에게 패배했다. 정치 분석가들은 이러다가 공화당이 존립을 위협받지 않겠나 하고 우려

했다.

그러나 1980년 대선에서 공화당 후보 로널드 레이건은 현직 대통령 지미 카터를 압도적으로 누르고 당선됐다. 레이건은 '보수주의'라는 가치와 원칙을 내세우고 당선됐다. 공화당이 절멸되는 게 아니냐는 우려를 했던 것이 불과 2~3년 전이었는데, 공화당이 다시 집권한 것이다. 카터의 실패가 레이건의 당선에 기여한 점도 있지만, 레이건이 당선된 데는 그가 새로운 슬로건과 새로운 가치를 내걸고 닉슨의 공화당과 차별화하는 데 성공했기 때문이다.

레이건은 닉슨과 전혀 다른 정치인이었다. 레이건은 닉슨이 존슨 대통령의 '큰 정부'를 그대로 이어가고 있다고 생각했다. 고매한 인격을 갖춘 레이건은 워터게이트 사건을 일으킨 닉슨 식式의 권모술수 정치를 혐오했다. '설득과 대화의 달인達人'인 레이건은 자신의 견해를 방송 칼럼을 통해 전파해서 많은 사람들을 '레이건주의자'로 만들었다. 1978년 선거에선 닉슨 식式의 정치와 선線을 긋고 '레이건주의자'임을 자처하는 공화당 정치 신인들이 하원에 대거 당선되어 공화당 지도부를 놀라게 했다.

레이건은 닉슨 행정부가 워터게이트의 수렁에 빠져 있을 때 캘리포니아 주지사로 두 번째 임기를 보내고 있었다. 레이건은 워터게이트와 닉슨 정권으로부터 전적으로 자유로웠을 뿐 아니라, 오히려 닉슨의 정치 스타일과 정책을 비판했었다. 그런 레이건이 없었더라면 공화당은 워터게이트의 후유증에서 벗어나지 못했을 것이다.

이명박 정권은 워터게이트로 물러난 닉슨 정권의 말기를 연상케 한다. 닉슨 대통령은 중국과의 외교 정상화, 환경정책 수립 등 그래도 많은 업적을 남겼지만, 이명박 정권은 '하천파괴'라는 후유증이나 남길 판국이다. 이런 상황에서 박근혜 전 대표한테 이명박 대통령과 손을 잡고 정권을 재창출하라고 주문하는 것은 레이건에게 닉슨과 손잡고 워터게이트의 책임을 승계하라고 주문하는 형상이다.

박근혜 전 대표가 대통령이 되기 위한 조건은 'MB와의 결별 플러스 알파'라고 할 것이다. MB 정권은 이미 '실패한 정권'이기 때문에 차기 정권은 야권으로 가는 것이 순리이지만, 박 전 대표가 MB와 거리를 유지해 오고 있기 때문에 가능성이 있는 것이다.

'분리된 정부'의 미덕

'분리된 정부'에선 대통령이 '설득과 대화의 정치'를 해야만 한다. 일방적 국정운영은
생각할 수도 없는 것이고, 대통령은 '통합과 상생의 정치'를 하지 않을 수 없다.
로널드 레이건의 '보수정권'이 성공할 수 있었던 것은 레이건이 나름대로의 신념과 철학을
갖고 있기도 했지만, 그 못지않게 '설득과 대화의 정치'를 해야만 했기 때문이다.

2010년 7월 18일

또다시 분권형分權型 대통령제로 개헌을 하자는 이야기가 나오고 있다. 나는 분권형 대통령제라는 것 자체가 도대체 말도 안 되는 것이고, 정부형태를 바꾸는 개헌은 특별한 국민적 합의가 있는 경우가 아니면 불가능하다고 생각한다. 단임제 5년 대통령제가 나름대로 문제를 갖고 있기는 하지만 장점도 있다. 무엇보다 단임제 대통령제를 버려야 할 절박한 이유가 존재하지 않는다. 또한 2원적 집정부제 같은 분권형 정부는 그 자체가 기능이 불가능한 정부구조임은 이미 알려진 사실이라서 그런 것을 도입하자는 개헌론은 정략적 의도가 있다고 할 수밖에 없다.

대통령에 권한이 집중되어 있어서 문제라면, 그런 논의는 야당

이 시작해야 하는데 여당이 그런 말을 하는 것부터 3척 동자가 웃을 일이다. 대통령에 권한이 집중된 것이 문제라면 이명박 대통령의 국정운영이 독선과 아집의 연속임을 한나라당의 친이계가 인정하는 꼴이다. 미디어 법안 강행 처리, 세종시 수정 시도, 4대강 사업 강행은 대통령제 정부구조에서 나오는 문제가 아니라 이명박 대통령의 아집과 독선, 그리고 이에 맹종하는 집권여당에서 비롯된 것이다. 따라서 그런 현상은 헌법을 고쳐야 시정되는 것이 아님은 역시 3척 동자도 알 것이다. 이렇게 온 국민이 아는 사실을 명색이 여당 대표라는 사람이 모른다면 황당한 일이다.

의원내각제와 달리 대통령제가 갖고 있는 구조적 문제는 이른바 '제왕적 대통령imperial presidency'이라고 부르는 현상도 있지만 '분리된 정부divided government'라는 현상도 있다. 미국에서 '제왕적 대통령'라는 말이 나온 것은 케네디 대통령의 보좌관을 지낸 역사학자 아서 슐레진저가 쓴 책부터인데, 슐레진저는 대외관계에 대한 개입이 대통령의 독단적 판단에 의해 이루어진 문제를 주로 다루었다.

루스벨트 대통령의 뉴딜에서 존슨 대통령의 베트남 전쟁 개입에 이르는 시대는 '대통령도 민주당, 의회 다수당도 민주당'이었기 때문에 '제왕적 대통령'이 가능했음에 주목해야 한다. 대통령과 의회가 같은 정당에 속해서 대통령 권력이 남용되어서 권력분립에 입각한 입헌주의가 훼손되었던 것이다.

미국 헌법 제정 200주년이 되던 1987년에 미국 정치학계와 헌법학회에서 논의가 되었던 주제는 '분리된 정부'였다. 1969~77년에 이르는 닉슨-포드 행정부, 그리고 1981년 이래의 레이건 행정부 시대에는 대통령은 공화당, 의회 다수당은 민주당이어서 집권 공화당 행정부가 정책을 추진하기가 어려웠다. 의회와 행정부의 대립으로 대통령이 법률안 거부권을 행사하는 경우가 많아서 국정이 마비되는 면이 있다는 비판이 일었고, 이런 현상을 타파하기 위해 국회의원의 각료 겸임 허용 등으로 권력분립 원칙을 다소 완화하자는 논의가 있었던 것이다.

그러나 그런 논의는 이제 사라져 버렸다. 오히려 대통령과 의회의 다수당이 같은 정당인 경우에 정부가 실패할 가능성이 많음이 입증되었기 때문이다. 레이건 행정부 8년과 조지 H. W. 부시 대통령 4년에 이르는 공화당 12년은 드물게 성공한 시대로 평가되는데, 당시 의회의 다수당은 민주당이었다. 따라서 레이건과 부시는 민주당과 국정을 긴밀하게 협의해야만 했고, 그래서 큰 실책이 없었다. 레이건 2기 시절에 레이건 대통령은 백악관의 일부 참모가 저지른 이란-콘트라 사건이 드러나서 곤욕을 치렀는데, 이 사건도 의회의 다수당이 민주당이었기에 드러났다.

클린턴 행정부 시절인 1994년 선거 이후 상하원의 다수당이 공화당이 되자 과거와는 다른 '분리된 정부'가 등장했다. 클린턴 대통령의 섹스 스캔들이 탄핵 심판으로 발전한 것도 공화당이 의회의 다수 석을 차지하고 있었기에 가능했다. 그러다가 조지 W. 부시가 대통령이 되자 공화당이 의회와 백악관을 동시 장악하게 되어 견제와 균형이 깨져 버렸다. 그 결과로 무모하게 이라크 전쟁을 시작했고, 막대한 재정적자와 금융위기를 초래했으니 '분리된 정부'가 미덕이라는 말이 나올 만도 하다. 현 오바마 정부는 민주당이 또다시 백악관과 의회를 지배해서 민주당의 독선에 의한 실패 가능성이 이야기되고 있으며, 그런 이유에서 금년2010년 11월 선거에서 공화당이 선전善戰할 것으로 예상되고 있다.

우리의 경우도 미국의 경우와 다르지 않다. 유권자들이 대통령과 국회의원 선거 그리고 지방선거 때 한 정당에 표를 몰아주어서 문제를 일으킨 것이다. 인천시와 성남시 등이 재정파탄에 이르게 된 이유는 2006년 지방선거 때 수도권 지역에서 유권자들이 한나라당에 몰표를 주었기 때문이다. 현 정부 들어서 한나라당이 미디어법 개정, 세종시 수정 시도, 4대강 사업 강행 등을 추진할 수 있었던 이유도 2008년 총선에서 한나라당을 지나치게 지지했기 때문이다. 지난번 6·2 지방선거 때 유권자들은 그 점을 반성했다. 인천시는 시장이 바뀌었고, 서울시와 경기도에는 '분리된 정부'가 탄생했다. 이 같은 유권자의 심판이 궁극적인 '견제와 균형'이다.

현재 여권 일각에서 나오는 개헌론은 2012년 정권 구도와 관련이 있을 것이다. 2012년의 정치 상황을 지금 예단하기는 쉽지 않다. 하지만 현 집권세력이 지금과 같은 행태를 계속하는 경우에 2012년 4월에 있을 총선에서 친이親李 세력이 몰락할 것임은 불을 보듯 뻔하다. 한편 박근혜 전 대표가 지금과 같은 독자적 입장을 계속한다면 2012년 12월 대통령 선거에서 당선될 가능성이 많을 것이다.

그러면 우리나라에 노태우 정권 초기에서 보았던 '분리된 정부'가 또 다시 등장하게 된다. '분리된 정부'에선 대통령이 '설득과 대화의 정치'를 해야만 한다. 일방적 국정운영은 생각할 수도 없는 것이고, 대통령은 '통합과 상생의 정치'를 하지 않을 수 없다. 로널드 레이건의 '보수정권'이 성공할 수 있었던 것은 레이건이 나름대로의 신념과 철학을 갖고 있기도 했지만, 그 못지않게 '설득과 대화의 정치'를 해야만 했기 때문이다.

나는 우리나라 정치의 수준이 한 단계 올라가기 위해선 '분리된 정부'를 당분간 경험해야만 한다고 생각한다. 그래야만 우리 사회에 만연한 갈등이 얼마간이라도 해소되고 타협과 대화의 정치 문화가 뿌리를 내릴 것이다.

'국무총리'라는 자리

'권력 정치'에서는 모든 것이 소모품이다.
'총리'도 '개헌론'도 모두 일회용 목적을 위해 써버리는 소모품인 것이다.
'정운찬 총리'는 세종시 수정과 '박근혜 죽이기'를 위한 소모품이었다.
그렇다면 '김태호 총리'와 '개헌론'은 무엇을 위한 소모품인가.

2010년 8월 12일

김태호 전 경남지사를 국무총리로 지명한 데 대해 김문수 경기 지사가 총리 지명자를 폄하하는 발언을 했느니 어쨌느니 해서 말이 많다. 또한 김태호 총리 지명자를 두고 이재오 실세 장관에 비유해서 '인턴 총리'라고 부르는 등 온갖 말이 오가고 있다. 물러난 정운찬 총리가 후임 총리와 각료 명단을 보고 화를 냈다는 소문도 있다.

돌이켜보면 일련의 사태는 우연이 아니라고 생각된다. 재보선 전에 한나라당이 서민 정책을 강조하고, 이명박 대통령이 재벌을 질타하고 박근혜 전 대표와의 회동을 발표한 것은 모두가 재보선용이었다. 이제 재보선은 지나갔으니 서민정책이나 재벌 때리기,

그리고 박 전 대표와의 회동은 없던 일이 되고 말았다. 참으로 교묘한 '술수術數 정치'가 아닐 수 없다.

떠나는 정운찬 전 총리와 들어오는 김태호 총리에게 공통점이 있다면 그것은 '임명권자의 포석布石'이라는 점이다. 본인보다는 임명권자의 목적에 봉사하는 '용도'로서의 역할이 크다는 것이다. 여러 가지 용도가 있겠지만 가장 큰 것은 역시 '박근혜 죽이기'가 아닌가 한다. 정운찬 전 총리도 그 용도로 동원되었다가 버려진 것이다.

대통령제 국가에서 '국무총리'라는 자리는 애매한 것이다. 우리나라에 총리가 있게 된 것은 독특한 역사적 배경과 관련이 있다. 제헌헌법이 의원내각제에서 하루 사이에 대통령제로 바뀌면서 두 제도를 적당히 절충했기 때문이다. 5·16 혁명 후 제3공화국 헌법을 만들 때 국무총리 대신에 부통령을 둘 수 있었으나 제정자들은 총리를 두기로 했다.

제3공화국에서 제5공화국에 이르는 동안 총리는 '정권의 2인자'가 아니라 정권에 대한 비판여론을 대신 맞고, 대통령의 의전을 대신하는 일을 주로 했다. 그래서 '방탄防彈 총리' '대독代讀 총리' '의전 총리'라는 말이 생겼다.

1987년에 대통령 직선제로 개헌 방향이 정해진 후에도 부통령을 둘 것인가 아니면 국무총리를 둘 것인가를 두고 법학계에서 논의가 있었다. 젊은 교수들은 부통령제와 1회 중임을 허용하는 대통령제를 선호했지만 중진 교수들은 단임제 대통령과 국무총리제를 선호했다. 당시 단임제와 국무총리제는 개헌의 전제로서 이미 결정되었던 것으로도 생각되며, 야당 지도자이던 YS와 DJ는 직선만 관철되면 된다고 생각해서 이에 대해선 특별한 의견이 없었던 것으로 기억된다.

노태우 정권에서는 강영훈, 정원식 등 원로 형 총리가 임명되어 민주화 욕구의 분출로 시끄러웠던 시국을 원만하게 이끌었다. 총리 자리가 차기 대권과 관련해서 논의되기 시작한 것은 김영삼 대통령 시절부터라고 하겠다. 이회창, 이홍구, 이수성 등 1년 정도 총리를 지낸 사람들이 대권 후보군으로 나섰다. 김대중 대통령 들어서 총리는 'DJP 연합'의 한 축으로서 의미가 있었다. 노무현 대통령 시절에는 이해찬 총리가 '실세 총리'였다고 알려져 있다.

이러다 보니, 과연 '총리'라는 자리가 필요한가 하는 의문이 제기된다. 총리가 있으니까 응당 대통령이 책임져야 할 일을 총리가 대신 책임지는 경우가 많고, 총리를 교체함으로써 정국을 쇄신하는 것 같은 착시錯視 현상을 일으키기 때문에 책임 정치 원칙에 어긋난다는 비판도 있다. 총리 임명을 권모술수 정치의 방편으로 삼는다면 총리라는 자리는 아무런 의미가 없다. 사정이 이렇다면 개헌을 해서 총리를 아예 없애고 대통령이 국정 일선에 나서도록 해야 한다는 주장이 나올 수 있다.

노무현 정권 당시 지금은 법제처장을 하고 있는 이석연 변호사를 중심으로 법학자, 경제학자, 정치학자가 모인 '헌법포럼'이란 단체가 '헌법 개정 시안'을 만들어 공표한 적이 있다. 개정 시안은 임기 4년, 1회 연임 가능한 대통령과 부통령을 두고, 국무총리를 없애자고 제안했다. 바로 위와 같은 이유에서, 비교적 순수한 미국식 대통령제로 돌아가자는 것이었다. 나도 헌법포럼에 참여는 했지만, 대통령 중임제를 하기 위해 개헌을 할 필요가 있는지에 대해선 회의적이었다. 중임제도 단임제 못지않게 부작용이 있기 때문인데, 그런 뜻을 2007년 초에 신문칼럼을 통해 밝힌 적도 있다. '헌법포럼'은 '분권제 대통령제'나 '2원제 집정부제'는 기능할 수 없는 정부제도라고 보아 아예 논의 대상에서 제외해 버렸다.

국회의 친박계는 4년 중임 대통령제 개헌은 고려해 볼 수 있다는 견해인 것으로 알려져 있다. 반면 현 집권세력은 '분권형 대통령제'로 개헌을 하자고 하니, 참으로 황당한 일이 아닐 수 없다. 다른 글에서도 지적한 바와 같이, '제왕적 대통령' 때문에 문제가 많아서 개헌을 해야 한다면 그런 주장은 야당이 해야 하는데 엉뚱하게 집권세력이 그것을 들고 나온 것이다.

여러 가지 사정을 고려한다면 결론은 자명해진다. '정운찬 총리'와 '김태호 총리'뿐 아니라 '분권적 대통령제 개헌' 등 모든 것이 '권력 정치'의 산물이라는 점이다. 김태호 씨는 경남지사 직을 두 번 역임한 자신이 총리가 될 자격이 있다고 생각할 것이다. 하지만 그를 총리로 지명한 임명권자의 의도가 그런 것인지는 알 수 없다. 분명한 점은 김태호 전 지사가 총리로 지명된 이유도 '권력 정치'라는 점이다.

'권력 정치'에서는 모든 것이 소모품이다. '총리'도 '개헌론'도 모두 일회용 목적을 위해 써버리는 소모품인 것이다. '정운찬 총리'는 세종시 수정과 '박근혜 죽이기'를 위한 소모품이었다. 그렇다면 '김태호 총리'와 '개헌론'은 무엇을 위한 소모품인가.

거짓말과 말 바꾸기

'정직하지 않은 집단'은 자신들이 진실을 만들어낼 수 있다고 생각한다.
그래서 이들은 말을 자주 바꾸고 끊임없이 궤변을 만들어낸다.
그것이 우리가 보고 있는 작금의 현상이다.

2010년 8월 29일

국무총리 지명자 김태호 전 지사에 대한 여론이 매우 좋지 않더니 결국 사퇴하고 말았다. 도지사 시절에 있었던 이런저런 행적이 도마에 오른 데다 박연차 씨와의 관계에 대해 거짓말을 하고 말을 바꾼 것이 결정적이었던 것 같다.

김 전 지사가 말을 자주 바꾼 것을 두고 총리가 되어서는 안 되겠다고 말한다면 대운하와 4대강의 경우도 생각해 보아야 한다. 대운하와 4대강에 대해 현 집권세력이 말을 자주 바꾼 것을 생각하면 김태호 지명자의 말 바꿈은 큰 문제가 안 된다고 할 정도다. 위장전입과 마찬가지로 말 바꿈의 원죄原罪도 그 뿌리가 다르지 않다.

"한반도 대운하를 건설하면 국운國運이 융성해진다"고 하면서

"운하 건설에는 국민세금이 들어가지 않는다"고 했었다. 강바닥에서 골재를 채취하면 엄청난 운하 공사비를 조달할 수 있다는 말이었다. 그래서 어느 외국인은 "한국의 강바닥에는 사금砂金이 깔려 있나 보다"고 농담을 했다고 한다. 독일은 도나우-라인 운하를 건설하기 위해 그렇게 많은 예산을 썼는데 한국은 세금 한 푼 안 쓰고 운하를 건설한다니 신기루 같은 이야기가 아니겠는가.

"운하를 건설하면 국운이 융성해진다"면서 "운하로 물류 혁명을 이룬다"고 했었다. "도대체 운하로 운송할 물자가 무엇이냐?"고 묻자 답이 궁색해졌다. 사통팔달 건설된 고속도로를 통해 문 앞까지 트럭이 오는 세상에서 운하로 무엇을 운송하겠다는 것인지, 참으로 희한한 이야기였다. 경부 운하로 오는 배는 "갑문을 여러 개 거쳐서 험준한 산맥을 넘는다"고 하다가 어느새 슬그머니 "산 아래로 터널을 뚫는다"고 말을 바꾸었다.

아무리 생각해도 운하로 운송할 물자가 없어 보이자 "운하는 물류 운송이 아니라 주로 관광용"이라고 말을 바꾸었다. 오래된 프랑스의 미디 운하나 영국의 고만고만한 운하에 유람선 바지가 다니니까 그럴싸하게 들리기도 하겠지만, 아무리 빨리 가도 서울에서 부산까지 1주일이 더 걸릴 운하 유람선 바지에 누가 타고 다닐지는 상상이 가지 않는다. 3면이 바다이고 좁은 국토에 고속도로가 거미줄처럼 깔려 있는 우리나라에 운하를 건설한다는 것 자체가 어불성설語不成說인데, 그런 유치하고 비현실적인 발상을 실현시키겠다고 이리저리 말을 바꾼 사람들이 현 집권 세력이다.

4대강 사업도 마찬가지다. 멀쩡한 강이 모두 다 죽게 됐다면서 강을 살린다고 포클레인 삽질을 하고 시멘트를 퍼부으면서 내세운 명분은 홍수 예방과 수자원 확보였다. "홍수를 막고 물 공급을 늘린다"면서 4대강 하천변의 토지를 국민세금으로 사들이고 평화롭게 농사를 지어 온 농민들을 쫓아냈다. 그러더니 이제는 "4대강 사업의 목적이 하천유지용수 공급"이라고 간단하게 말을 바꾸었다. 강바닥을 파서 물을 담아 놓아도 그 물을 쓰겠다는 곳이 없으니 이제는 하천유지용수라고 둘러대는 수밖에 없는 모양이다. 하천유지용수는 하천에 물이 흐르게 해서 하천 생태계를 살리자는 것이지, 하천 생태계를 송두리째 뒤집으면서 물을 가두어 놓는 것이 아니다. 이런 끝없는 말 바꿈과 궤변의 행진이 언제까지 계속될지 답답하기만 하다.

'정직하지 않은 집단'은 자신들이 진실을 만들어낼 수 있다고 생각한다. 그래서 이들은 말을 자주 바꾸고 끊임없이 궤변을 만들어낸다. 그것이 우리가 보고 있는 작금의 현상이다.

'병역면제정권'이 문제인 이유

이명박 정권에서의 '병역면제'가 특히 문제인 것은 그것이 '그들만의 문화'가 되어 있기 때문이다.
'병역면제'는 위장전입, 위장취업 등 현 정권 고위층에 만연되어 있는 불법과 탈법의 부분일 뿐이다.
우리가 살면서 느끼는 것이지만 사회에는 '끼리끼리'라는 것이 있다. '병역면제자'는 '병역면제자'들과
어울려야 마음이 편하고, '위장 전입자'는 '위장 전입자'들과 어울려야 마음이 편한 것이다.

2010년 12월 4일

'병역면제정권'을 둘러싼 비판과 논의가 엉뚱한 방향으로 번지고 있다. 한 언론은 박근혜 전 대표와 김문수 경기 지사를 한꺼번에 '병역면제자'라고 취급하기도 했다. 김문수 지사가 어떤 연유로 군대를 안 갔는지 알 수 없지만 현역복무 의무가 없는 여성인 박근혜 전 대표를 김 지사와 같은 반열에 놓은 것은 어떤 복선伏線이 있다고 보아야 한다.

이런 분위기에 대해 정광용 박사모 대표는 평화방송 인터뷰에서 엘리자베스 1세를 예로 들면서 "여성도 훌륭하게 전쟁을 지휘할 수 있다"고 했다. 그러면서 정 대표는 "대통령은 면제라도 무방하나 참모들은 면제이면 안 된다"고 했다. 그런가 하면 어떤 논

객은 요즘의 "병역면제 논의가 병역을 하지 않으면 대통령이나 고위공직을 할 수 없다는 식으로 번지는 것은 군사정권 시대에서나 있을 만한 발상"이라고 비판했다.

나는 이런 논의가 초점을 벗어난 것이라고 본다. 이명박 대통령, 정운찬 전 총리, 안상수 대표, 원세훈 국정원장 등의 병역면제가 특히 문제인 것은 이들이 단순히 병역을 면제받았기 때문이 아니라 면제받은 사유가 통상적으로 볼 때 석연치 않기 때문이다. 이렇게 석연치 않은 이유로 병역을 면제받은 사람들이 정권의 최고위직을 차지하고 있기 때문에 성실하게 일하고 세금 내고 본인과 형제·자식들이 병역 의무를 다했거나 하고 있는 보통 국민은 배반감을 느끼는 것이다.

여성 대통령이나 여성 국왕이라고 해서 반드시 안보에 취약한 것은 아니다. 엘리자베스 1세까지 갈 것도 없이 포클랜드 전쟁을 승리로 이끈 영국의 대처 총리의 경우를 보면 된다. 그럼에도 우리의 여론기관들은 지난번 한나라당 대선 후보 경선 때 묘한 해석을 해서 여론을 오도했다.

2006년 가을에 북한이 핵실험을 하자 박근혜 전 대표의 지지율이 이명박 전 시장의 그것에 추월당했는데, 여론조사 기관들은 "안보위기에 국민은 남성을 보다 신뢰한다"고 해석을 해댔다. 그런 해석이 황당한 것임은 이제는 잘 알 것으로 생각한다. 이런 해석뿐 아니라 한나라당 경선 당시의 여론조사 자체가 다음 정권 때 국정조사를 해야 할 '의혹'이라고 나는 생각한다.

　이명박 정권에서의 '병역면제'가 특히 문제인 것은 그것이 '그들만의 문화'가 되어 있기 때문이다. '병역면제'는 위장전입, 위장취업 등 현 정권 고위층에 만연되어 있는 불법과 탈법의 부분일 뿐이다. 우리가 살면서 느끼는 것이지만 사회에는 '끼리끼리'라는 것이 있다. '병역면제자'는 '병역면제자'들과 어울려야 마음이 편하고, '위장 전입자'는 '위장 전입자'들과 어울려야 마음이 편한 것이다.

'레임덕'은 없다?

성공한 정권은 '아름다운 퇴장'을 스스로 준비하기 때문에
레임덕을 걱정할 필요가 없다. 잘못한 것이 많고
숨기고 싶은 것이 많은 정권이 퇴임을 두려워하고, 그래서
"우리에겐 레임덕이 없다"고 공연히 호기(豪氣)를 부리는 법이다.

2011년 1월 14일

정동기 감사원장 지명자가 낙마한 후 부쩍 '레임덕'이란 용어가 회자膾炙되고 있다. 언제부터 우리나라에서 '레임덕'이란 용어가 많이 쓰이게 됐는지는 알 수 없지만, 노무현 정권 시절에 국회에서 '레임덕'을 두고 당시 야당이던 한나라당 의원과 청와대의 고위관계자 사이에 작은 논쟁이 있었던 것이 기억난다. 당시 노무현 대통령이 연정이니 개헌이니 하는 공감대가 없는 발상을 터뜨려서 위상이 추락했는데, 어느 한나라당 의원이 국회에서 "노 정권이 레임덕에 빠진 것 같다"고 하자 당시 청와대 관계자가 "우리는 처음부터 레임덕이었다"고 시니컬하게 답을 한 것이다. 그러나 노 정권은 임기 종료까지 많은 일을 밀어붙였다. 종합부동산세의 기

준을 인상하고, 법학전문대학원 제도를 도입한 것이 그 예이다.

'레임덕lame duck'이란 용어는 '빚을 못 갚는 투자자'를 그렇게 부른 것이 유래라고 하나 미국에선 '재선에 실패하거나 선거에 나서지 않기로 결정한 대통령'을 그렇게 부르고 있다. 선거에서 떨어졌지만 아직 임기가 몇 달 정도 남아 있는 의원을 '레임덕 의원'이라고 부르고, 선거 결과에 따라서 다수당이 바뀌게 되는 경우에 임기를 얼마 남겨 놓지 않은 의회를 '레임덕 의회'라고 부른다.

레임덕 대통령의 문제는 임기 마지막 순간에 권한을 남용할 가능성이 있기 때문이다. 미국 2대 대통령 존 애담스는 퇴임하기 전 며칠 동안 연방판사 자리를 새로 많이 만들어서 자기 파벌 인사들을 대거 임명했다. 3대 대통령으로 취임한 토머스 제퍼슨은 아직 전달되지 않은 임명장을 무효로 처리해서 미국에서 사법심사의 기원을 만든 Marbury v. Madison이란 유명한 판결이 나오게 됐다. 하지만 최근에는 그러기가 불가능해졌다. 연방판사 등 고위직에 대해 인준동의권을 갖고 있는 상원에서 소수당 의원들은 필리버스터를 구사할 수 있기 때문이다.

또 다른 문제는 임기 만료를 앞둔 대통령이 사면권을 남용하는 경우다. 이런 관행은 오래 전부터 있어 왔고, 그 정도가 심하지 않으면 용인해 왔다. 그러나 클린턴 대통령은 임기 종료를 앞두고 자기 이복동생, 처가 쪽 친척, 정치헌금 브로커, 푸에르토리코 출신 테러분자 등을 무더기로 사면해서 물의를 일으켰다. 9·11 테러 때 펜타곤에 추락한 비행기에 타고 있다가 사망한 바버라 올슨은 그러한 클린턴 부부의 행각이 '사면 장사'였다고 신랄하게 비난했다. 반면 조지 W. 부시는 퇴임을 앞두고 '리크 게이트'에 관련해서 위증죄로 복역 중이던 딕 체니 부통령의 비서실장을 지낸 스쿠터 리비에 대한 사면을 거부했다.

재선에 실패한 대통령과 임기 종료를 앞둔 의회가 합작으로 중요한 법률안을 통과시키기도 한다. 이것을 흔히 '미드 나이트 입법 mid-night legislation'이라고 부르는데, 1980년 말에 통과된 '슈퍼 펀드법'이 대표적인 경우다. 1980년 대선에서 카터 대통령은 공화당의 로널드 레이건한테 참패했다. 의회에선 민주당이 의석을 잃었지만 상하 양원의 다수 석을 지키는 데는 성공했다. 당시 의회는 오염된 토지를 복구하고 원인자에게 환경복원 책임을 지우는 '슈퍼 펀드법안'을 심의하고 있었지만 선거까지 표결을 하지 못했다.

레이건은 자기가 대통령이 되면 민주당이 다수인 의회가 그 법안을 통과시켜도 거부권을 행사하겠다고 공언했다. 11월 첫 주 선거가 끝나고 12월 말 회기 종료까지 얼마 남아 있지 않은 회기 동안 민주당이 다수를 점한 하원과 상원은 이 법안을 통과시켰고, 카터 대통령은 임기 만료를 며칠 앞두고 법안에 서명했다. 선거에서 떨어진 의원들이 대거 찬성하고 역시 선거에서 떨어진 대통령이 서명해서 매우 중요한 법률을 탄생시킨 것이다. 레이건 대통령 당선자와 공화당은 이에 대해 아무런 조치를 취할 수 없었고, 레이건 행정부와 공화당은 집권 후에 이 법률을 폐기하거나 수정하려 했지만 실패하고 말았다.

지금은 미국 대통령 취임일자가 1월 20일이지만 1933년까지만 해도 미국 대통령의 취임일자는 3월 초였다. 따라서 1933년 전에는 11월 초 선거에서 패배한 대통령이 4개월 동안 대통령 자리에 앉아 있었는데, 이것이 원래 의미의 '레임덕 대통령'이다. 만일에 그 기간이 위기상황이라면 문제가 심각해진다. 1860년 선거에서 노예폐지론자인 링컨이 당선되자 링컨이 취임하기도 전에 사우스캐롤라이나 등 남부 주들이 연방이탈을 선언했다. 그런 위기 상황임에도 당시 레임덕 대통령이던 뷰캐넌이나 대통령 당선자이던 링컨은 아무런 조치를 취하지 못했고, 결국 참혹한 남북전쟁이 발발하고 말았다. 비슷한 상황은 대공황이던 1932년에도 발생했다. 레임덕 대통령 후버와 당선자 루스벨트는 협조하지 않았고, 따라서 경제상황은 더 나빠지고 말았다.

반면 트루먼 행정부에서 아이젠하워 행정부로 넘어오고, 또 케네디 행정부로 넘어 오는 과정은 유연했다. 정권은 민주당에서 공화당으로, 그리고 또 민주당으로 바뀌었지만 가장 중요한 대외정책을 다루는 사람들은 여전히 하버드, 예일 등을 나온 '동부 에스테블리쉬먼트Eastern Establishment'라서 그들만의 공통분모가 있었다. 딘 애치슨, 존 포스터 덜레스와 앨런 덜레스 형제, 에버렐 해리먼, 헨리 캐봇 롯지 2세에서 윌리엄 번디와 맥조지 번디 형제 등으로 이어지는 동부 인맥이 정권을 유지해 왔기 때문이다.

존슨에서 닉슨-포드 행정부로, 또 카터 행정부를 거쳐 레이건-부시 행정부, 그리고 클린턴 행정부와 부시 행정부로 넘어오는 과정은 인적 구성의 변화가 컸다. 레이건 대통령은 재임에 성공했고, 또 자신의 부통령이던 조지 H. W. 부시가 후임으로 당선됐으니 한 세기에 한 번 있을까 말까 한 '대업大業'을 달성한 셈이다.

닉슨 행정부 말기와 클린턴 행정부 말기의 리더십 상실은 워터게이트와 섹스 스캔들 때문이었지 레임덕 현상이라고 볼 것은 아니다. 조지 W. 부시 행정부 말기의 현상도 이라크 전쟁과 재정위기 같은 정책 실패 때문이지 레임덕 현상으로 볼 것은 아니다.

'레임덕'이란 용어가 유래한 미국의 경우에 비교한다면 우리나라에선 현직 대통령의 '영令'이 안 서는 것을 '레임덕'이라고 부르는 것으로 보인다. 대체로 보아서 노태우 대통령 임기 후반기에 접어들어서 김영삼 당시 여당민자당 대표가 차기 대통령으로 유력해지자 의원들이 대거 그쪽으로 넘어간 것을 두고 노태우 대통령이 레임덕에 빠졌다고 보는 것 같다. 돌이켜보면, 노태우 대통령은 자기가 원하는 차기 정권을 만들 생각이 없었다. 그랬기 때문에 YS가 차기로 확정된 후에는 권력 다툼 같은 것이 적어도 표면적으로는 없었다. 그러니까 당시를 구태여 레임덕이라고 부를 이유도 없다.

김영삼 대통령은 1995년 지방선거에서 수도권 패배 후 소침해 있다가 비자금 폭로를 계기로 12·12와 5·18을 청산해서 정국 주도권을 잡는가 했더니 1996년 총선에서 고전했고, 그해 말부터는 경제위기와 아들 사건으로 동력을 상실해 버렸다. 많은 여당

의원들이 차기 실세인 이회창 총재 쪽으로 옮겨갔지만 YS는 이회창 총재를 후임 대통령으로 원하지 않았던 것으로 보인다. YS 정권 후기의 이런 현상도 고전적 의미의 '레임덕'이라고 볼 것은 아니고 정권 후반부의 '실패'라고 보아야 할 것이다.

김대중 대통령은 임기 전반부에는 'DJP 연합'이란 이상한 정부를 이끌어가야 했고, 임기 후반기에는 무슨무슨 게이트 등 권력형 비리 사건이 많이 발생했고, 아들 문제마저 발생해서 리더십에 큰 손상을 입었다. 그러나 김대중 대통령은 경선을 통해 선출된 노무현 후보가 후임으로 당선되는 '운運'을 누렸다.

노무현 정권은 탄핵 등 집권기간 내내 크고 작은 '분란紛亂'이 많았다. 즉흥적으로 개헌이니 연정聯政이니 하는 파격적 제안을 하는가 하면, 사학법 개정과 종부세 도입으로 많은 '적敵'을 만들었다. 한미 FTA, 미군기지 이전 등으로 지지 세력과 갈등을 빚었고, 불필요한 '말'로 가뜩이나 많은 '적敵'을 결집시켰다. 그러는 사이에 이른바 권력 기구가 소리도 없이 다른 곳으로 넘어가 버리고 말았다. 이 현상을 두고 '레임덕'이라고 볼 수도 있겠지만, 그렇다면 노무현 대통령은 '레임덕'을 의도적으로 즐긴, 거의 자학적自虐的 면모가 있지 않았나 한다.

사실 노무현 대통령은 "한 번만 저쪽에 주면 그 다음은 우리가 영원히 한다"는 야릇한 뉘앙스의 발언을 한 적이 있다. 요즘 돌아가는 형상을 보면 이 말을 다시 생각해 보게 되는데, 그렇다면 노무현 대통령 집권 후반기도 고전적 의미의 '레임덕'은 아닐 것이다.

그러면 이명박 정권의 지금 현상은 '레임덕'이라고 할 것인가? 지금 벌어지고 있는 현상도 고전적 의미의 '레임덕'이라고 할 수는 없다. 오히려 정권과 정권을 뒷받침했던 외곽 장치가 총체적으로 흔들리기 시작하는 현상이 아닌가 한다. 엊그제 평화방송에서 내가 '아주 색다른 레임덕 현상'이라고 표현한 것도 바로 그런 의미이다.

성공한 정권은 '아름다운 퇴장'을 스스로 준비하기 때문에 레임덕을 걱정할 필요가 없다. 잘못한 것이 많고 숨기고 싶은 것이 많은 정권이 퇴임을 두려워하고, 그래서 "우리에겐 레임덕이 없다"고 공연히 호기豪氣를 부리는 법이다.

'조용한 혁명'이 진행 중

어떻게 본다면 아직까지도 분당을이나 이와 유사한 강남 3구에는 전통적으로
한나라당을 지지하는 세력이 강하다는 것을 보여줬습니다. 그러나 이제 우리의
미래 세대라고 볼 수 있는 20, 30, 40대 교육수준이 높은 계층이 현재 정권에 대해서
'NO'를 했다는 것은, 1987년 6월에 우리가 보았던 넥타이부대가
다시 나타난 게 아닌가라는 정도의 의미가 있겠습니다.

평화방송 〈열린 세상 오늘〉 2011년 4월 28일 대담

이상도(앵커)　4 · 27 재 · 보선에서 여당이 참패했습니다. 이 결과의 의미, 어떻게 보십니까?

이상돈　무엇보다도 이명박 정권에 대한 심판이라고 봐야지요. 4대강 사업 등 난폭한 국정운영에 대해서 국민들이 심판을 했다고 봅니다. 단순한 선거가 아니라, 현재 우리나라에 '조용한 혁명'이 진행 중인 것이 아닌가 하는 생각을 하게 합니다.

이상도　무엇보다 큰 충격은 한나라당의 텃밭인 분당을의 패배인데요. 정말 큰 사건 아닙니까? 그 원인을 어떻게 보십니까?

이상돈　다 아시겠습니다만, 분당을에선 20대~40대, 교육수준이 높은 계층이 투표에 많이 참가하지 않았습니까? 반면에, 어떻게 본다면 아직까지도 분당을이나 이와 유사한 강남 3구에는 전통적으로 한나라당을 지지하는 세력이 강하다는 것을 보여줬습니다. 그러나 이제 우리의 미래 세대라고 볼 수 있는 20, 30, 40대 교육수준이 높은 계층이 현재 정권에 대해서 'NO'를 했다는 것은, 1987년 6월에 우리가 보았던 넥타이부대가 다시 나타난 게 아닌가라는 정도의 의미가 있겠습니다.

이상도　강원도지사는 막판까지 불법선거 논란으로 혼전 양상을 보였는데요, 인지도가 더 높은 엄기영 후보가 그래도 이길 것이라는 전망이 우세했는데도 결국 패했습니다. 패배의 원인은 어디에 있다고 보시나요?

이상돈　여러 가지가 있겠습니다. 지난번에 이광재 전 지사가 선거법 위반 때문에 낙마했기에 거기에 대한 반사적 이익으로 한나라당이 유리할 수도 있었겠죠. 어처구니없는 것은, 자유당 말기에서나 보던 불법선거 운동이 다시 보였다는 겁니다. 그래서 이러한 상황에서도 한나라당 후보가 당선된다면 강원도민 자체가 우습게 보이지 않겠는가 하고 생각했습니다. 그러나 강원도민 유권자들이 현명하게 이번만은 한나라당이 아니라고 판단했다고 봅니다.

이상도　이번 선거 결과는 이명박 정부에 대한 심판의 성격이 강한 것 같은데요, MB 정부 국정운영에서 무엇이 바뀌어야 한다고 보십니까?

이상돈   이명박 정부의 '스타일을 바꿔야 된다', '소통해야 된다', '국민의 뜻을 들어야 된다'라는 말은 오늘날까지 3년 동안 계속 나왔습니다. 그런데 이제는 너무 늦었습니다. '소통과 변화' 같은 말도 충분히 했습니다. 이 정권이 과연 변할 수 있겠는가에 대해서 회의적입니다.

이상도   레임덕 얘기 여러 차례 나왔고요, 동남권 신공항이 문제가 됐을 때에 출당, 탈당 이야기도 나온 적이 있습니다. 이명박 대통령의 앞으로 행보는 어떻게 해야 된다고 보십니까?

이상돈   과거의 대통령에 비해서 이명박 대통령은 좀 독특하다고 봅니다. 노태우 대통령은 말할 것 없고 김영삼, 김대중 대통령도 집권 후반기에 어떤 문제가 생기니까 자신에 대한 반성을 하고 민의를 겸허하게 수용했습니다. 이명박 대통령의 정치적 위상은 사실 이 두 분에 비할 게 아니지 않습니까? 그런데 반성 같은 그런 뜻은 전혀 없고, 주변 인물들도 그런 생각이 없기 때문에 자연스러운 레임덕이 오는 게 아니라 큰 불행과 비극이 발생하지 않는가 합니다.

이상도   불행과 비극이라면 어떤 걸 말씀하시는 건가요?

이상돈   내년 총선에서 야권이 다수당이 되면 이명박 정권이 들어와서 했던 중요한 일들이 전부 국정조사 대상이 되고, 정권에 참여했던 고위직들이 청문회에 서고, 모든 것이 밝혀져서 파국에 빠지는 그런 상황에 오는 것이죠. 얼마 전 이해찬 전 총리도 그런 가능성에 대해서 언급을 한 바 있습니다.

이상도　이번 선거로 한나라당 수도권 의원들이 들끓고 있습니다. 친이계의 이탈이 가속화될 수 있을 것이란 전망이 높은데요.

이상돈　이제 한나라당이 안심할 수 있는 지역은 경북·대구 지역밖에 없습니다. 그러니까 1990년 '3당 합당'으로 당시에 호남이 소외되었던 현상이 20년 만에 완전히 역전된 것 같습니다. 이런 상황을 수습하기 위해 당 대표를 교체할 수 있는 상황도 아니라고 보겠습니다. 현재 한나라당 지도부라는 것이 대통령 지시를 받는 '도구'에 불과하지 않습니까. 그리고 친이계가 과연 이탈을 할지 어떨지는 제가 잘 모르겠습니다. 그러나 '친이계'라는 명칭이 수도권 의원들에게 이미 부담스럽게 되지 않았습니까? 4대강 사업, 미디어법 등 민심을 거스르는 모든 정책에 앞장선 친이계 의원들은 현 정권과 운명을 같이 할 것으로 봅니다. 또 당연히 그래야 할 것으로 생각합니다.

이상도　박근혜 전 대표가 좀 더 역할을 해야 하는 것 아니냐는 목소리가 많거든요. 박 전 대표가 어떤 역할을 해야 한다고 보십니까?

이상돈　이명박 대통령이 박 전 대표에게 한나라당을 책임지어 달라고 부탁할 가능성은 희박하다고 봅니다. 또 그렇게 한

들 과연 진정성이 있겠습니까? 현 정권 들어서 모든 정책은 박 전 대표와는 무관하게 진행이 됐습니다. 4대강 사업도 그렇고, 모든 게 그렇습니다. 정권 초기부터 박 전 대표에게 이명박 대통령을 도우라고 했던 여당 내의 인사들과 언론들도 그것이 과연 국가와 박 전 대표를 위한 조언이었나 하는 점도 생각해 봐야지요. 결국 자신들의 이익을 위해서 그랬던 것이 아닌가 합니다. 현재 박 전 대표로서는 어려운 시점에 와 있다고 생각합니다.

이상도 교수님께서는 박근혜 전 대표에게 신당을 만들어 한나라당에서 나와야 한다고 이미 주장하신 바가 있으신데요, 이번 선거 결과를 놓고 보면 어떻게 보십니까? 박 전 대표가 신당을 만들어야 된다고 보십니까?

이상돈 한나라당이 이런 쇼크를 수습을 하지 못할 것으로 생각됩니다. 그렇게 되면 박 전 대표를 중심으로 기존의 한나라당이 완전히 바뀌든가, 분당 또는 신당 같은 움직임이 있을 겁니다. 박 전 대표라도 현재의 한나라당 브랜드를 가지고 과연 내년 총선과 대선을 잘 치를 수 있을지에 대해 회의적입니다. 그만큼 한나라당이라는 이미지가 현 정권 들어서 굉장히 나빠진 것이지요.

이상도 이번 선거로 손학규 대표의 수도권 경쟁력이 입증되어서 향후에 지지율이 상승할 것으로 예상됩니다. 손 대표가 이번 승리로 박 전 대표의 강력한 경쟁자가 될 것이란 말이

정치권에서 나오고 있는데요. 어떻게 보십니까? 향후 대선
구도에 이번 선거 결과가 큰 영향을 미칠 것으로 보이는데요.

이상돈　　유시민 대표의 특유한 유시민 식式 정치가 심판을 받
지 않았습니까? 그래서 이번 선거 결과는 김해에서 야권연대
가 승리한 것보다도 오히려 손학규 대표에게는 유리하게 됐
다고 보고 있지요. 손학규 대표가 이제 야권의 중심에 서서
내년 총선과 대선에 나가게 될 가능성이 많다고 하겠습니다.
그러면 박 전 대표로서도 과거와 같은 지지율 1위에 안주하
는 상황이 지나갔다고 생각됩니다.

조용한 혁명

2011년 6월 9일 1쇄 발행
2011년 7월 29일 2쇄 발행

지은이 · 이상돈
펴낸이 · 승영란, 김태진
마케팅 · 함송이
경영지원 · 박신애
디자인 · 여상우
출력, 인쇄 · 애드샵

펴낸곳 · 뷰스
주소 · 서울 마포구 공덕동 105-219 정화빌딩 3층
전화 · 02-753-2700, 2778
팩스 · 02-753-2779

출판등록 · 1991년 6월 18일 등록제 1-1220호

값 15,000원
ISBN 978-89-92037-76-1 13300